权威·前沿·原创

皮书系列为
"十二五""十三五""十四五"时期国家重点出版物出版专项规划项目

BLUE BOOK

智库成果出版与传播平台

河北蓝皮书
BLUE BOOK OF HEBEI

河北社会发展报告
（2025）

ANNUAL REPORT ON SOCIAL DEVELOPMENT OF
HEBEI (2025)

以人口高质量发展助力河北社会建设

Promoting Social Development in Hebei through High-quality Population Growth

主　　编／吕新斌
执行主编／樊雅丽
副 主 编／侯建华

社会科学文献出版社
SOCIAL SCIENCES ACADEMIC PRESS (CHINA)

图书在版编目(CIP)数据

河北社会发展报告.2025：以人口高质量发展助力
河北社会建设／吕新斌主编.--北京：社会科学文献
出版社，2025.8.--（河北蓝皮书）.--ISBN 978-7
-5228-5430-4

Ⅰ.D672.2
中国国家版本馆 CIP 数据核字第 2025L7Q006 号

河北蓝皮书
河北社会发展报告（2025）
——以人口高质量发展助力河北社会建设

主　　编／吕新斌
执行主编／樊雅丽
副 主 编／侯建华

出 版 人／冀祥德
组稿编辑／高振华
责任编辑／徐崇阳
文稿编辑／王　娇
责任印制／岳　阳

出　　版／社会科学文献出版社·生态文明分社（010）59367143
　　　　　地址：北京市北三环中路甲29号院华龙大厦　邮编：100029
　　　　　网址：www.ssap.com.cn
发　　行／社会科学文献出版社（010）59367028
印　　装／天津千鹤文化传播有限公司

规　　格／开　本：787mm×1092mm　1/16
　　　　　印　张：19.5　字　数：289千字
版　　次／2025年8月第1版　2025年8月第1次印刷
书　　号／ISBN 978-7-5228-5430-4
定　　价／128.00元

读者服务电话：4008918866

▲ 版权所有 翻印必究

《河北蓝皮书（2025）》
编 委 会

主　任　吕新斌

副主任　彭建强　肖立峰　袁宝东　孟庆凯　吕雪松

委　员　（按姓氏笔画排序）

　　　　王建强　边继云　李　靖　李会霞　李鉴修
　　　　汪　洋　张　芸　张　波　陈　璐　樊雅丽

《神圣家族》（摘录）

马克思

主编简介

吕新斌 河北省社会科学院党组书记、院长，中共河北省委讲师团主任，河北省社会科学界联合会第一副主席，中国李大钊研究会副会长。

吕新斌同志先后在原中国吴桥国际杂技艺术节组委会办公室、原河北省文化厅、河北省委宣传部、河北省社会科学院工作。在河北省委宣传部工作期间，先后在文艺处、城市宣传教育处、宣传处、办公室、研究室（舆情信息办）、理论处等多个处室工作，后任河北省委宣传部副部长、省文明办主任，2023年10月到河北省社会科学院履新任现职。

吕新斌同志长期从事和负责河北省意识形态、理论武装、哲学社科、宣传领域政策研究、文化艺术、舆情信息、精神文明建设等工作，参与组织全省性重大活动，多次参与河北省党代会等全省性重大会议报告和主要文件起草工作。在《人民日报》《光明日报》《学习时报》《中国社会科学报》《新华智库研究》《河北日报》等报刊发表多篇文章，参与编写或主编完成《战略机遇期的文化建设》《走向沿海强省》《文明让我们的城市更美好》等多部著作。担任中央马克思主义理论研究和建设工程重大项目和重点项目首席专家。参与完成《习近平新时代中国特色社会主义思想学习纲要》《习近平新时代中国特色社会主义思想三十讲》等多部重要读物编写任务，获中宣部办公厅致函表扬、省委主要领导同志高度肯定、省委宣传部通报表扬；曾获"全省政研系统先进个人""全国法制宣传教育先进个人"等称号。

摘　要

本书是河北省社会发展的年度报告，是河北省社会科学院主持编撰的河北蓝皮书社会卷，由河北省社会科学院社会发展研究所组织院内专家、高校学者及相关部门研究人员撰写。

本书以习近平新时代中国特色社会主义思想为指导，以"以人口高质量发展助力河北社会建设"为主题，针对当前新形势下社会发展领域出现的新情况新问题开展研究，探索以人口高质量发展支撑中国式现代化建设河北路径。

2024年是实现"十四五"规划目标任务的关键一年。河北省各项社会事业取得扎实进展，社会大局保持安全稳定。城乡居民收入和消费稳定增长，人民生活得到持续改善；就业促进和服务持续优化，劳动就业形势总体稳定；社会保障和救助稳步发展，社会安全网更加牢固；教育事业取得新进展，整合型医卫服务体系逐步建立；养老和托育服务供给持续扩大，"一老一小"服务能力有效提升；社会治理现代化深入推进，治理基础不断夯实。但全省经济社会与人口结构正在经历深刻变化，人口发展形势更加严峻，高质量就业、居民增收、消费增长面临压力，一些领域风险隐患仍然较多，社会发展面临诸多困难与挑战。

2025年，河北要坚持以人民为中心的发展思想，深入学习贯彻习近平总书记视察河北重要讲话精神，实施更加积极的就业政策，促进居民收入稳步增长，加强社会保障和民生事业建设，推动基础教育扩优提质，优化生育支持政策和养老社会政策，深入推进社会治理现代化，以人口高质量发展促

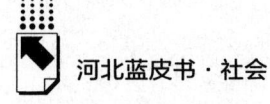

进河北社会高质量发展。

本书由三大板块构成，包括总报告、人口篇、社会建设篇。第一板块为总报告，对2024年河北省人口与社会发展总体运行状况进行全面、系统的研究，分析了2024年河北社会发展基本形势和面临的困难与挑战，提出了社会高质量发展的对策建议。人口篇、社会建设篇，由20篇研究报告组成，在生育促进、城镇人口结构优化、人口绿色发展、少数民族人口高质量发展、养老服务、重点群体就业、农业转移人口市民化、人均预期寿命提升、青年婚育、家庭教育、儿童友好城市建设等方面开展研究。

关键词： 重点群体　人口高质量发展　社会建设　河北省

Abstract

This book is an annual report on the social development of Hebei Province. It serves as the social volume of the Blue Book of Hebei, compiled under the auspices of the Hebei Academy of Social Sciences and authored by experts from the Hebei Academy of Social Sciences, scholars from universities, and researchers from relevant departments. The report is organized by the Institute of Social Development of the Hebei Academy of Social Sciences.

Guided by Xi Jinping Thought on Socialism with Chinese Characteristics for a New Era, this book takes "promoting social development in Hebei through high-quality population growth" as its theme. It examines new situations and challenges in social development under current circumstances and explores how high-quality population development can support the Hebei chapter of the Chinese path to modernization.

The year 2024 is a crucial period for achieving the goals and tasks of the 14th Five-Year Plan. All social undertakings in Hebei Province have made solid progress, and social stability has been maintained. The income and consumption levels of urban and rural residents have steadily increased, and the overall quality of life has been enhanced. Employment promotion and services have been continuously optimized, ensuring a stable employment situation. Social security and welfare programs have developed steadily, further strengthening the social safety net. Progress has been made in education, and an integrated medical and health system is gradually taking shape. The supply of elderly care and childcare services has expanded, effectively improving service capabilities for the elderly and children. Meanwhile, the modernization of social governance has been further advanced, consolidating its foundation. However, the province's economic and social landscape, along with its population structure, is undergoing profound changes. Population development faces increasing challenges, while high-quality employment, income growth, and consumption expansion are under pressure. Additionally, some sectors still contain potential risks and hidden hazards, posing difficulties and challenges for social development.

In 2025, Hebei should adhere to the people-centered development ideology, fully implement the spirit of General Secretary Xi Jinping's important speech during his inspection in Hebei, adopt a more proactive employment policy, promote steady growth in residents' income and consumption, strengthen social security and public welfare programs, optimize policies related to childbirth and elderly care, advance the modernization of social governance, and promote the province's high-quality social development through high-quality population development.

This book consists of three major sections: general report, population reports, and social construction reports. The general report provides a comprehensive and systematic analysis of the overall population and social development in Hebei Province in 2024. It reviews the achievements, identifies the main problems and challenges, and proposes countermeasures and recommendations for promoting high-quality population and social development. The other section comprises 20 research reports covering various aspects, including childbirth promotion, urban population structure optimization, green population development, the development of ethnic minority populations, elderly care services, employment of key groups, urbanization of agricultural migrants, improvements in life expectancy, youth marriage and childbearing, family education, and the construction of child-friendly cities.

Keywords: Key Groups; High-quality Population Development; Social Construction; Hebei Province

目 录

Ⅰ 总报告

B.1 2024~2025年河北社会发展报告
　　…………………………… 樊雅丽　侯建华　张齐超　李素庆 / 001

Ⅱ 人口篇

B.2 河北省人口出生率下降的原因分析及对策建议
　　…………………………… 樊雅丽　张齐超　侯建华　李素庆 / 020
B.3 河北人口绿色发展：理论依据、现实状况与实践路径
　　……………………………………………………………… 刘晓珍 / 033
B.4 河北省人均预期寿命的现实挑战与提升策略
　　………………………………………………… 郭雅欣　郭伊纯 / 047
B.5 河北省城镇人口结构变迁与优化研究………… 单清华　王若冲 / 063
B.6 河北省农业转移人口市民化进展及路径优化研究……… 侯建华 / 076
B.7 河北省农村低收入人口常态化帮扶机制建设研究
　　……………………………………………………………… 刘丽敏 / 092
B.8 数字经济赋能河北省农村人口高质量发展…… 张春玲　栾凌云 / 109
B.9 河北省少数民族人口高质量发展现状及未来进路……… 陈　平 / 117

001

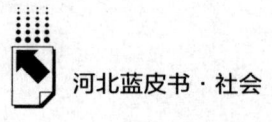

B.10　河北省青年群体就业创业的新趋势新变化 …………… 车同侠 / 127
B.11　乡村振兴背景下农民工返乡就业创业能力提升研究
　　　………………………………………………………… 郝　雷 / 140
B.12　人口负增长下河北省青年面临的主要婚育问题及对策
　　　……… "家庭养育成本及其对生育决策的影响研究"课题组 / 152
B.13　河北省推动老年人融入数字社会的路径研究
　　　………………………… 张　丽　李珊珊　许云清　孙　丹 / 162

Ⅲ　社会建设篇

B.14　河北省残疾人保障状况和发展对策
　　　………………………………… 河北省人民代表大会社会建设委员会 / 180
B.15　河北省社会工作人才队伍发展报告
　　　………………………………………… 刘　猛　李素庆　孙马莲 / 191
B.16　河北省家庭教育发展报告 ………………………… 李素庆 / 203
B.17　河北省养老服务工作调研报告
　　　………………………………… 河北省人民代表大会社会建设委员会 / 232
B.18　少子老龄化背景下河北省养老护理员人才队伍建设困境研究
　　　……………………………………………… 高子晰　樊雅丽 / 240
B.19　河北省儿童友好城市建设研究 ………………… 张齐超 / 252
B.20　"共富工坊"助推河北乡村振兴的路径探索
　　　——浙江经验的跨域借鉴 ……… 杨雨涵　胡妃奕　徐张鋆 / 267
B.21　河北省殡葬设施均等化发展策略研究 ………… 果文学 / 276

CONTENTS

I General Report

B.1 Social Development Report of Hebei (2024-2025)
    Fan Yali, Hou Jianhua, Zhang Qichao and Li Suqing / 001

II Population Reports

B.2 Analysis of the Reasons for the Decline in the Birth Rate of the
  Population in Hebei Province and Countermeasure Suggestions
    Fan Yali, Zhang Qichao, Hou Jianhua and Li Suqing / 020

B.3 The Green Development of the Population in Hebei:
  Theoretical Basis, Current Situation and Practical Path
    Liu Xiaozhen / 033

B.4 The Realistic Challenges and Promotion Strategies of the
  Average Life Expectancy in Hebei Province
    Guo Yaxin, Guo Yichun / 047

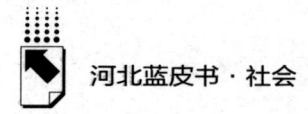

B.5 Research on the Change and Optimization of the Urban
Population Structure in Hebei Province
Shan Qinghua, Wang Ruochong / 063

B.6 Research on the Progress and Path Optimization of the Urbanization
of the Agricultural Transfer Population in Hebei Province
Hou Jianhua / 076

B.7 Research on the Construction of a Normalized Assistance
Mechanism for the Low-income Rural Population in Hebei Province
Liu Limin / 092

B.8 The Digital Economy Empowers the High-quality Development
of the Rural Population in Hebei Province
Zhang Chunling, Luan Lingyun / 109

B.9 The Current Situation and Future Path of the High-quality
Development of the Minority Population in Hebei Province
Chen Ping / 117

B.10 The New Trends and Changes in Employment and Entrepreneurship
of the Youth Group in Hebei Province *Che Tongxia* / 127

B.11 Research on the Improvement of the Employment and
Entrepreneurship Abilities of Migrant Workers Returning to
Their Hometowns Under the Background of Rural Revitalization
Hao Lei / 140

B.12 The Main Marriage and Childbearing Problems Faced by the
Youth in Hebei Province Under the Background of Negative
Population Growth and Countermeasures *Research Group of
"Cost of Family Education and Its Impact on Fertility Decisions"* / 152

B.13 Research on the Promotion Path of the Integration of the Elderly
into the Digital Society in Hebei Province
Zhang Li, Li Shanshan, Xu Yunqing and Sun Dan / 162

III Social Construction Reports

B.14 The Situation of Disability Protection and Development Countermeasures in Hebei Province
    Social Construction Committee of the People's Congress of Hebei Province / 180

B.15 Report on the Development of the Talent Team of Social Work in Hebei Province   *Liu Meng, Li Suqing and Sun Malian* / 191

B.16 Report on the Development of Family Education in Hebei Province
    Li Suqing / 203

B.17 Investigation Report on the Work of Elderly Care Services in Hebei Province
    Social Construction Committee of the People's Congress of Hebei Province / 232

B.18 Research on the Dilemmas in the Construction of the Talent Team of Elderly Caregivers in Hebei Province Under the Background of Low Fertility and Aging Population   *Gao Zixi, Fan Yali* / 240

B.19 Research on the Construction of Child-riendly Cities in Hebei Province   *Zhang Qichao* / 252

B.20 Exploration of the Path of "Common Prosperity Workshops" to Boost Rural Revitalization in Hebei
    —*Cross-regional Learning from Zhejiang's Experience*
    Yang Yuhan, Hu Feiyi and Xu Zhangying / 267

B.21 Research on the Development Strategy of Equalization of Funeral Facilities in Hebei Province   *Guo Wenxue* / 276

总报告

B.1

2024~2025年河北社会发展报告

樊雅丽 侯建华 张齐超 李素庆*

摘　要： 2024年是实现"十四五"规划目标任务的关键一年。2024年，河北省城乡居民收入和消费稳定增长，劳动就业形势总体稳定，教育、卫生、社会保障、"一老一小"等民生事业扎实推进，社会治理能力和水平不断提升。但河北省就业压力较大，居民收入水平和消费能力仍然较低，人口"少子化、老龄化"特征更加突出，教育、卫生等仍需改善，基层社会治理需进一步创新，社会稳定风险压力加大。2025年，要深入学习贯彻习近平总书记视察河北重要讲话精神，围绕建设经济强省、美丽河北目标，切实保障和改善民生，改善人民生活品质，推进社会治理现代化，维护社会安全稳定。

---

* 樊雅丽，河北省社会科学院社会发展研究所所长、研究员，研究方向为人口社会学；侯建华，河北省社会科学院社会发展研究所副研究员，研究方向为人口城镇化与社会政策；张齐超，河北省社会科学院社会发展研究所副研究员，研究方向为城市社会学、老年社会学；李素庆，河北省社会科学院社会发展研究所助理研究员，研究方向为社会工作、家庭教育。

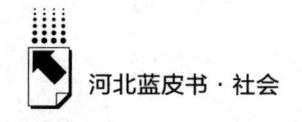

关键词： 人口高质量发展　民生保障　社会治理　河北

2024年是实现"十四五"规划目标任务的关键一年。河北以习近平新时代中国特色社会主义思想为指导，深入学习贯彻习近平总书记视察河北重要讲话精神和党的二十届三中全会精神，坚持稳中求进工作总基调，完整、准确、全面贯彻新发展理念，统筹发展和安全，着力保障和改善民生，各项社会事业取得扎实进展，人民生活得到持续改善，社会大局保持安全稳定。

一　2024年河北社会发展基本形势

（一）城乡居民收入和消费稳定增长，人民生活得到持续改善

城乡居民收入实现量的稳步增长和结构的优化。前三季度，全省居民人均可支配收入为25547元，同比增长5.4%，高于同期GDP增速，高于全国0.2个百分点，居第10位。城镇居民人均可支配收入33539元，同比增长4.5%；农村居民人均可支配收入16641元，同比增长6.4%，高于城镇居民1.9个百分点。"十四五"以来，农村居民人均可支配收入增速一直高于城镇居民人均可支配收入，城乡居民收入比从2.26缩小到2.02。在收入结构上，前三季度工资性收入、经营净收入、财产净收入、转移净收入实现全面增长，分别增长5.2%、7.1%、5.4%、4.4%。其中，经营净收入和财产净收入增幅均高于同期全国平均水平，反映出城乡居民经营活动的活力得到进一步释放。

城乡居民消费平稳增长。2024年以来，省委、省政府推出促进服务消费、大规模设备更新和消费品以旧换新等一系列提振消费的政策措施，有力促进全省消费的稳步增长。前三季度，社会消费品零售总额增长4.8%，高于全国1.5个百分点，居全国第7位，其中城市消费增长4.8%，农村消费增长4.7%，尤其是农村消费增速在第一季度、上半年分别为6.7%、6.9%，

显示出更强的活力。消费结构持续优化，商旅文体健展多业态融合的新型消费和服务消费增长迅速，1~10月全省接待旅游人次、实现旅游总花费分别增长11.8%、11.1%，"这么近，那么美，周末到河北"品牌影响力更大。在以旧换新政策带动下，汽车类和家具家电类等的消费增速显著，9月和10月，限额以上单位家用电器和音像器材类商品零售额分别增长42.4%、21.4%，汽车类商品零售额分别增长17.6%、31.0%，显示出居民的家居生活和出行条件得到改善，生活品质有效提升。

（二）就业促进和服务持续优化，劳动就业形势总体稳定

劳动就业形势总体稳定。全省国民经济平稳增长以及重大投资、重大项目、重大生产力布局为新增就业创造出更大发展空间。推进高校毕业生等重点群体就业，制定促进高校毕业生等青年就业创业12条措施，开展数百场就业指导服务活动，全力推动高校毕业生就业创业，截至2024年9月底，55.62万名高校毕业生实现就业，就业落实率为91.86%，全省招募1300名"三支一扶"志愿者。积极培育劳务品牌、深化"五省六方"劳务协作机制等，有力促进了农村劳动力和脱贫人口就业创业，截至2024年6月底，全省农村劳动力转移就业规模稳定在1242.72万人，脱贫人口务工92.89万人。加强失业人员和家庭的就业帮扶，零就业家庭保持动态清零。随着一系列稳就业举措释放出政策效应，前三季度，全省城镇新增就业80.9万人，完成全年计划的94.1%，较上年同期增加0.2万人，城镇调查失业率5.5%，维持在年度目标值内，就业形势保持总体稳定。

就业友好型发展方式逐步形成。前三季度，阶段性降低失业保险费率政策为企业减负40.3亿元，发放稳岗返还资金13.0亿元，支持市场主体稳岗拓岗。积极破解创业融资难题，推进创业带动就业，1~6月，全省新发放创业担保贷款11.9亿元，扶持带动8926人就业创业；新发放"人社惠农贷"390.9亿元，惠及农户18.6万户、小微企业0.5万家；新发放"人社惠企贷"76.0亿元，助力2062家小微企业稳岗拓岗。就业创业服务基础设施建设全面铺开，举办各类线上线下招聘活动7625场，促进就业45.41万

人次，新评选省级劳务品牌40个，建成367个零工市场，实现县（市、区）全覆盖，就业服务更加便利可及。加强技能人才队伍建设，全省开展补贴性培训44.40万人次。

（三）社会保障和救助稳步发展，社会安全网更加牢固

社会保险覆盖面进一步扩大。扎实推进全民参保计划，扩大社保覆盖面，截至2024年9月底，全省基本养老保险、失业保险、工伤保险参保人数分别达到5514.11万人、822.96万人、1171.52万人，同比分别增加44.72万人、14.58万人、16.41万人。稳步提升社保待遇水平，退休人员基本养老金调整采取"定额调整+挂钩调整+倾斜调整"办法，平均每人每月上涨3%；城乡居民基本养老保险基础养老金最低标准增加20元，每人每月达到168元；失业保险金标准由当地最低工资标准的80%调整为90%，月平均标准达到每人1800元。个人养老金制度试点运行平稳，截至2024年9月底，开立个人养老金账户226.58万户，缴存金额8.29亿元。社保经办服务便利化水平不断提高，高效办成退休"一件事"系统上线运行，省内生育津贴实现"免申即享"，省外生育医疗费用、生育津贴实现"一键通办"，工伤保险跨省异地就医直接结算试点工作正式启动，职工医保个人账户医保钱包在全国率先实现跨省共济。京津冀三地协同立法取得重大突破，社保卡"一卡通"协同立法完成，京津冀社保卡在人社服务、交通出行、文化体验、旅游观光、就医购药五大场景实现"一卡通"，截至2024年9月底，全省社保卡持卡人数达7576万人，签发电子社保卡6537万张。

多层次、梯度化救助体系初步成形。不断完善城乡低保、特困供养、专项救助、临时救助等制度，加大各类特殊群体关爱保障力度。2024年，河北省城市、农村居民最低生活保障标准每人每月分别提高到787元、617元，全省161.4万名低保对象、83.5万名低保边缘家庭成员基本生活得到保障。社会散居和集中养育孤儿最低养育标准每人每月分别提高到1300元、1750元，全省1.1万名事实无人抚养儿童全部纳入国家保障范围，19万名流动儿童、8386名留守儿童全部纳入国家关爱保护范围。困难残疾人生活补贴和重度残疾人护理补贴省定标准分别上调为每人每月96元和90元，全省53.1万名困难残疾人和76.5万名重度残疾人得到更好保障。

（四）教育事业取得新进展，整合型医卫服务体系逐步建立

各级各类教育有序推进。学前教育普及普惠水平不断提高，2024年，全省学前三年毛入园率达91.87%，公办幼儿园在园幼儿占比达56.10%，普惠率达89.62%，均超过国家"十四五"末规划目标。城乡义务教育优质均衡发展取得成效，学位供给持续扩大，2022年至2024年第三季度，全省新建、改扩建义务教育公办学校1031所，增加学位86.46万个。普通高中优质特色发展快速推进，截至2024年9月，全省高中阶段教育毛入学率达到96.12%，高出国家"十四五"末规划目标4.12个百分点；立体化、全覆盖帮扶体系基本建立，在部属高校托管帮扶全省10所县中的基础上，组织省内153所优质高中帮扶196所县中，28所省内高校对口帮扶78所县中，推进县中教育质量提升。特殊教育优质融合体系不断完善，在全国率先实现20万人口以上县"县县有特教学校"，全省义务教育阶段适龄残疾儿童入学率达到97.5%；推动特殊教育向学前教育和高中教育延伸，截至2024年9月，全省建成54所（个）特教幼儿园（班），7所特殊教育学校开设高中班。职业教育专业结构和人才培养模式持续优化，为适应产业转型升级和高质量发展新业态，2024年全省撤销专业点196个；升级改造传统优势专业点140个；新增专业点278个。在全国率先探索了中职—企业—高职一体化人才培养模式、企校双师联合培养的"提前就业班"模式，有效提升人才供需匹配度。

医疗卫生服务体系不断完善。截至2024年12月初，全省建成8个国家区域医疗中心，京津冀医联体增至70个，全省474家医疗机构与京津440家医疗机构实现60项检验结果互认，295家医疗机构与京津208家医疗机构实现30项医学影像检查资料共享；建立"季到县、月到乡、周到村"的巡回医疗制度，10支省级医疗队开展的巡回医疗服务提高了基层群众的就

医便捷性；建设73家互联网医院，3006家医疗机构接入省级远程医疗服务平台，实现全省远程医疗"一张网"；创建19个国家级、118个省级慢性病综合防控示范区，增强全民健康意识。中医药强省建设取得阶段性成效，截至2024年12月上旬，全省已初步建成以87个国家级中医重点和优势专科为引领、447个省级中医优势专科为支撑、568个市级中医重点和优势专科为基础的中医优势专科网络；建设国医堂2297个，社区卫生服务中心和乡镇卫生院实现国医堂设置全覆盖。

（五）养老和托育服务供给持续扩大，"一老一小"服务能力有效提升

养老服务供给持续优化。截至2024年6月底，以失能、部分失能特困人员专业照护为主的县级特困人员供养服务机构实现全省每个县（市、区）至少建有1家，有集中供养意愿的特困老年人全部实现集中供养，兜底保障能力进一步提升。截至2024年12月，全省已建成养老机构1983家、床位25.4万张，其中评定等级养老机构567家，建成社区养老服务设施5561个、老年助餐服务点1.3万个，累计完成11.6万户特殊困难老年人居家适老化改造。实施养老服务人才队伍素质能力提升民生工程，新增养老护理员职业技能等级证书持证人员8000余人，持证护理员比例达到76%。加强老年健康服务体系建设，实施老年口腔健康、心理关爱、营养改善、痴呆防治4项专项行动，强化老年健康政策和知识宣传普及，推进老年友善医疗环境建设，全省二级及以上公立综合性医院、中医医院老年医学科设置率达100%。

托育服务体系建设取得积极进展。省政府连续4年将普惠托育服务扩容工程列入20项民生工程，持续加强普惠托位建设，2024年省财政投入2000万元，新增普惠托位5000个左右。推动托育机构规范发展，组织创建具有示范带动作用的省级婴幼儿照护服务机构和标准化、示范性托育机构，将育婴员、保育员等列入全省急需紧缺职业（工种）目录，提高育婴员、保育员参加职业技能培训补贴标准，提升托育服务专业化水平。积极探索"医

育结合"新模式，推进妇幼保健机构与托育机构签约，联合开展服务，助力婴幼儿健康成长。进一步完善托育服务收费政策，明确区分不同性质的服务机构、不同班型，科学合理制定保育费标准，推动普惠托育机构编制基本服务费和其他服务费目录清单，减轻人民群众托育负担。积极开展科学育儿知识宣传普及，利用"孕健康""冀云"等平台传播育儿知识，推动家庭婴幼儿照护能力提升。启动实施新生儿出生"一件事"线上办理，出生医学证明（首签）办理、本省户口登记、预防接种证办理、生育医疗费用报销等9个事项可以实现一次性线上办理。

（六）社会治理现代化深入推进，治理基础不断夯实

加大资源和服务投放到社区的力度。为满足群众对文体活动的需求，2024年1~6月，全省开展文化进基层惠民演出15016场，建设或提升标准化体育公园和小型体育主题公园131个，建设乡镇（街道）多功能运动场、百姓健身房等217个，建设更新行政村（社区）健身器材217处，有效提升基层群众获得感与幸福感。积极开展省级完整社区建设试点工作，以"居民有需求、社区有服务"为目标，聚焦为民、便民、安民服务，补齐养老、托育、健身、停车、充电、便利店、早餐店、菜市场、"小修小补"点等设施短板，完善社区嵌入式服务，提高社区治理水平。

鼓励社会力量积极参与基层社会治理。截至2024年12月10日，全省依法登记社会组织44537家，包含社会团体15396家、民办非企业单位28579家、基金会562家，涉及社会工作、志愿服务、教育、体育、医疗、法律服务等领域，机构总量较2021年底的37883家增长了17.56%。其中，社会工作机构594家，状态显示为"正常"的较2023年底增加25家[①]。社会组织积极活跃于基层社区的养老、矛盾调解、应急救援等服务中，不断增

---

① 资料来源于全国社会组织信用信息公示平台（https://xxgs.chinanpo.mca.gov.cn/gsxt/newList）。在该平台输入"社会工作"或"社工"，登记区域为"河北省"，通过导出结果来统计社会工作机构数量。但要说明的是，部分社会组织的名称中虽未含有"社会工作"或"社工"，但业务范围内包含"社会工作"，这类未纳入此次统计中。

强社会治理的合力与活力。持续开展社会组织孵化工作，为起步和初创阶段的社会组织提供能力建设、咨询督导、资源对接等服务，提升其参与基层社会治理的能力和水平。推动数字技术赋能基层治理现代化，深入推进数字化治理体系构建，全省深化一体化政务服务平台建设，推动政务服务"一网通办"和"掌上办"，推进"一件事一次办"和"高效办成一件事"改革，促进数据跨层级、跨系统、跨业务交换共享，着力打造智慧便捷的服务体系，加强覆盖社区养老、应急管理、社区治理等服务的智慧社区建设，提升基层社会治理效能。

二 社会发展面临的困难与挑战

（一）就业面临较大压力，高质量就业发展空间有待拓展

当前及未来一个时期，河北省经济增长面临较大压力，部分行业企业存在经营困难，前三季度，河北省城镇调查失业率尽管维持在年度目标值内，但仍高于全国 0.4 个百分点，城镇新增就业规模较上年同期仅小幅增加 0.2 万人，规模以上服务业企业用工数缩减 7.2%，表明企业用工仍处于收缩态势。公共部门岗位扩张已有数年，恐怕难以保持每年大规模扩岗。受此影响，重点群体仍将面临较大就业压力，普通高校招生连续多年增长，在校生规模和毕业生规模不断扩大，整体基数较大造成青年群体面临较大的就业压力。河北省产业升级过程中，部分劳动者知识技能不能适应现代产业发展变化，求职和就业难度加大。农业转移人口因其就业技能整体不高，仍会面临就业质量不高和稳定性不强的问题。

结构性就业矛盾逐渐凸显。当前河北省已进入中度老龄化阶段，人口生育率多年维持在低位，将来人口老龄化、劳动人口大龄化的趋势会更为突出。技术变革方面，人工智能等新一轮科技革命正深入推进，河北省也正加快推进以战略性新兴产业为代表的产业结构升级，对工作的知识和技能提出新要求，但劳动者的技能形成相对滞后于科技革命和产业变革。人

口转变和科技革命影响下，结构性就业矛盾正不断凸显。另外，青年群体中"慢就业""缓就业""裸辞"等心态和行为越来越常见，反映出劳动者对岗位的关注更加多样化，既考虑岗位"有没有"，也考虑岗位"好不好"，能不能保障休息休假等权益，这表明需要提供更多高质量就业岗位和良好的就业环境。

（二）城乡居民收入水平整体偏低，居民消费能力和意愿有待提升

从城乡居民收入水平来看，与全国平均水平相比，河北省城乡居民人均可支配收入水平偏低，尤其是城镇居民收入差距更大。城乡居民收入增速仅高于全国 0.2 个百分点，促进城乡居民收入快速增长的难度不小，尤其是提升城镇居民收入、缩小与全国平均水平的差距是较大的挑战。收入来源结构仍有待优化，工资性收入是居民增收的最主要来源，但由表 1 可知，2024年以来，工资性收入增速回落并低于全国平均增速，在一定程度上影响居民收入增长，经营净收入和财产净收入的增速快于全国，但因其在收入来源结构中占比不高，对收入增长贡献有限。收入的结构性问题短期内难以彻底解决，意味着仍需加固居民收入增长的基础。

表 1　2019 年至 2024 年前三季度全省居民人均可支配收入增速及收入来源增速

单位：%

指标	2024 年前三季度增速	2023 年增速	2022 年增速	2021 年增速	2020 年增速	2019 年增速
全省居民人均可支配收入	5.4	6.6	5.1	8.3	5.7	9.5
工资性收入	5.2	8.8	4.8	6.2	4.8	9.6
经营净收入	7.1	5.4	5.2	15.2	6.1	10.8
财产净收入	5.4	2.7	5.2	17.7	7.9	10.2
转移净收入	4.4	2.0	5.6	5.6	7.6	7.7

资料来源：2019~2022 年数据来自历年《河北经济年鉴》；2023 年数据来自河北省政府新闻办"2023 年河北经济运行情况"新闻发布会；2024 年前三季度数据来自河北省政府新闻办"2024 年前三季度河北经济运行情况"新闻发布会。

居民消费能力和层级仍有待提升。从全社会整体消费规模来看，2024年前三季度全省社会消费品零售总额仍低于2019年同期，居民消费能力和意愿有待提升。从消费增速来看，全省居民消费增速有所放缓，2024年第一季度、上半年、前三季度分别为4.4%、4.5%、4.8%，分别低于2023年同期4.3个百分点、4.3个百分点、3.4个百分点，农村居民消费增速上半年达到6.9%，明显高于城镇居民消费增速，但前三季度农村社会消费品零售总额增速降至4.7%，表明农村居民消费在第三季度增速放缓，暴露出农村居民消费能力不稳定状况，可能需要出台有针对性的政策提振农村居民消费。从消费品结构来看，基本生活类消费品仍是最大的消费支出，但9月以来的以旧换新等消费补贴政策对家具家电、汽车等升级类消费品的消费有促进作用，表明人民群众提升消费层级的意愿强烈，需要持续的消费提振政策助推全社会的消费升级，释放消费潜力。

（三）教育发展均衡性仍需提高，对经济社会发展支撑作用有待加强

当前，河北省基础教育面临的首要问题是区域、城乡、校际发展还不够均衡。一是办学条件不均衡。部分农村幼儿园玩教具、图书和其他游戏资源仍相对短缺，部分县中功能室、实验室、数字化硬件设施等基础设施还有不足。二是师资配置不均衡。与城镇相比，部分农村学校教师年龄结构偏大，教学方式单一，信息化素养不够，教研组织水平不高；音乐、劳技、美术、科学、心理健康和体育学科师资紧缺。三是适应学龄人口规模变化的学位供给动态调整机制还不健全。一方面，城镇地区基础教育学位资源仍需进一步扩充；另一方面，农村学校资源利用率较低，全省有不足100人的多村小规模学校（教学点）5886所（个），其中在校生少于10人的有1885所（个），未来将有一些农村校舍面临闲置。四是家庭教育条件不均衡。城乡家庭教育的资源分布、家长的教育意识和能力存在差异，农村家庭弱势显著。教育投入不足仍然是制约河北省基础教育高质量发展的重要因素，河北省一般公共预算教育支出仍处于较低水平，各级生均一般公共预算教育支出不仅大大低于京津地区，还低于全国平均水平（见图1）。河北省优质高等

教育资源相对匮乏，顶尖大学和学科匮乏从而无法作为发展的核心动力，博士等高层次人才的培养规模仍然偏小，高校在创新与服务方面的巨大潜力尚未得到充分挖掘，与河北省经济社会发展的深度融合与协同作用机制仍待建立。

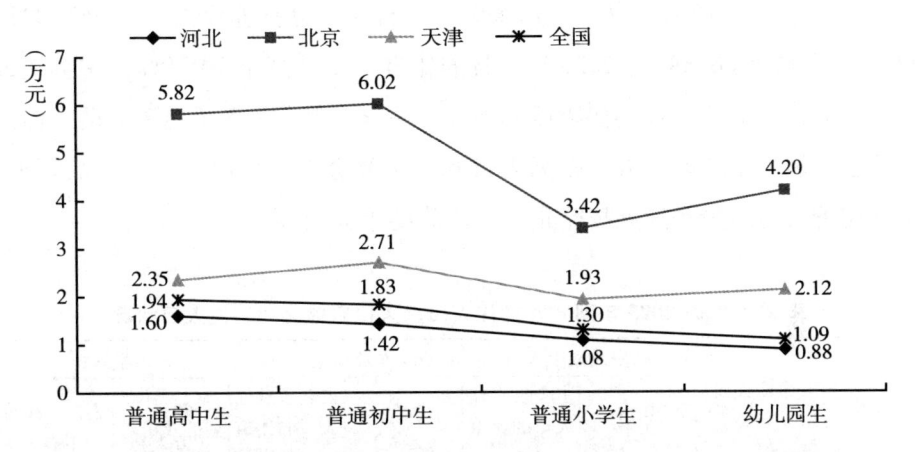

图1 2023年河北省生均一般公共预算教育支出与北京、天津、全国比较

资料来源：国家统计局及各地统计局。

（四）少子化与老龄化趋势叠加，人口发展战略亟须调整完善

2021年河北省常住人口比上年减少16万人，首次出现人口负增长，到2023年，全省人口连续3年负增长，共减少71万人，常住人口下降至7393万人。老年人口规模不断扩大，老年人口比重逐年上升，人口老龄化呈现持续、快速、深度发展趋势。2023年，全省60岁及以上人口达到1644万人，占全省常住人口的比重为22.24%，比上年上升1.23个百分点，其中65岁及以上人口1200万人，占全省常住人口的比重为16.23%，比上年上升0.60个百分点。河北省60岁及以上人口占全省常住人口的比重、65岁及以上人口占全省常住人口的比重分别高于全国平均水平1.10个百分点、0.83个百分点，河北是全国老龄化程度较高的省份之一。晚婚晚育、育儿成本过高、低生育文化等原因导致人口出生率持续下降，特别是2017年以来，出

生人口呈断崖式下降，2023年全省出生人口仅41.0万人，人口出生率下降至5.54‰（见表2），低于全国6.39‰的平均水平。全省人口发展呈现出明显的少子化、老龄化趋势，少子化、老龄化的时代转变给河北省人口长期均衡发展以及现代化建设带来巨大挑战。从总抚养比（0~14岁与60岁及以上人口之和除以15~59岁人口）来看，"七普"总抚养比由"六普"时的42.51%提高至66.88%，2023年总抚养比进一步提高至70.70%。这会造成劳动年龄人口减少、社会保障压力加大、医疗和养老资源不足等问题，给经济社会发展带来严峻挑战，根据人口和经济社会发展状况，如何灵活调整、不断完善人口政策和发展战略是当前面临的重大问题。

表2 2020~2023年河北省常住人口、人口老龄化和出生人口状况

年份	常住人口（万人）	60岁及以上人口		65岁及以上人口		出生人口	
		数量（万人）	占全省常住人口的比重（%）	数量（万人）	占全省常住人口的比重（%）	数量（万人）	人口出生率（‰）
2020	7464	1481	19.84	1039	13.92	60.84	8.16
2021	7448	1507	20.23	1111	14.92	53.31	7.15
2022	7420	1559	21.01	1160	15.63	45.30	6.09
2023	7393	1644	22.24	1200	16.23	41.00	5.54

资料来源：历年《河北统计年鉴》《河北省国民经济和社会发展统计公报》。

（五）基层社会治理创新仍需加强，社会治理能力需进一步整合

基层群众的参与度低和机制有待创新是当前制约河北省基层社会治理共同体形成和社会治理效能发挥的主要因素。一是多元主体参与的主动性不足。当前，河北省基层社会治理面对多重复杂问题，但多元主体参与动力不足、共同体意识缺失、主体功能模糊，致使基层社会治理面临着主体性与协同性"双重弱化"的实践困境。其中，基层群众的责任感和参与主动性不足是亟待突破的难点问题。二是治理机制的系统性不足。社会治理涉及教育、文化、医疗卫生、社会保障、社会治安、人居环境等许多方面，不仅需

要联系党、政、群团多主体，而且必须纳入市场和社会的力量，多方系统协作是工作高效有序进行的重要保障。当前，部分基层干部缺乏系统思维、统筹协调不到位、沟通协调能力差，治理主体"各自为政、各行其是"现象普遍，碎片化治理和无效重复现象屡见不鲜。三是基层社会治理力量仍然薄弱。部分基层社会治理的组织力量不强，社区（村）工作人员，特别是专业化人才数量仍然不足，基层干部队伍的知识储备程度和能力素质有待提升，部分人员缺乏必要的社会治理知识和技能，难以适应新时代社会治理的需求。四是社会工作队伍的能力尚未得到充分释放。机构改革后，伴随着基层社会治理主管部门的调整，财政购买社会工作服务的重要主体转移和社会工作孵化培育工作的中断影响了河北省专业社会工作对基层社会治理力量的补充和支持。

（六）社会风险叠加交织，仍需加力维持社会稳定

当前，省委、省政府统筹发展和安全，社会大局总体保持稳定态势，但我们也要清醒认识到，受国内外经济社会发展的复杂形势及群众对资源分配和社会公平的诉求加强等因素影响，婚姻家庭、邻里纠纷、涉法涉诉、涉农涉地、涉众金融、房产物业、工资拖欠、待岗失业、自然灾害、生产事故等方面风险因素增多，多重因素积累叠加，极易发生极端案件和突发事故，未来社会稳定压力加大。2024年省内外发生了多起社会影响较大的极端案件和突发事故，这些极端案件和突发事故不仅造成了重大人员伤亡和经济损失，也给社会公众带来了不良情绪影响，极易引发公众恐慌，而且有可能会激发个别人的效仿行为，增加公共安全隐患。近几年经济发展放缓，部分基层政府出现财政困难，部分企业出现经营困难，一部分群体现实生活中面临的压力和困难加大，就业、收入分配等涉及民生和社会公平正义方面的矛盾和问题将会更加突出。自媒体时代，信息极易通过网络迅速扩散传播，一些有关食品安全、公共卫生、政府行政行为的负面信息或谣言短时间即可引发公众广泛关注，如果被别有用心者操控引导，往往会形成较大的网络舆情，甚至对社会稳定造成实际影响。

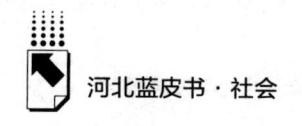

三 社会高质量发展的对策建议

（一）实施更加积极的就业政策，构建就业友好型发展方式

多措并举增加就业机会，保障就业稳定。继续实施积极的就业政策，大力发展新质生产力，积极推进现代化产业体系建设，在经济高质量发展中创造更多高质量就业机会。注重发挥各类促就业稳就业政策的协同效应，为吸纳就业能力强的产业和企业提供财政金融、税收优惠、社会保障等方面的实质性支持，降低用工单位用人成本，扩大就业容量，提升就业质量。始终重视重点人群就业，加强就业创业服务指导，鼓励和引导青年面向重点领域、重点行业、城乡基层和中小微企业就业创业，加大对困难家庭毕业生、长期失业青年的就业帮扶力度，提高高校毕业生就业落实率。培育壮大劳务品牌，打造以"福嫂"为代表的劳务品牌矩阵，进一步深化"五省六方"劳务协作机制，推动农业人口就地就近就业和外出就业。高度重视城乡零就业家庭的失业救助，保持零就业家庭动态清零。

着力化解就业结构性矛盾。建立和完善人力资源需求预测机制，增强人力资源开发的前瞻性、针对性、有效性，适时优化调整高等院校和职业院校学科专业设置。推动校企建立人才培养的长期合作机制，切实提高教育供给与人才需求的匹配度。加强职业技能培训，满足不同层次劳动者的培训需求，培育高质量从业人员。完善供需对接机制，持续开展就业创业服务指导、专场招聘会等，帮助企业和择业者更有效实现供需匹配，提升就业质量和稳定性。

完善覆盖全民的就业公共服务制度。夯实基层导向的就业公共服务基础，强化"15分钟就业服务圈"的功能，扩大零工市场辐射范围并提升服务效能，加快就业服务的数字化转型，推动人才与岗位实现更便捷、更低成本的匹配。加强就业权益保障制度建设，扩大失业保险覆盖面，适应灵活就业和新就业群体规模不断扩大的趋势，进一步完善适应灵活就业和新就业形态的劳动报酬权益保障制度，有效保障相关群体的收入和社会权益。

（二）促进居民收入稳步增长，大力提升消费能力和层级

2024年中央经济工作会议提出，2025年要"促进居民收入增长和经济增长同步"；2025年政府工作报告提出，要"大力提振消费、提高投资效益，全方位扩大国内需求"。河北省应完善收入分配体系，进一步提高居民收入在国民收入分配中的比重，提高劳动报酬在初次分配中的比重，提高工资性收入增速，加大税收、社保、转移支付等调节力度并提高精准性，有效增加城乡居民财产净收入和经营净收入，确保实现居民收入增长和经济增长同步、劳动者劳动报酬增长与劳动生产率提高同步。加大在公共服务领域的投入，加强社会保障，适当提高退休人员基本养老金，提高城乡居民基本养老保险基础养老金，提高城乡居民医保财政补助标准，提升城乡居民收入和消费预期。推动中低收入群体增收减负，切实落实好产业、就业等帮扶政策，确保不发生规模性返贫致贫，保障困难群众基本生活。

实施提振消费专项行动，提升消费能力、意愿和层级。优化消费环境，有效增加优质消费品供给，满足城乡居民迈向发展型消费的需求，激发消费潜力。加快推进消费新场景应用落地，打造一批具有代表性和影响力的跨区域、跨行业的跨界融合消费新场景项目，推出文化、旅游、体育、健康等多业态融合消费产品和服务，形成消费新增长极。加力扩围实施"两新"政策，完善消费政策，推出一批消费补贴、减税降费、金融支持等措施，促进消费潜力的释放。挖掘县乡消费潜力，进一步完善县域商业体系和农村消费基础设施建设，积极发展农村电商，拓展优质消费品下乡渠道，推动农村居民生活消费结构转型升级，提高消费品质和生活水平。

（三）加强社会保障和民生事业建设，织密民生"保障网"

党的二十届三中全会指出，"在发展中保障和改善民生是中国式现代化的重大任务"。为更好地谱写中国式现代化建设河北篇章，在少子化和老龄

化、就业多样化、流动加速化、数字智能化等背景下，河北省应多措并举健全多层次多支柱、适应人口年龄结构、顺应时代发展潮流、可持续发展、数智化人性化的社会保障体系。一是扩大社会保障覆盖面，织密民生"保障网"，精准识别与统筹保障流动人口、老龄人口、残疾人口、困境儿童、失业人口、新业态就业人员、灵活就业人员、农民工等重点群体，做到共富路上"不落一人"。二是逐步缩小区域之间、城乡之间、人群之间的社会保障待遇差距，积极解决社会保障事业发展不平衡不充分的矛盾，推进社保待遇水平与经济社会发展水平的联动调整，健全社保基金筹资机制和监管机制。三是深入优化社会救助体系，不断完善社会救助识别方式、充实社会救助服务内容、健全社会救助运行机制、扩充社会救助参与力量、统筹社会救助区域发展，切实增强社会救助兜底保障功能。四是健全以基本医疗保险为主体，医疗救助托底，补充医疗保险、商业健康保险、慈善捐赠、医疗互助等共同发展的多层次医疗保障制度，不断完善长期护理保险制度，切实满足人民群众多元化医疗与护理保障需求。五是深入推进社保经办数字化转型，促进社会保障领域信息互联互通、数据融合共享、业务协同联动，推动实现智能治理、精准治理和高效治理，打造数智化、人性化、便捷化的社会保障服务体系。

（四）推动基础教育扩优提质，更深层次促进教育公平

未来一段时期，河北省要从学位供给、资源布局、城乡均衡等多个方面统筹推动基础教育扩优提质，在更高质量、更深层次上促进教育公平。一是有序扩大学位供给。适应人口结构变化，在人口集中增长及流入区域增建、改扩建公办幼儿园和义务教育学校，稳步增加学位供给；深入挖掘优质普通高中校舍资源潜力，增加学位供给；推动有条件的地区建设从幼儿园到高中的十五年一贯制特殊教育学校和针对特定病症（如孤独症）儿童的特殊教育学校。二是持续提升教育质量。积极开展保育教育实践探索，提升师幼互动质量；扎实推进"双减"工作，优化创新促进学生德智体美劳全面发展的环境条件；深入落实"因材施教"，支持学有余力的学生拓展学习空间，协助

学习困难的学生获得被帮扶机会。三是推动城乡、校际均衡发展。深入推进县中帮扶，切实推动河北省县中尤其是薄弱县中的扩优提质，全面加强城乡学校共同体建设；加快实现集团及学区内校际优质均衡，不断缩小区域、城乡、校际、人群差距，着力构建优质均衡的基本公共教育服务体系；扎实推进城乡家庭教育工作，通过开展宣传活动、提供专业服务等方式发挥家庭在协同育人中的重要作用，尤其要提升家庭对青少年心理健康问题的回应能力。

（五）优化生育支持政策和养老社会政策，促进人口高质量发展

党的二十届三中全会提出，"以应对老龄化、少子化为重点完善人口发展战略，健全覆盖全人群、全生命周期的人口服务体系，促进人口高质量发展"。健全覆盖全人群、全生命周期的人口服务体系，需要了解不同群体在生命周期不同阶段的需求、不同群体之间的关系和互动，权衡不同需求的轻重缓急，处于不同年龄段的人口分别对应着特定的民生需求，幼有所育、学有所教、劳有所得、病有所医、老有所养，都是具有年龄特征的民生保障。当前河北省人口发展正面临重大历史性转折，面对少子化、老龄化的人口形势，为促进人口长期均衡发展，应从婚嫁、生育、养育、教育、就业、就医、养老等方面全方位推进人口服务体系建设，坚持以系统观念谋划、以改革创新推动，优化人口发展理念和战略思路，构建全方位、一体化政策体系。优化生育支持政策，推动建设生育友好型社会。要从减轻适龄人口育儿负担、完善托育服务和生殖健康服务体系、打造生育友好型就业生态、优化学校教育、减轻家庭教育负担、培育新型婚育文化等方面进一步完善和落实河北省的生育支持政策，久久为功，推进生育潜能充分释放，促进生育水平逐步回升。优化养老社会政策，立足积极应对人口老龄化国家战略在河北落地落实，持续完善基本养老服务体系，推进基本养老服务便利可及，大力发展银发经济，推进养老产业规模化、标准化、品牌化发展，提高养老服务品质，更好满足老年人日益增长的多层次、多样化养老服务需求。回应人口高质量发展的要求和应对现阶段人口健康风险的挑战，减轻社会养老负担，必须将提高人口健康素质摆在人口高质量发展的战略优先位置。

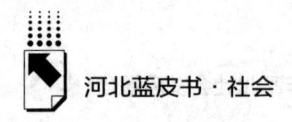

（六）重视社会稳定和安全建设，深入推进社会治理现代化

党的二十届三中全会指出："要统筹好发展和安全，落实好防范化解房地产、地方政府债务、中小金融机构等重点领域风险的各项举措，严格落实安全生产责任，完善自然灾害特别是洪涝灾害监测、防控措施，织密社会安全风险防控网，切实维护社会稳定。"这就要求我们强化社会稳定风险评估机制，对重大政策、项目提前进行社会稳定风险评估，确保决策科学且符合情理，从源头上预防和减少社会矛盾的出现。加强公共安全体系建设，完善社会治安防控体系，加大对重点地区、重点行业、重点领域的监管力度，及时消除安全隐患，确保人民群众生命财产安全。推动社会治理创新，持续推进破解基层社会治理"小马拉大车""形式主义""官僚主义"等突出问题，抓紧补齐基层党组织领导基层社会治理的各种短板，通过加强自身能力建设和支持社会力量积极参与等方式来有效充实基层工作力量，加强基层社会治理和服务体系建设，提高社区自治和风险防控能力。

充分发挥社会工作在深入推进社会治理现代化过程中的重要作用。2024年11月初在北京召开的中央社会工作会议传达了习近平总书记关于社会工作的重要论述："社会工作是党和国家工作的重要组成部分，事关党长期执政和国家长治久安，事关社会和谐稳定和人民幸福安康。"[①] 坚定不移走中国特色社会主义社会治理之路，要充分发挥社会工作在组织和动员群众上的优势。加大财政购买社会工作参与基层社会治理服务的力度，充分提升社会工作通过专业化、个性化的社区服务寓治理于服务之中的能力，增强居民的获得感与归属感，增强社区凝聚力，助力社会治理体系的健全与完善。要充分发挥社会工作在信访工作、人民意见征集工作中的优势。建立社会工作介入机制，让具备信访接待、情绪疏导等方面专业能力的社会工作者尽早地参与到信访案件的处理中，促进问题的及时解决。利用社会工作者的沟通技巧

---

① 《深入学习贯彻习近平总书记关于社会工作的重要论述——论贯彻落实中央社会工作会议精神》，《人民日报》2024年11月7日。

及其作为第三方能更好地理解和传达民众的意见和需求的优势，将社会工作者正式纳入人民意见征集工作的序列中，为政府决策提供参考。要加强专业社会工作组织和社会工作人才队伍的建设。针对河北省社会工作人才占总人口比例仍然偏低的现状，未来一段时期，应高度重视社会工作人才的培育工作，促进规模效应的形成，并持续提升其在社会治理各领域的综合素养和专业能力，增加社会建设的资源与活力。

人口篇

B.2 河北省人口出生率下降的原因分析及对策建议

樊雅丽 张齐超 侯建华 李素庆[*]

摘 要： 河北省2020年总和生育率降至1.30，2021年人口总量首次出现负增长，2023年出生率为5.54‰，长期持续的低生育率导致河北省面临"低生育率陷阱"的风险。虽然在积极生育政策作用下，二孩及以上生育率有所上升，但我们依然面临着生育率下降的严峻形势。育龄妇女总量大幅下降、生育成本过高等原因导致河北省人口出生率不断下降。为进一步完善和落实生育支持政策，本报告提出从"组织支持、经济支持、服务支持、时间支持、文化支持"五个方面，久久为功，推动生育潜能充分释放，促进生育水平逐步回升。

---

[*] 樊雅丽，河北省社会科学院社会发展研究所所长、研究员，研究方向为人口社会学；张齐超，河北省社会科学院社会发展研究所副研究员，研究方向为城市社会学、老年社会学；侯建华，河北省社会科学院社会发展研究所副研究员，研究方向为人口城镇化与社会政策；李素庆，河北省社会科学院社会发展研究所助理研究员，研究方向为社会工作、家庭教育。

关键词： 低生育率　生育支持　婚育友好

近年来，持续的低生育率已经拉开河北省人口负增长的序幕，严重影响人口长期均衡发展，可能引发系统的经济社会风险，亟须对全省人口出生率下降的形势进行研判。2024年10月国务院办公厅印发《关于加快完善生育支持政策体系　推动建设生育友好型社会的若干措施》，从生育、养育、教育等方面提出一揽子生育支持政策，我国进入了完善生育支持政策的新阶段。河北省从2021年开始出现人口负增长，截至2024年底，全省人口总数7378万，连续四年全省人口持续减少共86万，2023年河北省的人口出生率为5.54‰，低于全国6.39‰的平均水平，综合研判后发现河北省人口形势严峻。本报告依托历次河北省人口普查、人口变动情况抽样调查等数据，结合问卷调查、重点群体调研、部门座谈等资料，系统研究河北省低生育的进程、水平和结构性特征，分析导致出生率下降的人口、社会和文化等原因，提出精准性、有效性的对策建议。

一　河北省人口出生率下降的状况分析

（一）出生率2017年后断崖式下降，2021年出现人口负增长

计划生育实施以来，河北省出生人口和出生率在波动中持续走低。20世纪80年代出生人口波动明显，出生率为16.70‰~24.00‰，总体保持较高的生育水平。90年代整体呈稳定下降趋势，年出生人口自1990年的123.41万降至2000年的74.62万。2000年后进入平稳增长期，至2014年出生人口升为96.30万。2015年出生人口陡降至83.25万，2016年实施的全面二孩政策短暂扭转了下降趋势，2017年出生人口短暂回升至97.58万，之后出现断崖式下降。2023年河北省的出生率为5.54‰，同比进一步下降（见图1），2022年低于全国6.77%的平均水平，在全国31个省份中排第21

名（见图2）。河北省从2021年开始出现人口负增长，截至2024年底，河北省人口总数7378万，连续四年全省人口持续减少共86万。

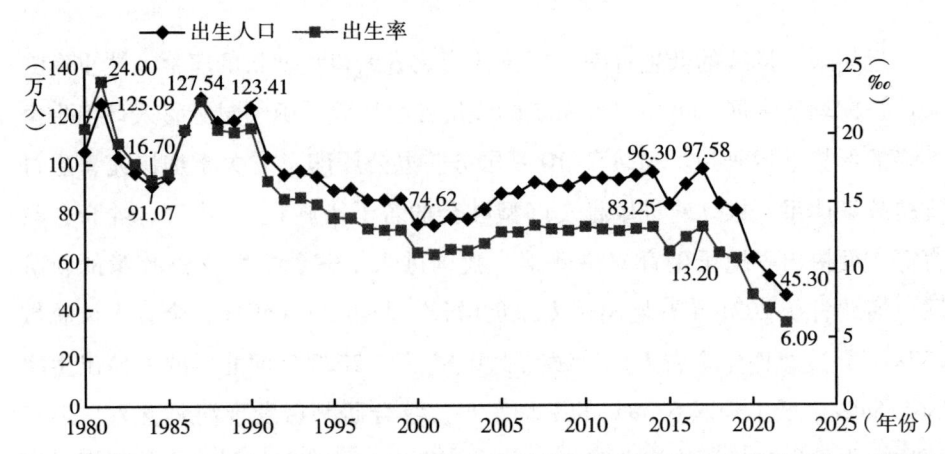

图1　1980年以来河北省出生人口和出生率（完善生育率图2023年出生率为5.54‰）

资料来源：历年《河北统计年鉴》。

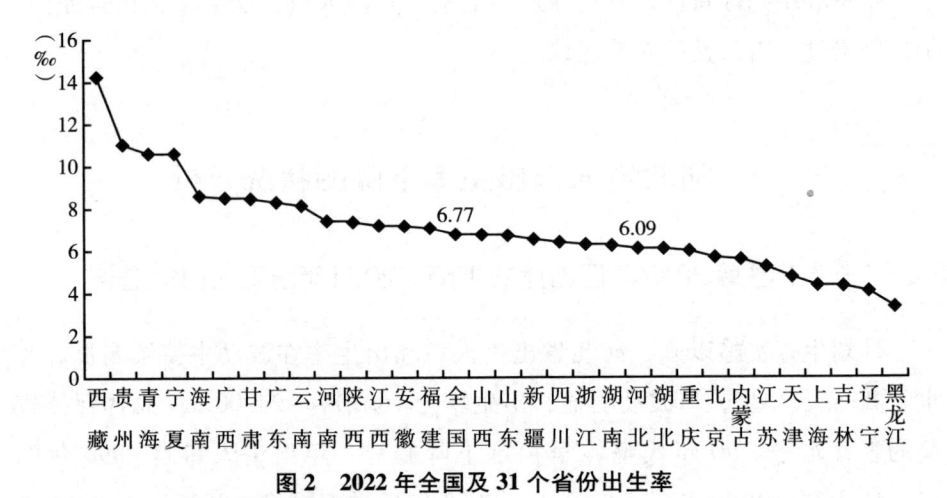

图2　2022年全国及31个省份出生率

资料来源：《中国统计年鉴2023》。

（二）总和生育率长期低于人口更替水平，优化生育政策初显成效

总和生育率是衡量生育水平的重要指标，反映妇女在育龄期间生育的子

女总数。一般而言，总和生育率为2.1才达到人口更替水平，低于1.5将会滑入"低生育率陷阱"。第四、五、六、七次全国人口普查数据显示（见表1），河北省总和生育率均低于2.1，且进入21世纪以后，维持在1.3左右，长期处于极低的生育水平，2020年在全国排第16位。从孩次生育率来看，从2010年至2020年，河北省育龄妇女一孩生育率从22.95‰下降至14.75‰，二孩生育率从13.89‰上升至17.17‰，三孩及以上生育率从2.06‰上升至4.31‰（见图3），表明2020年河北省出生人口以二孩为主，十年来推行的优化生育政策初显成效。

表1 历次人口普查全国与河北省总和生育率

	1990年	2000年	2010年	2020年
全国	2.30	1.22	1.18	1.30
河北	2.09	1.29	1.31	1.30

资料来源：历年《中国人口普查年鉴》。

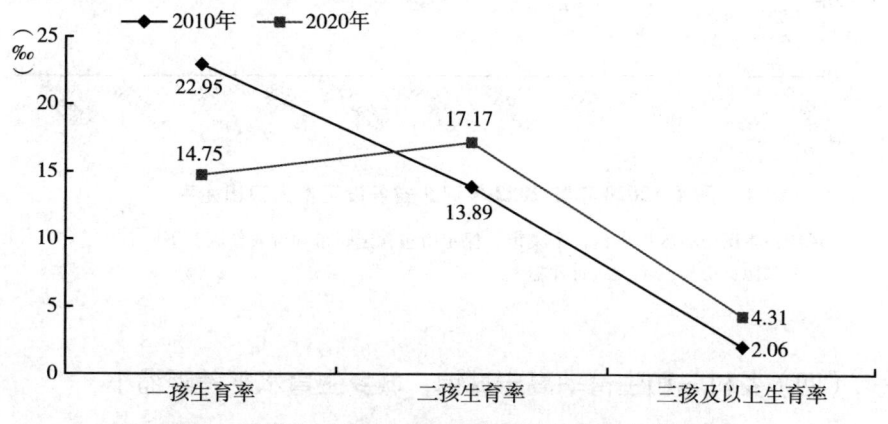

图3 2010年和2020年河北省育龄妇女孩次生育率

资料来源：历年《河北省人口普查年鉴》。

（三）各设区市出生率五地低于全省平均水平，总和生育率六地低于全省平均水平

2022年，河北省出生率最高的是邯郸，为6.52‰，最低的是张家口，为

5.47‰，秦皇岛、张家口、衡水、唐山、保定五地低于全省平均水平。与2020年相比，各设区市人口出生率均有所下降，下降最多的前三个市分别为邢台、邯郸和保定，下降最少的为秦皇岛（见图4）。总和生育率方面，2020年沧州最高，为1.52，其次为邢台1.47，秦皇岛、衡水、廊坊、石家庄、唐山、张家口六地的总和生育率均低于全省总和生育率1.30。与2010年相比，石家庄、唐山、张家口、承德、邢台五地的总和生育率有所上升，另外6个设区市的总和生育率均有所下降，沧州下降最多，减少了0.22（见图5）。

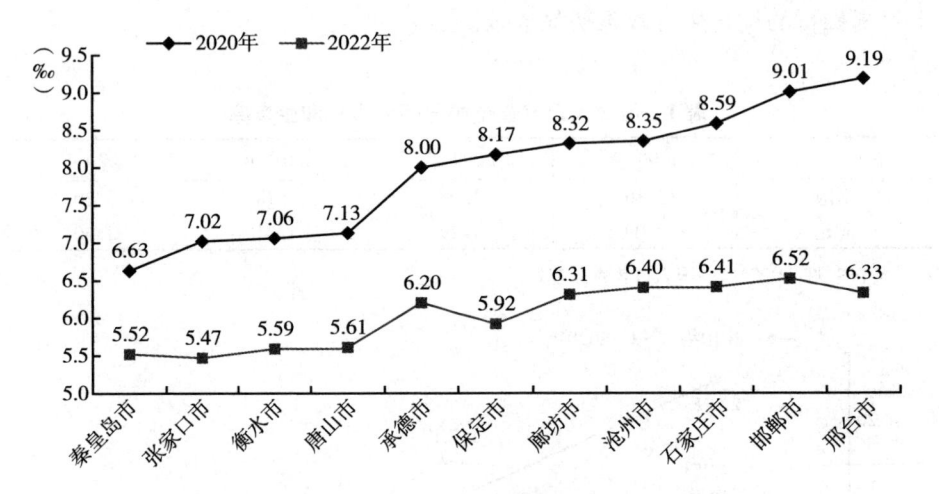

图4　2020年和2022年河北省各设区市人口出生率

说明：本图中石家庄市包含辛集市，保定市包含定州市和雄安新区，下同。
资料来源：历年《河北统计年鉴》。

（四）乡村总和生育率高于城镇，城乡生育水平差距缩小

根据历年《河北省人口普查年鉴》及2023年河北省人口变动情况抽样调查数据（见表2），乡村总和生育率普遍高于城镇总和生育率。从2010年至2020年，城镇总和生育率从1.11上升至1.25，乡村总和生育率则从1.49下降至1.43。2023年河北省人口变动情况抽样调查数据显示，城镇总和生育率与乡村总和生育率均呈现较大幅度下滑，且乡村降幅大于城镇，城乡总和生育率在低处趋同，意味着河北省生育形势日益严峻。

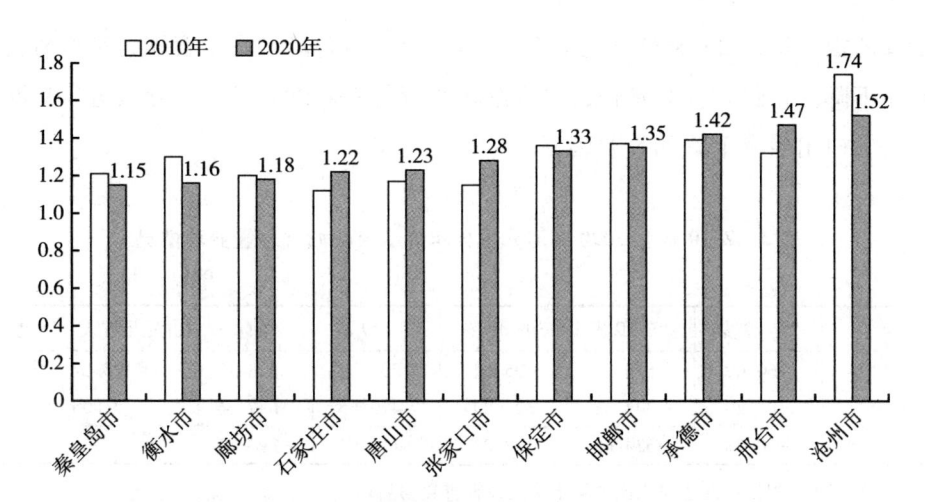

图 5　2010 年和 2020 年河北省各设区市总和生育率

资料来源：历年《河北省人口普查年鉴》。

表 2　2010 年、2020 年和 2023 年河北省城乡总和生育率

	2010 年	2020 年	2023 年
城镇	1.11	1.25	0.91
乡村	1.49	1.43	0.93

资料来源：历年《河北省人口普查年鉴》及 2023 年河北省人口变动情况抽样调查数据。

二　河北省人口出生率下降的原因分析

（一）育龄妇女总量大幅下降、晚婚晚育和较高的未婚率严重制约生育力

1. 育龄妇女总量快速减少削弱生育的基础性条件

2010~2020 年，河北省育龄妇女人口减少 390.81 万，降幅为 19.27%，其中，20~29 岁生育旺盛期育龄妇女人口减少 334.68 万，降幅为 49.27%，15~19 岁即将进入生育旺盛期的育龄妇女人口下降 27.20%，意味着未来 5~10 年生育旺盛期育龄妇女数量会进一步减少。尽管 30~39 岁年龄组育龄

妇女的数量增加25.87%（见表3），但该年龄组育龄妇女生育能力和潜力已有所下降。育龄妇女总量快速减少削弱生育的基础性条件，是导致近年来河北省人口出生率下降的重要因素。

表3　2010年和2020年河北省分年龄组育龄妇女总量变动情况

单位：万人，%

	15~19岁	20~29岁	30~39岁	40~49岁	总计	占河北省人口比重
2010年	260.02	679.21	495.67	593.27	2028.17	28.22
2020年	189.29	344.53	623.89	479.65	1637.36	21.95
变动量	-70.73	-334.68	128.22	-113.62	-390.81	—

资料来源：根据河北省第六次、第七次人口普查数据测算。

2. 晚婚晚育和大龄未婚压制生育潜能

河北省2000年90%的人在27岁之前结婚，2010年和2020年达到这一成婚比例的年龄分别延至29岁、32岁，2020年大龄（28~34岁）男、女青年未婚比例分别高达13.74%和6.71%，相较于2010年分别上升了6.16个百分点和2.14个百分点，晚婚趋势显著加剧。2010年育龄妇女生育最高峰年龄是23岁，2020年则推迟到26岁。20~24岁组生育率从2000年的113.67‰降到2020年的62.27‰，35~39岁组生育率从7.19‰升至22.16‰（见表4）。晚婚晚育缩短婚内生育期，造成夫妇不愿意或没有足够时间生育二胎、三胎，全国生育状况抽样调查显示，"年龄大"是不（再）生育的第二大原因，占比45.6%。

表4　2000年、2010年和2020年河北省20~49岁人口分年龄组未婚比例及生育率

单位：%，‰

年份		各年龄组					
		20~24岁	25~29岁	30~34岁	35~39岁	40~44岁	45~49岁
未婚比例	2000	69.29	10.23	3.22	2.13	2.17	2.52
	2010	67.91	17.13	4.98	2.66	1.99	1.58
	2020	81.87	29.90	8.87	3.62	2.27	1.91

续表

年份	各年龄组					
		20~24岁	25~29岁	30~34岁	35~39岁	40~44岁	45~49岁
生育率	2000	113.67	91.63	43.25	7.19	1.20	0.65
	2010	80.49	94.32	54.61	20.14	6.87	3.57
	2020	62.27	104.87	60.29	22.16	4.99	1.30

资料来源：根据河北省第五次、第六次、第七次人口普查数据测算。

3. "不孕不育"和过度人工流产严重削弱生育力

生育年龄越大越增加生育风险和失败率，"七普"数据显示，我国"不孕不育"发生率已达15.5%。尽管河北省辅助生殖技术和服务机构已有了长足发展，但相关费用成本较高且未纳入医保范围，降低了服务的可及性，难以有效解决"生不出"的难题。此外，当前人工流产问题极为严重，国家卫生健康委统计数据显示，2019年全国出生人口为1465万，同年全国人工流产数量约976.2万例，2021年仍维持在900万例以上，其中24岁以内未婚人群占40%以上。人工流产数量居高不下不仅直接降低了出生人口数量，而且严重削弱了流产女性的生育力，对生育率的负面影响不容小觑。

（二）生育成本过高成为生育率下降的最主要现实约束

1. 生育成本过高极大压制生育意愿

据《中国生育成本报告2024版》估算，全国0~17岁孩子的平均生育成本为53.83万元，其中河北省平均生育成本为45.83万元，居第18位。结合当前河北省社会经济水平，按照生育、养育和教育的不同支出标准，测算出一个0~18岁孩子的直接生育成本在21.05万元到47.85万元之间（见表5），其中教育支出占总支出的40%。2022年，河北省居民人均可支配收入为30867元，年均生育成本占到双职工居民家庭收入的17.95%~40.79%。全国生育状况抽样调查显示，女性不打算（再）生育的最主要原因是"经济负担重"，占77.4%，"生不起"是当前生育率持续下降的最主要因素。

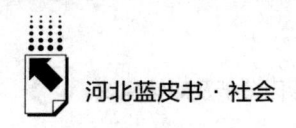

表5 河北省直接生育成本估算

阶段	成本
怀孕阶段	8000~18000元
婴幼儿阶段（0~3岁）	17500~54500元
学前教育阶段（4~6岁）	24000~66000元
小学阶段（7~12岁）	71000~130000元
中学阶段（13~18岁）	90000~210000元
总计	210500~478500元
年均生育成本	11079~25184元
年均生育成本/双职工居民家庭收入（2022年水平）	17.95%~40.79%

资料来源：《中国生育成本报告2024版》。

2.经济支持力度小，难以发挥生育促进作用

生育保险覆盖范围窄、待遇标准低，享受生育医疗和生育津贴的产妇数量低于当年实际发生生育行为的妇女数量，产前检查和分娩报销费用远低于实际花费；个税专项附加扣除额度仍不足，对中低收入家庭作用不大；没有针对婴幼儿照护和抚养的津贴，养育支出基本由家庭承担；住房、教育等方面的政策缺少实施细则、标准不明、持续性不足。

（三）工作与家庭难平衡，"没人带"难题削弱生育意愿

1.生育强化女性劳动力市场弱势地位，不愿生不敢生

基于性别的就业歧视仍然存在，女性因生育面临较高失业、转岗的风险，被迫放弃或降低职业发展期望。超时劳动普遍存在，国家统计局数据显示，2023年全国企业就业人员周平均工作时间为49.0小时，超出法定劳动时长，劳动者更难平衡工作与家庭。国家层面和省级层面的法律法规缺失关于育儿假实施的监督机制，没有明确不落实育儿假制度的法律责任，导致产假制度难以全面落实。

2.托育服务发展迟缓，难以有效解决"没人带"的难题

全国生育状况抽样调查显示，母亲育儿时间投入接近父亲的4倍，孩子"没人带"在不生育原因中占33.2%。2019年全国人口与家庭动态监测调查

数据表明，1/3 的婴幼儿家庭有比较强烈的托育服务需求，但入托率仅为 5.5%。河北省婴幼儿托位建设较快，但主要由民营机构备案，公办托育服务发展迟缓，托育价格偏高、监管机制不健全、专业化品牌机构短缺，大量有托育服务需求的家庭找不到可接受可信赖的托育机构，供需存在明显错位。

（四）消极婚育观念进一步强化低生育意愿和行为

2023 年河北省人口变动情况抽样调查数据显示，越年轻的世代生育意愿越低，"00 后""90 后"群体理想子女数为 1 个的占比分别为 29.52%、14.28%，大幅高于"80 后"（3.39%）和"70 后"（2.47%），而理想子女数为 2 个及以上的占比分别为 65.64%、73.93%，显著低于"80 后"（81.75%）、"70 后"（83.60%），表明"00 后"和"90 后"群体正在形成低生育文化。部分地区存在"天价彩礼"、结婚必先"购房"等婚俗观念，增加了结婚难度，推高了大龄青年未婚率，拉低了生育意愿。互联网对负面生育信息的传播广泛而迅速，在年轻人中不断滋生并加重恐婚恐育心理，成为正常婚育的认知绊脚石。

三 促进河北省生育水平回升的对策建议

面对生育率下降的严峻形势，为进一步推动实现适度生育，促进人口长期均衡发展，应贯彻落实党中央、国务院决策部署，围绕"养不起""没人带""生不出""不想生"等突出问题，进一步完善和落实生育支持政策，久久为功，推动生育潜能充分释放，促进生育水平逐步回升。

（一）组织支持：统筹构建长效工作机制

1. 建立健全领导协调机制

建议在优化生育政策工作部门联席会议制度的基础上，尽快成立优化生育政策工作领导小组，由党政主要领导担任组长，发改、财政、卫健、教

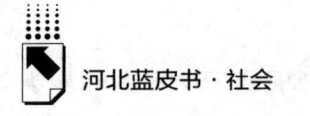

育、民政、人社、医保、工会、妇联、共青团等职能部门和群团组织主要负责人为成员，加强组织领导和部门协同。

2.强化顶层设计和统筹规划

建议启动编制"河北省生育支持政策体系中长期规划"，设定生育支持政策体系的战略目标和阶段任务，规划内容应纳入国家人口发展战略的总体框架之中，坚持生育养育全生命周期、全要素保障，推动婚嫁、生育、养育、教育、就业、养老、住房、社会救助等各类政策资源整合与规划，打造完整生育支持政策体系和服务链条。

（二）经济支持：减轻适龄人口育儿负担

1."真金白银"发放育儿补贴

建议构建普惠性育儿津贴福利制度，为生育家庭适度发放津贴，对于生育家庭每孩每月发放500元育儿补贴金，直至孩子3周岁；对生育二孩或三孩的家庭一次性发放孕产补贴3000元，提振适龄人口生育意愿；完善家庭税收减免政策，提高个人所得税专项附加扣除额度。加大对多孩家庭的住房政策支持力度。

2.扩大生育保险覆盖面和医疗报销种类

扩大生育保险覆盖范围，逐步实现生育保险与企业职工基本医疗保险、城乡居民医疗保险缴费覆盖率同步，实现生育主体人群应保尽保。优化生育保险支出结构，逐步将生育津贴受众范围扩展至所有参保人员，适当提高产前检查及生育医疗费用的报销比例，增加奖励性生育补助金，将男性护理假津贴纳入生育保险基金支付范畴。积极探索将无痛分娩和辅助生殖技术纳入医保基金支付范围。

3.加强优质教育资源的全面供给

健全学前教育资助制度，推动义务教育优质均衡发展，减少择校、课外辅导等额外经济负担。解决教师非教学负担过重的问题，提升课堂教学质量、健全课后服务体系，避免"校内减负、校外增负"，破除教育"内卷"。

（三）服务支持：完善托育服务和生殖健康服务体系

1. 推动托育服务纳入基本公共服务

摸清河北省广大家庭真实的托育需求和成本，形成常态化的财政投入机制。加快建成覆盖城乡的普惠性托育服务体系，统筹托育服务设施数量、规模和布局，增加托位供给。积极探索婴幼儿照护补贴制度，以育儿津贴或育儿券形式向提供婴幼儿照护服务的托育机构、家庭成员及社会服务人员给予经济补贴。支持党政机关、企事业单位为职工提供福利性托育服务。

2. 加快托育服务高质量发展

加强婴幼儿照护服务示范城市、示范机构建设。加快制定托育机构行业标准规范，培养职业化的保育员、保教员，加强托育机构的监管和评估。积极推进3岁以下婴幼儿照护服务与"河北福嫂·燕赵家政"融合发展。健全价格调整和监管机制，采用"补供方"和"补需方"相结合的方式，向托育机构的建设和运营提供资金支持，降低服务成本。

3. 建立全过程保障的妇幼保健服务制度

健全妇幼保健服务网络，加强生殖健康咨询服务，促进生殖健康服务融入妇女健康管理全过程，强化孕产妇和新生儿危急重症救治能力建设。提高无痛分娩的普及率，健全辅助生殖技术服务体系，做好育龄人群生育力保护。

4. 规范人工流产手术管理

强化术前检查谈话程序，医疗机构必须严格实施术前谈话，对于非必要的手术应当进行正确引导，减少手术数量。对于有配偶或固定伴侣的人员，在术前初诊、术后随访时，都应要求配偶参与。严厉打击非医学需要人工流产行为。

（四）时间支持：打造生育友好型就业生态

1. 加强女性劳动权益保护

保障就业权、休息权，反对就业性别歧视，减少受迫性职场中断的发

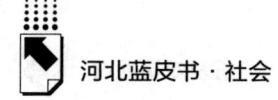

生,加强对生育再就业女性相关职业技能培训。严格落实职工的产假、哺乳假、陪产假、育儿假等制度,加强对企业假期制度落实和女性合法权益保障的监管。

2. 推进生育友好型企业建设

积极创建生育友好型工作场所,鼓励有条件的企业实行弹性坐班、远程办公及居家办公等工作模式,缓解职业发展与育儿冲突。发挥税收杠杆作用,以税收优惠、返还补贴等形式鼓励企业建立母婴服务设施和职工婴幼儿看护机构,构建友好的企业生育文化。

(五)文化支持:推动形成婚育友好型社会氛围

积极弘扬"适龄婚嫁、适度生育"的新型婚育理念,缓解青年在婚育过程中的思想抵触。依法治理"天价彩礼""高价婚房"等婚嫁陋习,净化易造成结婚生育焦虑的互联网消极信息。营造多维立体新型婚育文化宣传格局,鼓励各地挖掘文化特色、地方风俗等,推出一批群众喜闻乐见的婚育主题文艺精品,利用公众号、短视频等形式对婚育等话题进行宣传、引导和讨论,全面营造婚育友好型社会氛围。

B.3
河北人口绿色发展：理论依据、现实状况与实践路径

刘晓珍*

摘　要： 基于我国现有的人口、资源环境等自然物质条件和经济社会条件，我们必须坚持人口绿色发展。马克思主义的生产理论、可持续发展为人口绿色发展提供了理论依据。河北省人口绿色发展现状体现在城镇化推进、人口与资源环境关系、人口流动、人力资本四个方面，机遇与挑战并存。因此，必须坚持以构建人与自然生命共同体为目标，从大生态的角度统筹解决人口与资源环境关系问题，促进人口绿色发展。

关键词： 人口绿色发展　物质生产理论　人与自然生命共同体

人口是自然—经济—社会的复合系统中的基本要素，是影响可持续发展的重要变量。我国人口政策经历了一个动态变化调整的过程，其根本目的是实现人口的可持续发展或者说绿色发展，即实现人口、资源环境与经济社会的协调发展。令人遗憾的是，人口与资源环境承载能力始终处于紧平衡状态。21世纪中叶前我国人口总量将保持在13亿以上，人口对粮食供给的压力持续存在，人口与水资源短缺的矛盾始终突出，人口与能源消费的平衡关系十分紧张[①]。因此，我们必须关注人口变量对经济社会的负面影响，将人口的均衡发展和绿色低碳循环发展结合起来，以实现人口的绿色发展。

---

* 刘晓珍，博士，河北省社会科学院社会发展研究所助理研究员，研究方向为环境治理。
① 《国家人口发展规划（2016—2030年）》，中国政府网，2016年12月30日，https://www.gov.cn/gongbao/content/2017/content_5171324.htm。

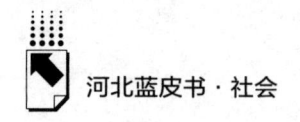

一　人口绿色发展的理论依据与现实意义

国务院印发的《国家人口发展规划（2016—2030年）》提出，要"实施人口绿色发展计划，积极应对人口与资源环境的紧张矛盾，增强人口承载能力"。人口绿色发展具有坚实的理论基础和深远的现实意义。

（一）人口绿色发展的理论依据

1. 马克思主义的生产理论

根据马克思主义的历史唯物主义的观点，社会生产包含两种形式，即物质生产和人自身的生产（种的繁衍）。物质生产即食物、住房、生产工具等物质资料的生产，人自身的生产即人类的繁衍。调节人自身的生产是社会调节的基本形式。人口是可持续发展的重要影响因素。同时，人自身的生产也受到一定的自然条件和社会条件的限制。恩格斯指出："人类数量增多到必须为其增长规定一个限度的这种抽象可能性当然是存在的。但是，如果说共产主义社会在将来某个时候不得不像已经对物的生产进行调节那样，同时也对人的生产进行调节，那么正是这个社会，而且只有这个社会才能无困难地做到这点。"[①] 改革开放以来的很长一段时间内，我国人口表现为生育率下降、劳动年龄人口迅速增长、人均受教育年限增加等态势。党的十八大以来，党中央根据人口变化态势及时优化调整人口政策。作为生育率长期处于低水平的结果，2022年以来我国人口发展已经进入减量阶段，同时进入以65岁及以上人口占比超过14%为标志的中度老龄化社会；2023年，我国人口以1.48‰的幅度继续减少，老年（65岁及以上）人口比重提高到15.4%。以少子化、老龄化和区域人口增减分化为特征，我国人口发展面临新形势[②]。

---

① 《马克思恩格斯文集》（第10卷），人民出版社，2009，第455页。
② 《〈中共中央关于进一步全面深化改革、推进中国式现代化的决定〉辅导读本》，人民出版社，2024，第314页。

2. 可持续发展

可持续发展缘起于发展观的重大变革，从"增长"到"发展"再到"可持续发展"。1962年蕾切尔·卡逊出版《寂静的春天》，关注农药的危害并引发环境政治运动。1972年联合国人类环境会议在瑞典斯德哥尔摩举行，同年，《只有一个地球》和《增长的极限》出版。1987年联合国世界环境与发展委员会发表的《我们共同的未来》（又称《布伦特兰报告》）正式提出可持续发展概念。可持续发展战略的正式确立始于1992年的联合国里约环境与发展首脑大会，其核心含义为"既满足当代人的需要，又不对后代人满足其需要的能力构成危害的发展"。其中，处理好"人与自然"之间的关系，是可持续能力的"硬支撑"，是中国可持续发展战略的主题之一[①]。

中国的可持续发展理念和实践不仅吸收了西方可持续发展的思想和理念，并在实践的基础上不断创新发展。尤其是在党的十八大以来，中国坚持"绿水青山就是金山银山"的理念，坚持走生产发展、生活富裕、生态良好的生态现代化道路。

（二）人口绿色发展的现实意义

1.人与自然关系失衡使得生态危机成为全球性问题

如何处理好人与自然的关系是人类社会发展面临的永恒课题。然而，西方社会自工业革命以来，传统的工业发展模式在带来丰裕的物质财富的同时引发环境之殇，比如震惊中外的环境八大公害事件。改革开放以来中国粗放型的经济发展模式在带来经济社会发展奇迹的同时也引发了生态环境危机。生态危机的本质是发展问题，而发展的根本目的是满足人民日益增长的美好生活需要——充足的就业机会、稳定的收入、健全的社会保障体系等，当然也包含清洁的水、空气等良好的生态产品和服务在内。因此，处理好人与自

---

① 牛文元：《可持续发展理论的内涵认知——纪念联合国里约环发大会20周年》，《中国人口·资源与环境》2012年第5期。

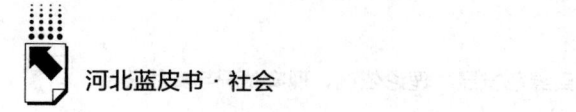

然的关系尤为重要，这是他国之镜鉴，亦是自我反思之结果。当前，全球携手应对气候危机、保护生物多样性等举措即是最好的例证。

2. 人与自然和谐共生是中国式现代化的重要命题

党的二十大报告系统阐述了"中国式现代化"的命题，绿色发展是中国式现代化的显著特征。因此，如何在我国当前的人口形势下处理好人与自然的关系是实现中国式现代化面临的重大挑战。

绿色发展是在中国创新实践的基础上提出的一种新的发展理念和发展模式，其核心要义是实现人口、资源环境与经济社会的协调发展，体现了人与自然和谐共生的关系。人口因素是影响人与自然关系的重要变量。当前，我国人口形势呈现少子化、老龄化和区域人口增减分化等特征。一方面，须看到人口特征对人与自然和谐共生的积极影响。比如人均受教育年限增加会显著增强人们的环境意识和促进环保行为（该结论已被相关研究证实）。另一方面，要看到人口相关特征的负面影响。比如持续低生育率造成的人力资源的减少和老年抚养比的提升等，都会对发展造成不可预估的影响。与此同时，人与自然的关系会反作用于人类的福祉。例如，良好的生态环境是最普惠的民生福祉，不单单可以提供适宜的生存环境，而且还可以提供优质的生态产品和服务，助力生态福祉的实现。

二 河北省人口绿色发展现状

当前，我国经济社会已经进入高质量发展的新阶段。需要立足新阶段，把握人口发展的态势。

（一）城镇化有序推进，城镇结构体系有待优化

城镇化是现代化的重要表征，伴随着经济的发展和城镇化水平的不断提高是世界各国现代化进程中的普遍规律。如图1所示，在2000年之前城镇人口和乡村人口均保持稳步增长的态势，城镇化率整体呈现为缓慢提升的特征，中间偶有倒退的节点。在2000年之后城镇人口迅速增加，乡村人口迅

速减少，到 2020 年城镇化率已达到 60.07%。截至 2024 年末，全省常住人口为 7378 万人。其中城镇常住居民为 4679 万人，占比为 63.42%；乡村常住居民为 2699 万人，占比为 36.58%。

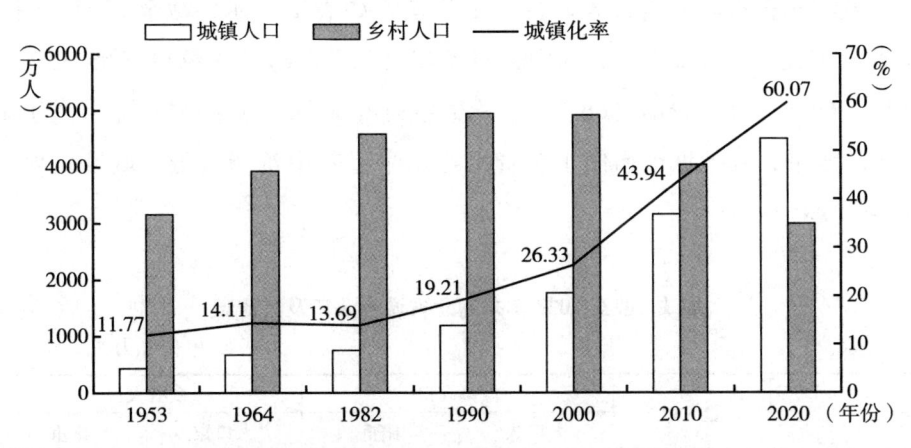

图 1 1953~2020 年河北省城乡人口及城镇化率

资料来源：历年《河北统计年鉴》。

就京津冀城市群而言，如图 2 所示，自 2000 年以来，全国及京津冀的城镇化率均有所提高，其中较之京津地区，河北的城镇化率增幅较大，增速

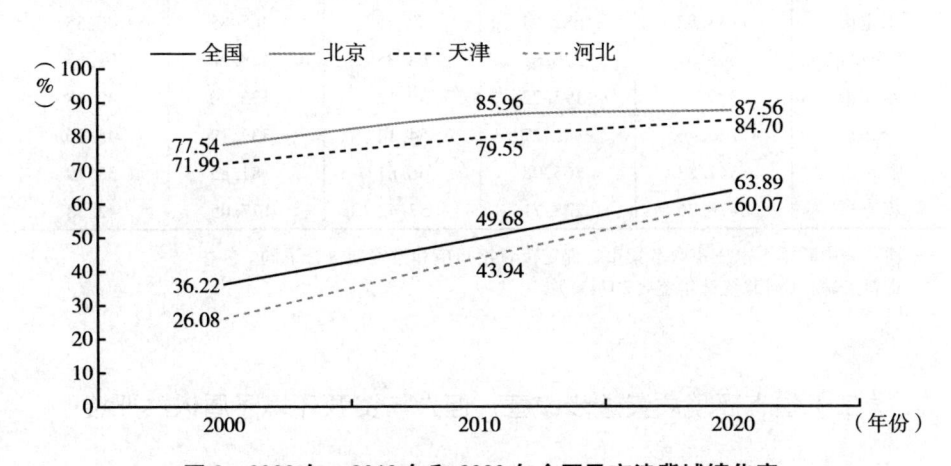

图 2 2000 年、2010 年和 2020 年全国及京津冀城镇化率

资料来源：历年全国及京津冀统计年鉴。

较快。但自 2000 年以来，河北的城镇化率远低于京津地区，甚至低于全国平均水平。这在一定程度上说明了河北的整体发展动能不足，仍具有较大的上升空间。

就河北省省内而言，人口分布不均衡。如表 1 所示，截至 2023 年末，全省城镇化率为 62.78%。其中，石家庄（72.28%）、张家口（68.35%）、廊坊（66.81%）、唐山（66.71%）、秦皇岛（66.43%）的城镇化率高于全省平均水平，其他城市均低于全省平均水平，其中沧州最低，城镇化率只有 54.14%。

表 1 截至 2023 年末河北省城乡人口及其比重

单位：万人，%

	总人口	城镇人口		乡村人口	
		人口数	比重	人口数	比重
全省	7393.00	4641.44	62.78	2751.56	37.22
石家庄市	1123.35	811.92	72.28	311.43	27.72
唐山市	771.95	514.93	66.71	257.02	33.29
秦皇岛市	310.74	206.41	66.43	104.33	33.57
邯郸市	917.31	563.55	61.44	353.76	38.56
邢台市	695.55	391.70	56.32	303.85	43.68
保定市	1148.82	682.94	59.45	465.88	40.55
张家口市	405.01	276.81	68.35	128.20	31.65
承德市	330.22	195.22	59.12	135.00	40.88
沧州市	726.46	393.27	54.14	333.19	45.86
廊坊市	547.83	365.98	66.81	181.85	33.19
衡水市	415.76	238.71	57.42	177.05	42.58

注：表中数据石家庄市含辛集市，保定市含定州市和雄安新区，下同。
资料来源：《河北统计年鉴（2024）》。

（二）生态环境质量逐步改善，但人与资源环境矛盾依然严峻

1. 水资源瓶颈突出，生态环境保护形势依然严峻

水资源短缺是河北可持续发展面临的重大挑战，全省人均水资源量仅为

全国平均水平的1/7。地下水超采、平原地区地面沉降，导致地裂、海水入侵等风险加大，生态安全基础尚不稳固。

2. 人口经济密度与国土空间利用水平差距明显

如表2所示，河北与京津两地发展落差依然较大，人口经济密度与国土空间利用水平差距明显。同时，与京津地区相比，第二产业占比较高，产业结构有待进一步优化。河北省城市人口密度不均衡，如图3所示。

表2 2023年全国及京津冀人口及经济状况

	年末常住人口（万人）	年末城镇人口比重（%）	城市人口密度（人/公里²）	地区生产总值（亿元）	增加值			人均地区生产总值（元）
					第一产业（亿元）	第二产业（亿元）	第三产业（亿元）	
全国	140967	66.16	2895	1260582.1	89755.2	482588.5	688238.4	89358
北京	2186	87.83	—	43760.7	105.5	6525.6	37129.6	200278
天津	1364	85.49	4395	16737.3	268.5	5982.6	10486.2	122752
河北	7393	62.78	3426	43944.1	4466.2	16435.3	23042.6	59332

资料来源：2024年全国及京津冀统计年鉴。

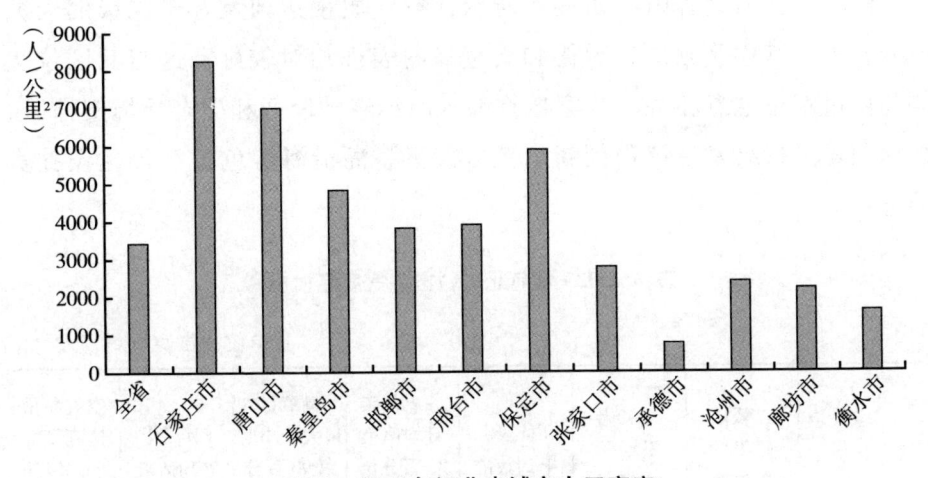

图3 2023年河北省城市人口密度

资料来源：《河北统计年鉴（2024）》。

3. 国土空间环境品质有待提升

由表3可知，水环境质量方面，国考断面达到或优于Ⅲ类断面比例不断提高，但低于2023年全国平均水平90.4%。空气质量方面，$PM_{2.5}$年平均浓度整体呈降低的趋势，2023年有所反弹，但高于2023年全国平均水平29.3微克/米³；优良天数比例2020~2022年不断提高，2023年有所降低，低于2023年全国平均水平87.2%。

表3 2020~2023年河北省水环境质量和空气质量

	2020年	2021年	2022年	2023年
水环境质量				
国考断面达到或优于Ⅲ类断面比例(%)	66.2	74.6	84.4	84.4
空气质量				
$PM_{2.5}$年平均浓度(微克/米³)	44.8	38.8	36.8	38.6
优良天数比例(%)	69.9	73.8	74.0	68.5
重污染天数(天)	11.0	9.0	4.0	11.0

资料来源：历年《河北统计年鉴》。

同时，在河北省内，如表4所示，空气质量达到及好于二级的天数差异较大，其中张家口、承德和秦皇岛的表现相对较好。这与其区位优势和城市定位息息相关，张家口首都水源涵养功能区和生态环境支撑区、承德国家可持续发展议程创新示范区、秦皇岛沿海蓝色经济带建设扎实推进。

表4 2023年河北省城市空气质量情况

单位：微克/米³，天

	二氧化硫年平均浓度	二氧化氮年平均浓度	PM_{10}年平均浓度	一氧化碳日均值第95百分位浓度	臭氧日最大8小时第90百分位浓度	$PM_{2.5}$年平均浓度	空气质量达到及好于二级的天数
石家庄市	7	32	78	1.4	184	44	225
唐山市	7	33	74	1.5	181	40	249
秦皇岛市	8	33	60	1.2	159	31	295
邯郸市	9	27	76	1.4	176	47	218

续表

	二氧化硫年平均浓度	二氧化氮年平均浓度	PM_{10}年平均浓度	一氧化碳日均值第95百分位浓度	臭氧日最大8小时第90百分位浓度	$PM_{2.5}$年平均浓度	空气质量达到及好于二级的天数
邢台市	8	28	77	1.4	186	45	211
保定市	8	33	78	1.2	179	44	230
张家口市	4	14	39	0.8	149	18	316
承德市	9	27	52	1.2	153	25	306
沧州市	9	34	75	1.2	179	44	227
廊坊市	6	35	75	1.3	181	40	239
衡水市	8	27	76	1.2	179	44	219

资料来源：《河北统计年鉴（2024）》。

（三）人口流动以省内为主，且呈现出不均衡状态

河北发展阶段特征鲜明，双重城镇化动力突出。随着京津冀协同发展战略的实施，河北发展迎来了历史性窗口期和战略性机遇期，总体上处于多期叠加的阶段，空间结构处关键重构时期。河北城镇化格局形成受区域与本地双重动力影响，人口聚集呈现向京津周边地区和主要城市集中两种趋势。

如表5所示，从流动人口的分布看，2020年河北省流动人口数为1533.29万。其中跨省流动人口为315.53万，占比20.58%；省内流动人口为1217.77万，占比79.42%。由于地处京津冀城市群，与京津皆为跨省流动的情况相比，河北省内流动占比较高，对外部人口吸引力相对弱一些。2020年河北省流动人口数占全国的4.08%，与全国流动人口33.22%的跨省流动相比，其跨省流动占比远低于全国平均水平。这可能与河北省整体的经济发展、产业创新等因素相关。

表5 2020年全国及京津冀流动人口比较

单位：人，%

	流动人口数			流动类型占比		占全国比重
	合计	跨省流动	省内流动	跨省流动	省内流动	
全国	375816759	124837153	250979606	33.22	66.78	100.00
北京	8418418	8418418	0	100.00	0.00	2.24
天津	3534816	3534816	0	100.00	0.00	0.94
河北	15332928	3155272	12177656	20.58	79.42	4.08

资料来源：全国及京津冀"七普"数据。

与2010年第六次全国人口普查相比，河北省流动人口数增加8657908，增长129.71%。与北京增加的137.39万和天津增加的54.33万相比，河北省流动人口数呈现出比较大的上升空间。

就河北省内而言，如表6所示，人口流动整体呈现出不均衡的状态。2020年流动人口超过百万的城市从高到低依次是石家庄、保定、廊坊、唐山、沧州、邯郸、张家口；石家庄流动人口最多，为292.87万；秦皇岛流动人口最少，为70.58万。需要注意的是，张家口、承德和衡水三市2020年的常住人口相较2010年略微减少。

表6 2010年和2020年京津冀常住人口和流动人口数量和占比变化

单位：人，%

	常住人口		流动人口		流动人口占比	
	2020年	2010年	2020年	2010年	2020年	2010年
北京市	21893095	19612368	8418000	7044533	38.45	35.92
天津市	13866009	12938224	3534816	2991500	25.49	23.12
河北省	74610235	71854202	15332928	6675020	20.55	9.29
石家庄市	11235086	10163788	2928730	1114651	26.07	10.97
唐山市	7717983	7577284	1531014	723964	19.84	9.55
秦皇岛市	3136879	2987605	705822	387907	22.50	12.98
邯郸市	9413990	9174679	1209814	556730	12.85	6.07
邢台市	7111106	7104114	961941	407168	13.53	5.73
保定市	11544036	11194379	2071766	957961	17.95	8.56

续表

	常住人口		流动人口		流动人口占比	
	2020年	2010年	2020年	2010年	2020年	2010年
张家口市	4118908	4345491	1166792	739651	28.33	17.02
承德市	3354444	3473197	865022	376054	25.79	10.83
沧州市	7300783	7134053	1438462	511676	19.70	7.17
廊坊市	5464087	4358839	1614388	635540	29.55	14.58
衡水市	4212933	4340773	839177	263718	19.92	6.08

资料来源：京津冀"六普""七普"数据。

就流动人口与常住人口的比例来看，就京津冀城市群而言，2020年流动人口占比均超过2010年；相较于京津地区，河北流动人口增幅较大，但流动人口占比不及京津地区。这与城市的区位优势息息相关，北京作为首都，是全国的政治、科技和文化中心，而天津也具有先进的制造业、便利的国际航运等，相对而言河北的区位优势不够明显。在省内，廊坊的流动人口占比较高，这可能与靠近京津以及其自身的城市建设相关。

（四）人口受教育程度不断提高，人力资本价值显著提升

伴随着教育的普及化，人口受教育程度整体提高。如图4所示，1964~

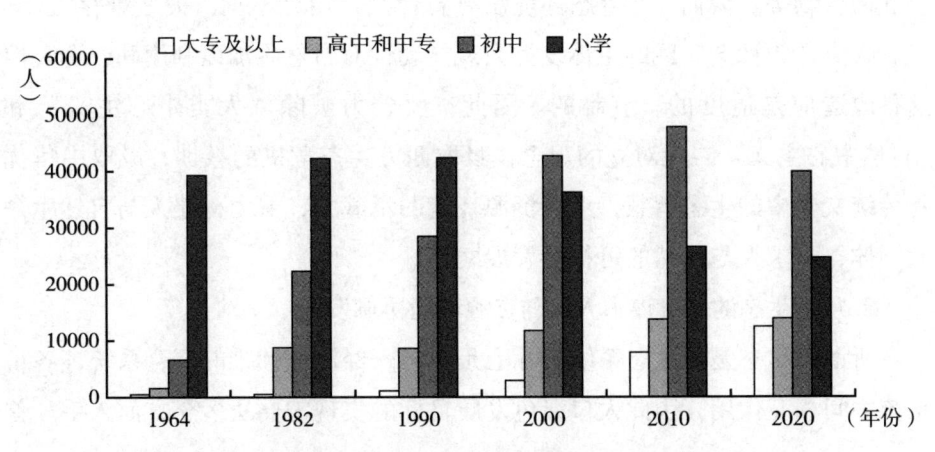

图4　1964~2020年河北省每十万人拥有的各种受教育程度人口

资料来源：历年《河北统计年鉴》。

2020年，接受小学和初中教育的人口呈现出稳定增长后逐渐下降的趋势，时间节点小学在前，初中在后；接受高中和中专、大专及以上教育的人口整体呈现出稳步增长态势，其中接受大专及以上教育的人口增长更快。与此同时，省内文盲率大幅下降。河北省在1982年时还拥有1193.54万文盲人口，文盲率为22.52%；到2020年时文盲人口降至112.84万，文盲率为1.51%。

三 人口绿色发展的原则和实践路径

（一）人口绿色发展的原则

1. 以构建人与自然生命共同体为目标

区别于西方主客二分的思维方法，"人与自然是生命共同体"强调的是人类社会与自然生态系统和谐共生的生命共同体表征，"自然是生命之母，人与自然是生命共同体"①。首先，人本身就是大自然的一部分，"人是自然存在物"。人类生命的诞生及其存续本身就是自然世界演化的结果。人类作为一个生物物种存在，离不开适宜的生态环境，比如清新的空气、干净的水等。大自然同时向我们提供着最基本的生活资料和生产资料，比如各种动植物和微生物等。因而，"生态环境没有替代品，用之不觉，失之难存"。其次，人类作为社会实践的主体发挥主观能动性对自然界加以利用和改造。但这种改造应是适度的、节制的。因此，要着力破除"人类中心主义"和"自然中心主义"二元对立的观念，吸取西方生态危机的教训，汲取中华优秀传统文化中的生态智慧，考虑资源环境的承载力，着力构建人与自然生命共同体，寻求人与自然的可持续发展之路。

2. 从大生态的角度谋求人口与资源环境协调发展

所谓大生态是指生态系统实际上是自然—经济—社会的复合系统，各子系统之间相互作用，因此人口绿色发展目标的实现需要从多个方面入手。首

---

① 习近平：《论坚持人与自然和谐共生》，中央文献出版社，2022，第225页。

先，坚持绿色低碳发展。数据显示，河北省 2016~2022 年地区生产总值中第二产业始终占比较高，尤其是钢铁行业对环境污染力度较大，因此，亟须实行技术创新，促进产业转型，发展绿色生产力。其次，实施主体功能区战略、绿色城镇化战略，合理进行人口空间布局等。最后，增强全社会的环境意识，着力培育亲环境行为，形成全社会共同治理环境的新局面。

（二）人口绿色发展的实践路径

"把促进人口长期均衡发展摆在全党全国工作大局、现代化建设全局中谋划部署，兼顾多重政策目标，统筹考虑人口数量、素质、结构、分布等问题，促进人口与经济、社会、资源、环境协调可持续发展，促进人的全面发展。"[①]

1. 制定和完善基于主体功能区的人口调控政策

实施主体功能区战略就是按照人口、资源环境相均衡及经济、社会、生态效益相统一原则，推动各地区严格按照主体功能区定位发展，优化国土空间开发格局。根据资源环境承载能力确定产业和人口分布，优化国土空间发展格局是主体功能区战略的精髓。党的二十大报告指出，深入实施主体功能区战略。河北省 2024 年发布《河北省国土空间规划（2021—2035 年）》，提出要优化区域资源要素配置和空间布局，推进环京津核心功能区、沿海率先发展区、冀中南功能拓展区、冀西北生态涵养区联动发展，加强环雄安地区空间统筹。截至 2023 年底，河北省包含 11 个地级区划数（地级市）；167 个县级区划数，其中市辖区 49 个、县级市 21 个、县 91 个、自治县 6 个；乡级区划数 2254 个，其中镇 1332 个、乡 611 个、街道 310 个、区公所 1 个。要适应人口结构与空间分布特征，加快推进以人为核心的新型城镇化。

2. 促进人口与资源环境协调发展

坚持人口绿色发展的核心要义在于人口的发展与资源环境的承载能力相适应。一方面，要合理地控制人口规模。20 世纪 50 年代初，法国人口学家

---

① 《中共中央 国务院关于优化生育政策促进人口长期均衡发展的决定》，《人民日报》2021 年 7 月 21 日。

阿尔弗雷·索维（Alfred Sauvy）系统提出了适度人口理论，认为："适度人口就是一个以令人满意的方式，达到某项特定的目标的人口。"① 后又有学者提出人口压力理论②，均用来评估人口与资源环境之间的相互适应关系。在国际上，我国的人口密度和人口压力远超美国；在国内，人口区域分布不均衡，目前人口超千万的城市有18个，石家庄以1123.35万居第13位。另一方面，要进行集约化发展和绿色发展。按照人口与资源环境协调发展的理念进行技术创新和产业结构的优化升级，实现资源的集约化利用。同时注重环境宣传教育，培育人们的环保理念和绿色生活方式。

3. 适时引导人口合理流动，防范化解人口流动造成的社会风险

一方面，适度的人口流动是必要的，这是经济社会发展富有活力的体现。另一方面，人口过度集聚或外流会造成一定的社会风险。对流入地而言，过度的人口聚集会造成"大城市病"，如交通拥堵、环境恶化、治安危机等。对流出地而言，可能会造成当地人力资源缺乏，空巢化现象严重，于经济社会发展不利。因此，要出台优化人口流动的政策或措施，防控人口过度流动带来的社会风险。

4. 着力提高人口素质

我国是一个人力大国，却不是人力资源强国。而人才在现代化建设过程中发挥着至关重要的作用，当今大国之争说到底是人才之争。美国经济学家西奥多 W. 舒尔茨（Theodore W. Schultz）认为，对人力资本的投资有助于国家实现现代化。因此，必须进一步实施科教兴国、人才强国战略，优化教育科技人才一体化体制机制，充分发挥教育对科技和人才的支撑作用。就京津冀地区而言，河北省在教育发展方面仍有比较大的进步空间。

中国式现代化是人口规模巨大的现代化，是人与自然和谐共生的现代化。面临百年未有之大变局和国内经济社会发展的形势，必须树立大生态观、大人口观，统筹人口的均衡和绿色发展，从而促进人的全面发展。

---

① 〔法〕阿尔弗雷·索维：《人口通论》（下册），查瑞传等译，商务印书馆，1982，第52页。
② 由美国社会学家赫茨勒（Hertzler）提出，其认为世界人口大爆炸已经形成一股强大的社会压力。

B.4 河北省人均预期寿命的现实挑战与提升策略

郭雅欣 郭伊纯*

摘 要： 本报告基于"大卫生、大健康"理念，坚持理论与实践结合、问题与对策结合，通过研判河北省人均预期寿命的演变及发展趋势，厘清河北省卫生健康工作中的现实挑战，借鉴国内外先进经验，探索新形势下促进河北省人均预期寿命提升的路径模式，提出具有可行性、针对性、时效性、科学性的举措建议，为推进河北省卫生健康事业高质量发展提供参考与借鉴。

关键词： 人均预期寿命 卫生健康事业 居民健康素养

人均预期寿命是衡量人类健康水平及死亡水平的综合性指标[①]，提升人均预期寿命对国家或地方政策制定和居民健康状况改善具有重要意义[②]，能够促进人口高质量发展、有效保障人民健康。党的二十届三中全会审议通过的《中共中央关于进一步全面深化改革、推进中国式现代化的决定》提出"实施健康优先发展战略"，体现出人民健康的重要性更加突出。为推动实施健康优先发展战略，河北省需高度重视人均预期寿命提升工作，对此本报

---

* 郭雅欣，河北省社会科学院科研组织处三级主任科员，研究方向为社会治理、社会保障；郭伊纯，南开大学经济学院学生，研究方向为应用经济学。
① 符宁、向梦航、程显通：《人均预期寿命影响因素研究——基于193个国家相关数据的分析》，《人口学刊》2020年第5期。
② 刘海韵等：《2007—2020年烟台市人均预期寿命影响因素及预测分析》，《中国预防医学杂志》2024年第1期。

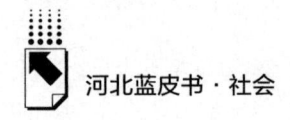

告梳理河北省人均预期寿命提升工作的成效及现实挑战，结合国内外先进经验及河北省发展实际，提出进一步提升人均预期寿命的对策建议，以期为打造中国式现代化卫生健康河北场景提供参考与借鉴。

一 河北省人均预期寿命提升工作取得显著成效

（一）河北省人均预期寿命呈提升态势，女性人均预期寿命高于男性

如图1所示，1990~2020年，河北省人均预期寿命、男性人均预期寿命、女性人均预期寿命均呈现提升态势。河北省人均预期寿命从71.70岁提升至77.75岁，男性人均预期寿命从70.01岁提升至75.20岁，女性人均预期寿命从73.60岁提升至80.52岁，突破80岁大关。1990~2020年，女性人均预期寿命均高于男性人均预期寿命。2021年，全省人均预期寿命为78.04岁，男性、女性人均预期寿命分别为75.57岁、80.73岁，相较于2020年数据均实现新增长。2023年，全省人均预期寿命进一步提升至78.60岁，比1990年增加6.90岁①。

（二）河北省老年人口预期寿命实现提升，健康寿命、自理寿命占比分别高于79%、95%

从老年人口的预期寿命来看，根据第六次、第七次全国人口普查数据，2010~2020年，河北省60岁男性人均预期寿命从17.67年提升至19.38年，提升1.71年，河北省60岁女性人均预期寿命从20.52年提升至22.72年，提升2.20年②，2010~2020年河北省男性、女性老年人口预期寿命均实现提升，女性老年人口预期寿命升幅更大。

---

① 《社会事业全面发展　民生福祉日益增强》，河北省人民政府网站，2024年9月30日，http://www.hebei.gov.cn/columns/8f4946b5-3fd6-4fc4-b170-380a3e300a6a/202410/09/80216f03-7baf-4d5e-959a-7a6e86b0def1.html。
② 乔晓春：《全国及各省份老年健康预期寿命变化及差异比较》，《人口与经济》2023年第5期。

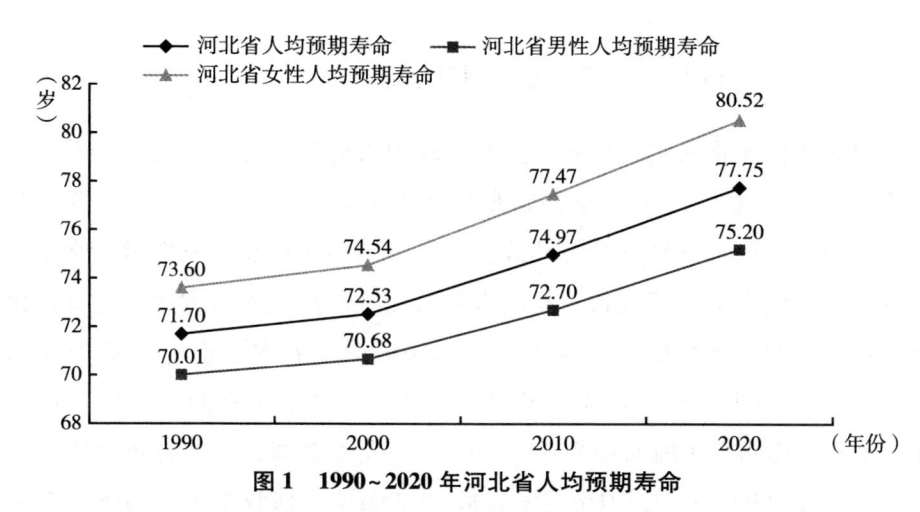

图1　1990~2020年河北省人均预期寿命

资料来源：河北省统计局。

从健康寿命、自理寿命来看，如表1所示，2020年河北省60岁老年男性、女性人口健康寿命分别为16.01年、18.02年，自理寿命分别为18.71年、21.65年。河北省60岁老年男性、女性人口健康寿命占人均预期寿命的比例分别为82.6%、79.3%，均高于79%；河北省60岁老年男性、女性人口自理寿命占人均预期寿命的比例分别为96.5%、95.3%，均高于95%。从数值来看，60岁老年女性人口的人均预期寿命、健康寿命、自理寿命均高于男性；从比例来看，60岁老年男性人口的健康寿命、自理寿命占人均预期寿命的比例均高于60岁老年女性人口，说明河北省60岁老年男性人口健康期、自理期占比高于女性，即60岁老年男性人口虽人均预期寿命相对较短但其生命质量更高[①]。

表1　2020年河北省60岁老年人口分性别人均预期寿命、健康寿命、自理寿命

性别	人均预期寿命	健康寿命及占比	自理寿命及占比
男性	19.38年	16.01年(82.6%)	18.71年(96.5%)
女性	22.72年	18.02年(79.3%)	21.65年(95.3%)

注：后文老年人口均指60岁老年人口。
资料来源：乔晓春：《全国及各省份老年健康预期寿命变化及差异比较》，《人口与经济》2023年第5期。

---

① 乔晓春：《全国及各省份老年健康预期寿命变化及差异比较》，《人口与经济》2023年第5期。

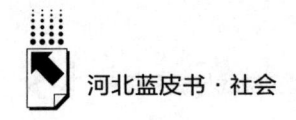

（三）河北省卫生健康事业取得新进展

河北省连续将人均预期寿命提升行动纳入健康河北建设工作体系一体化推进。印发《人均预期寿命提升行动方案》，强化部门协同、合力攻坚，力争全省人均预期寿命持续改善提升。具体表现在河北省健康水平不断提高、健康生活持续改善、健康服务与保障逐步完善、健康环境日渐优化、健康产业蓬勃发展。2024年全省居民健康素养水平提升到32.59%[①]，高于2023年的29.68%[②]。体育场地219645个，体育场地面积22827.90万平方米，人均体育场地面积3.09平方米[③]，大于全国人均体育场地面积[④]。医疗卫生机构93673个，卫生技术人员70.6万人，医疗卫生机构床位54.8万张[⑤]。全省卫生健康事业稳步推进，为人均预期寿命提升奠定坚实的基础。

二　河北省提升人均预期寿命的现实挑战

河北省虽在人均预期寿命数值增长、老年人口健康寿命和自理寿命提高等方面取得重要成效，但仍面临艰巨的现实挑战，包括升速较慢、省内差距较大、老年人口生命质量下降等。

---

① 《媒体聚焦丨2024年河北卫生健康工作"年度答卷"来了!》，河北省卫生健康委员会网站，2025年1月22日，http://wsjkw.hebei.gov.cn/sjdt/409195.jhtml。
② 《河北省政府新闻办"河北省扎实推进公立医院高质量发展"新闻发布会文字实录》，河北省人民政府网站，2024年11月7日，http://www.hebei.gov.cn/columns/6b529089-3c22-40ef-8d24-fda72cb33bf5/202411/14/064fafbf-2b2e-49df-b84e-556fa03f9421.html。
③ 《2024年河北省体育场地统计调查数据》，河北省体育局网站，2025年5月9日，https://sport.hebei.gov.cn/m/view.php?aid=28619。
④ 《更多、更近、更丰富——专家解读2024年全国体育场地统计调查数据》，中国政府网，2025年3月19日，https://www.gov.cn/lianbo/bumen/202503/content_7014538.htm。
⑤ 《河北省2024年国民经济和社会发展统计公报》，河北省人民政府网站，2025年4月14日，http://www.hebei.gov.cn/columns/3bbf017c-0e27-4cac-88c0-c5cac90ecd73/202504/14/be085c88-0867-4f2e-9bae-05b2a70d38e9.html。

（一）河北省人均预期寿命升速较慢，全国位次逐渐下降

图 2 显示，2010 年全国平均人均预期寿命 74.83 岁，男性 72.38 岁，女性 77.37 岁，河北省人均预期寿命 74.97 岁，男性 72.70 岁，女性 77.47 岁，三项数据均高于全国平均水平。2020 年全国平均人均预期寿命 77.93 岁，男性 75.37 岁，女性 80.88 岁，河北省人均预期寿命 77.75 岁，男性 75.20 岁，女性 80.52 岁，三项数据均低于全国平均水平。换言之，十年间，河北省人均预期寿命相对于全国平均水平而言升速较慢。

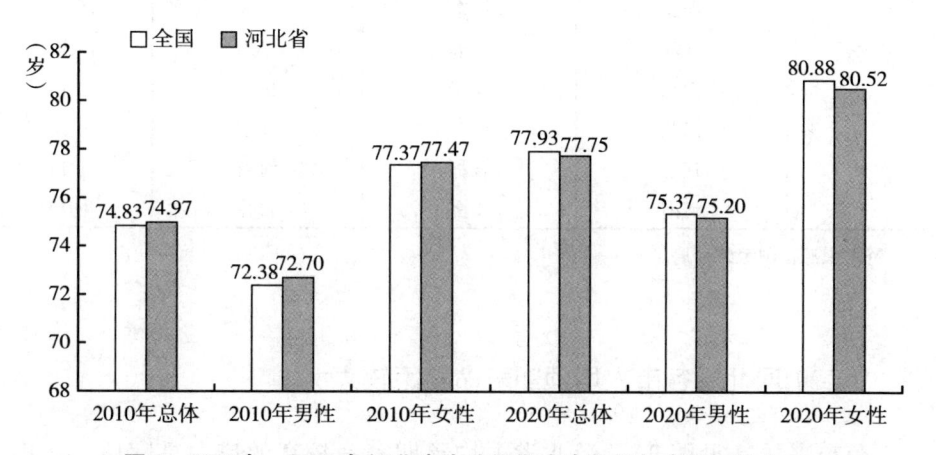

图 2　2010 年、2020 年河北省人均预期寿命数据与全国平均水平

资料来源：河北省统计局、国家统计局。

根据 1990~2020 年全国人均预期寿命排名前十省份的统计结果，1990 年、2000 年、2010 年、2020 年上海与北京始终包揽全国人均预期寿命排名的第 1 位、第 2 位，天津、浙江、广东、江苏、山东、辽宁一直保持在前 10 位（见表 2）。1990 年、2000 年、2010 年、2020 年河北省人均预期寿命分别在全国居第 8 位、第 12 位、第 16 位、第 21 位，位次在逐渐下降[1]。根据预测，2035 年河北省男性、女性人均预期寿命分别为 75.3 岁、82.2 岁，

---

[1] 孙久文、胡俊彦、蒋治：《共同富裕视域下的区域发展与人均预期寿命》，《学术研究》2023 年第 8 期。

预计居全国第 25 位、第 23 位①，说明河北省未来存在人均预期寿命升量较低、位次下降的风险，值得高度重视。

表 2　1990~2020 年全国人均预期寿命排名前十省份

位次	1990 年	2000 年	2010 年	2020 年
1	上海	上海	上海	上海
2	北京	北京	北京	北京
3	广东	天津	天津	天津
4	天津	浙江	浙江	浙江
5	浙江	山东	江苏	江苏
6	江苏	江苏	广东	广东
7	山东	辽宁	山东	山东
8	河北	广东	辽宁	海南
9	辽宁	吉林	海南	辽宁
10	河南	海南	吉林	重庆

资料来源：国家统计局。

（二）河北省各市人均预期寿命差距较大

分市来看（见图 3），河北省人均预期寿命较高的依次是廊坊、辛集、秦皇岛，分别为 80.69 岁、80.26 岁、80.11 岁，三市均高于 80 岁，人均预期寿命较低的是定州、承德、邢台，分别为 75.83 岁、76.10 岁、76.73 岁，均低于 77 岁。人均预期寿命最高的廊坊与最低的定州相差 4.86 岁，差距较大。

分性别来看（见图 4），各市女性人均预期寿命均高于男性人均预期寿命，不同性别的人均预期寿命与总体人均预期寿命分布基本一致。男性人均预期寿命较高的仍然是廊坊、辛集、秦皇岛，依次为 78.42 岁、77.74 岁、

---

① Bai, R., Liu, Y., Zhang, L., Dong, W., Bai, Z., Zhou, M., "Projections of Future Life Expectancy in China up to 2035: A Modelling Study," *Lancet Public Health* 12 (2023).

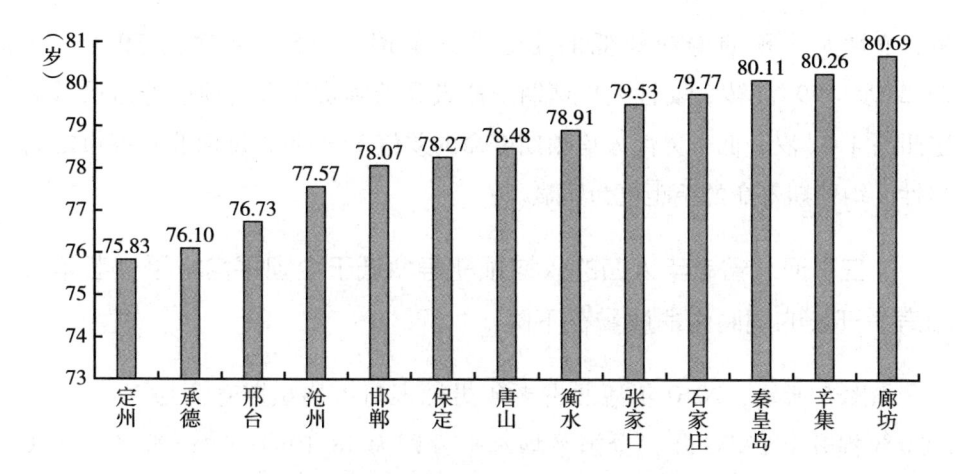

图 3　2021 年河北省各市人均预期寿命

资料来源：《河北统计年鉴 2022》。

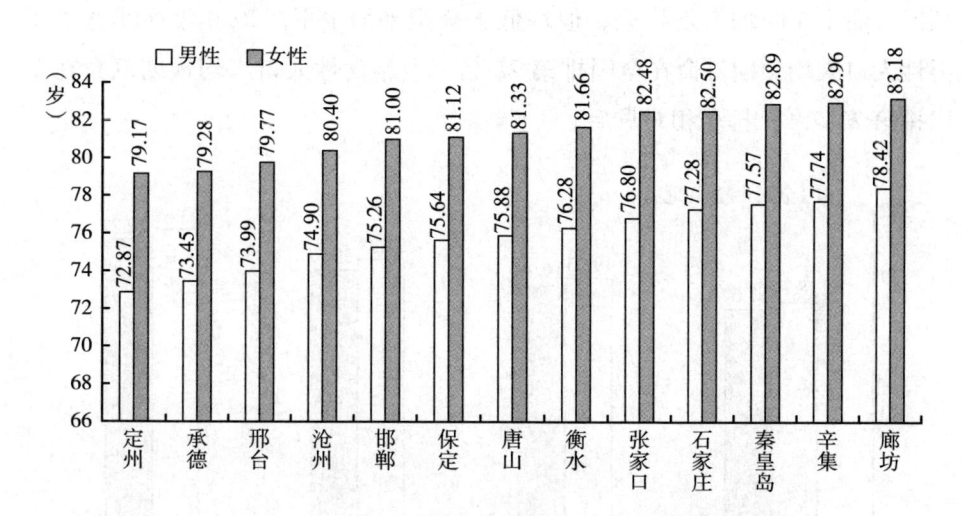

图 4　2021 年河北省各市分性别人均预期寿命

资料来源：《河北统计年鉴 2022》。

77.57 岁，较低的是定州、承德、邢台，依次是 72.87 岁、73.45 岁、73.99 岁，男性人均预期寿命最高的廊坊比人均预期寿命最低的定州高 5.55 岁，全省各市的男性人均预期寿命均低于 80 岁。女性人均预期寿命较高的依然是廊坊、辛集、秦皇岛，依次为 83.18 岁、82.96 岁、82.89 岁，均高于 80

岁，女性人均预期寿命较低的是定州、承德、邢台，依次为79.17岁、79.28岁、79.77岁，女性人均预期寿命最高的廊坊比人均预期寿命最低的定州高4.01岁，低于男性人均预期寿命的差值5.55岁，即河北省各市之间男性人均预期寿命的差距更为明显。

（三）河北省老年人口的人均预期寿命低于全国平均水平，老年人口寿命延长的同时生命质量在下降

如图5所示，2010年河北省老年男性人口人均预期寿命为17.67年，2020年提升至19.38年，全国平均水平分别为18.19年和19.93年。2010年河北省老年女性人口人均预期寿命为20.52年，2020年提升至22.72年，全国平均水平分别为21.28年和23.47年，河北省老年男性、女性人口人均预期寿命十年间均实现提升，但均低于全国平均水平。2020年河北省老年男性人口人均预期寿命在全国排第22名，老年女性人口人均预期寿命在全国排第23名[①]，排名相对靠后。

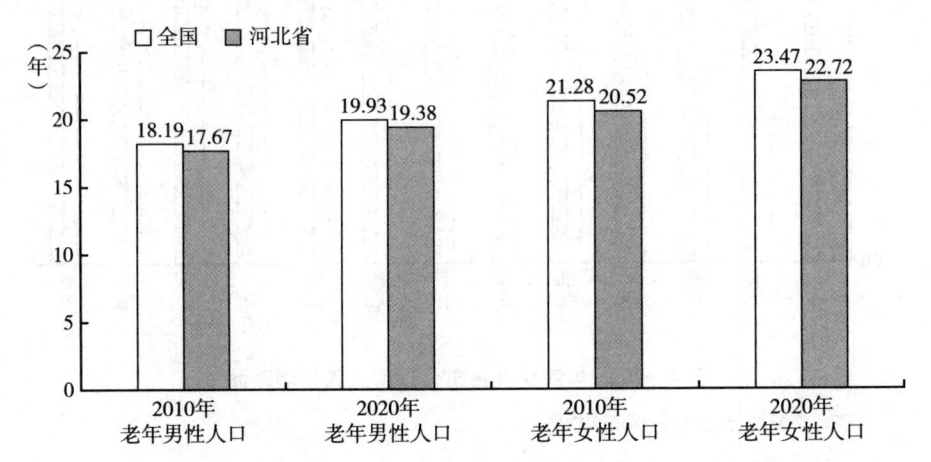

图5 2010年、2020年河北省与全国分性别老年人口人均预期寿命

资料来源：河北省统计局、国家统计局。

---

① 乔晓春：《全国及各省份老年健康预期寿命变化及差异比较》，《人口与经济》2023年第5期。

从增量来看，由表3可知，河北省老年男性、女性人口人均预期寿命在十年间分别提升了1.71年、2.20年，人均预期寿命差异为正值说明十年间河北省老年人口的人均预期寿命实现提升。河北省老年男性、女性人口的健康寿命、不健康寿命、自理寿命、不自理寿命数据差异均为正值，说明河北省老年人口活得更长但也活得不够健康、不够自理。老年男性、女性人口健康寿命差异和自理寿命差异为正值，且不健康寿命和不自理寿命差异为负值的有北京、天津、安徽等14个省份，这些省份老年人既活得长也活得更健康、更能自理[1]，这也是河北省未来提升老年人口人均预期寿命及生命质量的努力方向。

表3 2020年与2010年河北省老年人口健康寿命、自理寿命和人均预期寿命差异

单位：年

性别	人均预期寿命提升量	健康寿命提升量	不健康寿命提升量	自理寿命提升量	不自理寿命提升量
男性	1.71	1.63	0.08	1.69	0.02
女性	2.20	2.16	0.04	2.07	0.13

资料来源：乔晓春：《全国及各省份老年健康预期寿命变化及差异比较》，《人口与经济》2023年第5期。

三 提升河北省人均预期寿命的策略

根据世卫组织发布的统计报告可知，我国人均预期寿命为77.4岁，排第48名，瑞典、日本人均预期寿命分别为82.4岁、84.3岁，分别排第12名、第1名[2]，因此本报告选取其典型先进经验进行阐释与分析，并结合国内城市先进经验，提出符合河北省实际的人均预期寿命提升策略。

---

[1] 乔晓春：《全国及各省份老年健康预期寿命变化及差异比较》，《人口与经济》2023年第5期。
[2] World Health Statistics 2023：Monitoring Health for the SDGs, Sustainable Development Goals，世界卫生组织网站，2023年5月19日，https：//www.who.int/publications/i/item/9789240074323。

（一）健全医疗卫生体系，筑牢群众健康屏障

1. 发挥基层医疗卫生机构健康"守门人"作用

基层医疗卫生机构是居民健康的"守门人"，河北省应着重发挥基层医疗卫生机构的主导作用，以更完善的绩效工资制度、更高的社会认同度、更科学的职称晋升体系吸引激励更多基层医护人员"愿意"且"能够"留在基层，为群众提供温情且专业的健康服务。推动医疗资源向老年群体倾斜，着力提升河北省老年人口健康寿命，尤其是老年女性人口，促进老年人口在延长寿命的同时提升生命质量。加快建设以促进居民健康为目标、公私立机构多元主体共同参与、防治相结合、各级医疗卫生机构相辅相成的多层次"政社协同"的健康治理格局，为提升人均预期寿命提供重要的医疗卫生保障。

2. 充分发挥中医药独特优势和作用

据威海市人民政府网站公布的资料可知，2023年山东省威海市人均预期寿命81.5岁，位居全国前列。威海市积极开展中医适宜技术惠民工程，依托全市79个基层医疗卫生机构免费开展相关服务，推广针灸、推拿、刮痧等10类30项以上中医药适宜技术，项目实施以来共服务群众150余万人次，推动基层医疗卫生机构服务从"治已病"向"治未病"转型①。河北省应高度重视中医药作用发挥，推广中医适宜技术，推进中医日间病房医保支付、饮片配送等改革，宣传"治未病"健康理念，从中医药科学研究、产业发展、人才培养、资金支持等方面推动中医药传承创新发展，为全省提高健康水平、提升人均预期寿命提供有力支撑。

3. 优化癌症防控体系，提高治愈率和生存率

日本作为"长寿之国"，癌症的治愈率和生存率较高，5年生存率达66.2%，搭建了涵盖癌症前中后期的全生命周期防控体系。日本从运动、良

---

① 《中医适宜技术惠民工程》，威海市人民政府网站，2024年4月23日，https：//www.weihai.gov.cn/vipchatnew/home/site/41/3893/article.html。

好饮食习惯、控制烟草摄入以及定期健康检查四个方面开展国民健康促进运动，通过"癌症教育综合支援项目"推动癌症知识宣传，编制癌症宣传材料和讲师指南，利用经济激励措施积极推进癌症筛查，推出分年龄阶段癌症诊治照护指南，建立癌症医疗保障制度，设立癌症咨询支持中心为患者及其家属提供全方位的咨询服务等①。对此，可借鉴学习日本相关经验，结合河北省财政实际状况和癌症数据统计情况，建议优先开展发病病例和死亡病例较高的癌症免费筛查工作，主要包括肺癌、胃癌、结直肠癌、乳腺癌、食管癌、肝癌②。对于发病病例和死亡病例相对较少的癌症可采用经济刺激、适当补贴的方式提高筛查率。此外，应进一步优化癌症患者社会支持体系，编制照护指南与宣传材料，多措并举为癌症患者提供更为人性化的求学、求职与就业保障服务，优化癌症防控体系。

（二）加强居民健康监测与宣传，推进体医融合

1. 加强居民健康监测

建议由相关政府部门牵头，组织居委会/村委会、社区医院、镇卫生院、村卫生所等，共同开展居民健康监测与干预工作，结合辖区内居民人口年龄结构、职业分布状况、健康水平、饮食习惯、健身方式等因素开展分人群、针对性、人性化的健康监测活动，依托现代信息手段开展健康水平监测与预警工作，推动居民定期进行体重、身高、验血、尿液分析等基础身体检查，做好饮食、睡眠、运动等生活习惯记录以及血压、心率、血氧饱和度等健康参数监测，按照监测结果对居民健康水平分级分类预警，不断提高居民的健康意识和健康素养，持续增进人民群众健康福祉。

2. 积极推进体医融合

体医融合以瑞典模式为典型，瑞典遵循"以人为本"的指导思想开展体医融合工作，其由五个相互作用的重要部分组成，分别是：以患者为中心

---

① 洪冬旎等：《日本癌症全生命周期防控体系构建及启示》，《中国卫生政策研究》2024年第2期。
② 郑荣寿等：《2022年中国恶性肿瘤流行情况分析》，《中华肿瘤杂志》2024年第3期。

的个性化咨询、循证体力活动建议、书面运动处方、随访和基于社区网络的支持性环境。体力活动处方会在长时间的动机咨询基础上，结合个人的兴趣、健康状况和社会经济地位，由开具处方的人在复诊或随访时提供。对此，河北省可推动体医理念融合，普及主动健康观念，提升全民对体医融合的认知水平，整合体医资源，打造体育专家与医学专家共同合作的交流平台和运动处方诊室，将体力活动纳入疾病诊断，把体育非医疗干预手段融入不同科室，科学构建适合不同人群的运动处方库。利用互联网和大数据平台，为有运动处方需求的人群提供智能化的专业服务。搭建运动康复专业教育平台，设立一批体医融合培训基地，培育复合型、专业型体医融合人才[1]，加快推进体医融合、提升人均预期寿命。

3. 加大健康宣教力度

引导群众树立健康第一责任人意识，加大健康宣教力度，综合运用传统健康宣传方式及新媒体渠道开展科普宣传，推进健康宣教列入机关单位、企事业单位、学校等常态化工作，提升健康宣教内容的专业性、科学性、趣味性，加快构建立体化、多元化、实效型的健康卫生宣传矩阵。重视心理健康与精神卫生，积极普及心理健康与精神卫生知识，尤其重视青少年心理健康问题，优化校园心理咨询服务，打破社会偏见与歧视，促进心理健康问题早识别、早诊断、早治疗，推动社会精神健康水平提升。

（三）优化养老服务体系，提升老年人生活质量

1. 积极打造养老服务生态圈

北京市依托区域养老服务中心，通过全面摸排，进一步整合社区养老服务驿站和助浴陪诊、家政维修、康复护理等各类专业养老服务商，构建"区域养老服务中心+社区养老服务驿站+专业养老服务商"共生发展的养老服务生态圈，力争在全市构建多中心、分布式、枢纽型、平台化的养老

---

[1] 刘晓旭、车磊：《瑞典体医融合服务模式经验及启示》，《体育文化导刊》2024年第1期；黄晶、王世强、刘晴：《日本体医融合健康促进的经验借鉴与启示》，《中国全科医学》2021年第18期。

服务网络①。河北省也应积极打造养老服务生态圈，通过全面摸排与梳理养老相关各类资源，包括但不限于养老机构、医养结合机构、老年食堂、助老辅具、老年大学等，加快推动各方主体资源联动、协同发力，提升老年人各类资源的可及性、便捷性，构建出网络化、联动式、共享式的具有河北特色的新型养老服务生态圈。

2. 大力推进智慧养老服务

上海市浦东新区以智慧赋能大城养老，加快探索创新养老模式，大力推进智慧养老院建设，浦东新区日月星养老院、曹路养护院等5家智慧养老院围绕智慧入住管理等六大核心领域，配备了先进的智能服务系统、健康监测设备和专业的护理团队，通过业务流程线上化、服务场景智能化、运营管理数字化，确保老年人享受到全方位照护②。当前智慧养老出现多种新业态和服务模式，如智慧信息平台、健康监测系统、综合智慧系统、智能家居产品、智能老年辅具、智慧医疗服务、智能社交文娱等，能够推进养老信息共享、老年健康动态监测，以及链接供需双方资源、优化适老产品体验、提供生活辅助功能代偿、提升医疗资源可及性、满足老年精神需求等。在人口老龄化不断加深、智慧科技不断发展、老年人口购买力上升的背景下，河北省应抢抓智慧养老发展机遇，打好税收优惠、财政补贴、水电气费用减免等政策组合拳，以智慧养老服务为抓手迎接人口老龄化挑战，构建新时代智慧普惠的养老服务体系，进一步提升老年人口生命质量。

3. 加强养老护理人才队伍建设

老龄化不断加深、失能老人增加导致河北省对养老护理员的需求逐渐增加。2023年江苏出台《江苏省养老护理专业技术资格条件（试行）》，在全国率先创设养老护理专业技术职称体系③。可以借鉴相关经验，建立适合

---

① 《在家门口养老——北京完善首都特色养老服务体系调查》，《经济日报》2024年10月29日。
② 《浦东新增5家智慧养老院 推动"养老服务数字赋能"向纵深发展》，上海市人民政府网站，2024年12月20日，https://www.shanghai.gov.cn/nw15343/20241223/3b435436a3d14eb390abaaae9bf88710.html。
③ 《江苏评出全国首批养老护理专业技术职称》，江苏省民政厅网站，2024年3月13日，http://mzt.jiangsu.gov.cn/art/2024/3/13/art_54980_11175597.html。

河北省实际的养老护理专业技术职称体系，以明晰的职业发展方向、适宜的薪资福利待遇、科学规范的培训体系、较高的社会地位等吸引更多人成为养老护理员，并能够"留下来"为河北省养老服务事业添砖加瓦，为优化养老服务体系奠定坚实的人才基础。

（四）加大健康环境建设力度，增进全民健康福祉

1. 优化健身设施供给，打造健身便民圈

健身设施是推进全民健身的重要硬件保障，多元化、便利可及、安全舒适、科学运营的公共健身设施能够提升居民健身频次、提高居民生活幸福感、提升居民健康素养水平。建议河北省进一步增加健身场地，结合土地规划、经济水平、居民需求，充分利用城市边角料，如破旧厂房、高架桥下的空场地等见缝插针地增设口袋公园、公园广场、健身公园、体育场馆等，为喜爱健身的居民提供更多便捷可及的运动场地，打造"15分钟便民健身圈"，在空间供给上为居民健康提供坚实的保障。与此同时，盘活健身设施现有存量，提高健身设施开放共享能力，延长现有体育场地开放时间，鼓励学校结合实际条件向公众限时开放健身场所，降低体育场所收费标准，提升健身设施开放服务水平和综合使用效益。

2. 推动医疗资源共享，缩小区域差距

鉴于河北省各市人均预期寿命数据差距较大的问题，建议从以下几点发力。一是加快促进全省医疗资源共享，鼓励开展人均预期寿命相关工作经验交流，结合实际情况开展结对帮扶，缩小人均预期寿命地区、城乡差距。二是深入推动医联体建设高质量发展，引导地市之间在机制、技术、创新、人才共享等方面开展医疗合作与交流。依托巡回医疗工作促进优质医疗资源下沉，提升基层医疗卫生服务能力，让偏远落后地区群众也能够就近享受到优质的医疗服务，让更多人"看得上病、看得起病、看得好病"。三是大力发展智慧医疗，发展智慧医院、远程医疗服务、可穿戴医疗设备、人工智能辅助诊疗、医疗大数据平台等，推进全省医疗资源智能化、精细化、数字化发展，打破传统医疗服务的时空限制，推进实施健康

优先发展战略。

3. 加大控烟监管力度，保障全民健康权益

烟草对居民健康存在较大威胁，公共场所的二手烟侵害公众健康权益，建议进一步加大室内公共场所禁烟力度，形成多维度、多平台的禁烟宣传网络，鼓励多途径开展控烟健康讲座，多渠道播放烟草危害、吸烟与疾病的主题健康科普视频，多场所张贴禁烟明显标识或相关海报。增设公共场所禁烟劝导员，畅通群众监督渠道，优化举报奖惩机制，形成全社会共同监督公共场所禁烟的良好氛围。积极打造无烟学校、无烟单位、无烟医院等，机关单位需带头做表率，充分发挥引领示范作用，推动共同打造无烟环境。

（五）保障居民饮食健康，共筑健康体重防线

1. 培养健康饮食习惯

合理膳食搭配是保持身体健康的重要基础之一。1990年、2000年、2010年、2020年广东省人均预期寿命一直保持在全国前十位，其人均预期寿命较高与其饮食习惯有密切关系，广东省居民注重荤素搭配、清淡饮食、喝汤品茶等，其优秀经验值得借鉴学习。河北省应深入宣传荤素搭配、清淡饮食、少食多餐等健康饮食观念，大力倡导"减盐、减油、减糖，健康口腔、健康体重、健康骨骼"等，鼓励居民调整饮食结构与习惯，培育合理膳食理念。建议以群众喜闻乐见的形式在公共场所、人流密集场所开展饮食健康教育宣传，积极举办城乡居民饮食健康知识科普讲堂活动等，促进居民培养营养健康饮食习惯。

2. 深入推进体重管理

做好体重管理有助于降低慢性疾病风险、提高身体机能、保障心理健康，科学的体重管理是提升居民健康水平、延长人均预期寿命、提高生命质量的重要抓手。建议河北省深入落实《健康中国行动（2019—2030年）》和《"体重管理年"活动实施方案》有关工作要求，将体重管理工作贯穿全生命周期。增强居民体重管理意识，推动居民开展体重主动监测。发挥学校、医院、养老院、妇幼保健院等作用，为居民提供体重常态化管理服务，

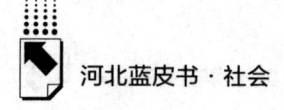

共同推进全民体重管理与健康水平提高。

3. 加强食品安全监管

当下食品安全问题频发，速成鸡、僵尸肉、甲醛菜、地沟油等威胁着人民群众身体健康。聚焦群众急难愁盼，应加强食品安全工作以守护群众"舌尖上的安全"。一是强化食品生产经营全链条生态监管，从生产端狠抓食品安全生产工作，大力弘扬"诚信"的文化理念，强化企业自律、日常监管、专项整治，从源头抓起，切实抓好种植、养殖、生产加工、批发零售和消费等环节。二是发挥群众监督、舆论监督的作用，畅通群众投诉举报渠道，落实食品安全举报奖励和举报人保护制度，提高食品安全违法成本，守好食品安全红线。三是推进智慧监管平台优化建设，打造能够实时监控、自动识别预警的高效、便捷、安全的智慧平台，推动实现日常检查、专项检查、督导检查、风险分级、抽样检查、跟踪回访等功能，以信息化手段强化食品安全监管，推动食品安全监管工作再上新台阶，为人均预期寿命提升扫除食品安全"盲区"。

B.5
河北省城镇人口结构变迁与优化研究*

单清华　王若冲**

摘　要： 人口变动是影响人口高质量发展的重要条件，深入把握城镇人口结构变迁情况对河北省的经济社会发展意义重大。基于"七普"数据和河北省统计数据资料，可以对河北省的城镇人口结构变迁进行系统性分析，研究结果发现，河北省的城镇人口城乡比、性别比、年龄结构、流入与流出、婚姻稳定性、受教育程度等方面存在较为明显的变化。总体而言，河北省的总人口流动趋势仍然是农村流向城镇，城镇人口总量持续上升，且出现了从净流出到净流入的"拐点"，人口整体学历在提升，出生人口在不断减少，出生人口性别比在下降，性别结构趋同，老龄化程度不断上升，婚姻不稳定性加剧。为了更好地促进城镇人口高质量发展，应当持续优化人口要素，引导人口合理流动，助力全省经济社会长期稳定发展。

关键词： 人口结构　人口高质量发展　城镇化　人口普查

　　人是城镇的核心，是经济社会发展的必备资源。河北省作为京津冀协同发展的重要区域，其人口结构变迁不仅是河北省经济社会发展的写照，也是我国新型城镇化进程中的一个缩影。人口构成的三大类分别为：自然构成、

---

* 本报告系 2023 年度河北省社会科学发展研究课题"日本东京都市圈治理'大城市病'的历史进程及对雄安新区的启示"（项目编号：20230305061）的研究成果。
** 单清华，河北省社会科学院社会发展研究所助理研究员，研究方向为人口与城镇化；王若冲，新疆农业大学国际教育学院学生，研究方向为城镇化、人力资源管理。

地域构成和社会构成。近年来，随着河北省城镇化加速发展，城镇人口结构出现了新的特征变化：一方面城镇人口总量仍在增加，人口开始回流；另一方面老龄化、少子化没有减缓，农村空心化现象在加剧。人口流动是城镇经济社会发展重要的风向标，城镇人口能否实现规模适度、结构优化的发展关乎河北省未来经济社会的发展质量。因此，在人口高质量发展进程中机遇与挑战并存，对人口结构变迁的现状与发展趋势、面临的新挑战进行分析，有助于完善流动人口的相关研究，厘清人口结构变迁的驱动因素，从而对区域产业结构优化和政策体系建设提供一定的参考。

一 河北省城镇人口结构变迁现状与发展趋势

在国家新型城镇化战略的引领下，河北省的经济和社会资源正加速向城市集中，城镇化水平持续提升。本报告的主要研究对象为河北省城镇人口结构，依托人口普查和年度人口变动情况抽样调查数据，对全省人口从数量、质量、变动原因等几个方面进行分析，总结出未来人口结构的变迁趋势。

（一）河北省城镇人口结构变迁现状

1.全省年末常住总人口数出现由增至减的拐点，城镇人口不断上升，2024年出现人口净流出转折点

根据相关数据，本报告发现河北省人口总量的变动呈现出明显的转折点。自2021年起，人口自然增长率转为负数，人口数量开始出现大幅下降，截至2023年末，全省的总人口数已降至7393万。但城镇人口持续增长的趋势没有改变，"七普"以来城镇人口增长速度趋缓（见图1）。

其中，2021~2024年，河北省人口自然增长率分别为-0.43‰、-1.71‰、-2.79‰和-2.30‰，在此期间，河北省自然增长的人口分别为-3.2万、-12.7万、-20.7万和-17.0万，依据此数据推算，除去自然增长的人口，2021~2024年，全省流出人口分别为12.64万、15.31万、6.30万

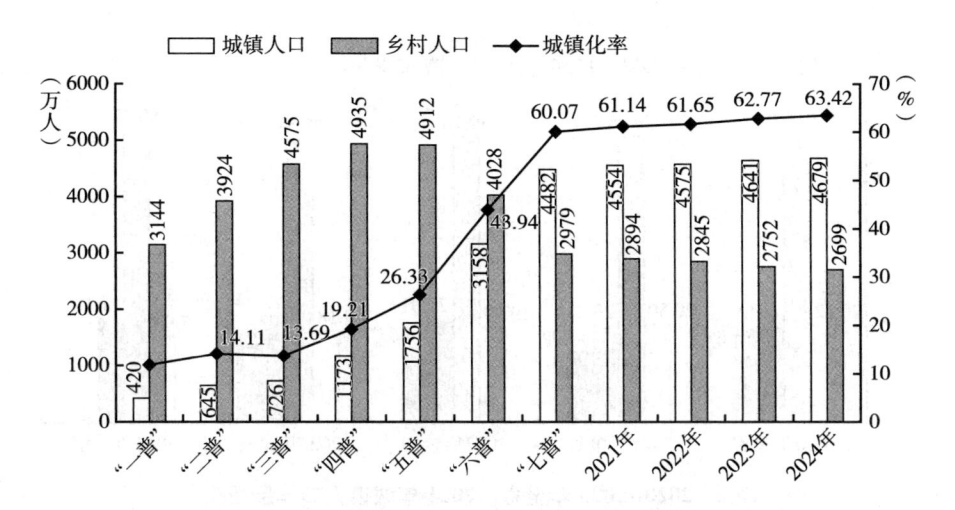

图1 全省城镇人口、乡村人口、城镇化率变化

资料来源：河北省统计局。

和2.00万。数据显示，截至2024年末，河北省常住人口净流入2万，是近年来河北省人口迁移流动态势出现的拐点，由多年的人口净流出转变成人口净流入，净流入人口集中分布于7个地市，其中石家庄占20.6%、唐山占20.4%[①]。

2. 人口年龄结构的动态变化特征显著，呈现出少子化与老龄化的趋势

"七普"时期以来，河北省的人口结构总体稳定，年龄结构图上表现为中间粗，上下两端细的金字塔形态，各个年龄段人口比重呈现动态性变化。2023年数据显示，0~15岁人口约占全省人口总数的19.18%，数量下降；16~59岁人口占全省的58.58%，人口所占比重和人口数量都在持续下降；60岁及以上人口占全省的22.24%，人口所占比重和人口数量都在呈加快增加的趋势，其中65岁及以上人口所占比重比2020年增加了2.31个百分点，老龄人口在持续增多，老龄化程度较深（见图2）。

河北省城镇人口年龄结构总体与全省人口年龄结构相吻合，略有差距。据2024年河北省人口变动情况抽样调查数据，0~15岁人口占比17.96%，

---

① 方素菊：《全省常住人口由长期净流出转变为净流入》，《河北日报》2025年2月5日。

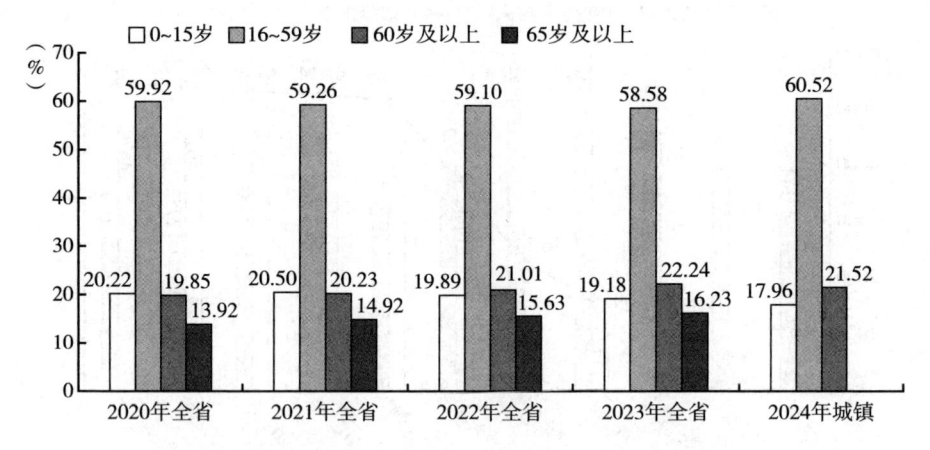

图 2　2020~2023 年全省、2024 年城镇人口年龄结构

说明：2024 年城镇 65 岁及以上数据暂缺。
资料来源：2020~2023 年数据来源于历年《河北省国民经济和社会发展统计公报》，2024 年数据来源于 2024 年河北省人口变动情况抽样调查。

低于全省均值；16~59 岁人口占比 60.52%，高于全省均值；60 岁及以上人口占比 21.52%，低于全省均值。河北省城镇人口低年龄群体比重少，说明少子化现象较为严重，16~59 岁的中间群体比重较高，说明城镇的中青年群体较多，劳动力充足，60 岁及以上人口比重低于全省均值，但也高于20%，城镇中也存在严重的老龄化问题，对比而言，农村的老龄化程度可能更高，且中间年龄群体过多，未来可能面临老龄化加快的危机。

3. 人口流动原因以工作就业和学习培训为主

人口流动的原因差异显著，根据 2024 年抽样调查数据，流动原因中比例最高的是工作就业（42.22%），其次为学习培训（26.02%）、婚姻嫁娶（10.85%）、随同离开/投亲靠友（10.03%）。说明河北省人口流动原因多样，以工作就业和学习培训为主。分性别来看，男性在工作就业（28.93%）、学习培训（13.36%）、拆迁/搬家（2.52%）等方面的比例分别高于女性的13.29%、12.66%、1.90%；男性在随同离开/投亲靠友（4.61%）、婚姻嫁娶（0.69%）、照料孙子女（0.52%）等方面的比例分别低于女性的 5.42%、10.16%、1.55%（见图 3）。这说明男性的流动原因主要倾向于外出工作和求学，多为谋生而移动，女性流动原因更为多样化，除了工作和求学以提升自己等社会化的行为外，还有家属随迁、婚姻嫁娶和孙子女照料等家庭化的行为，工作和家庭兼顾。

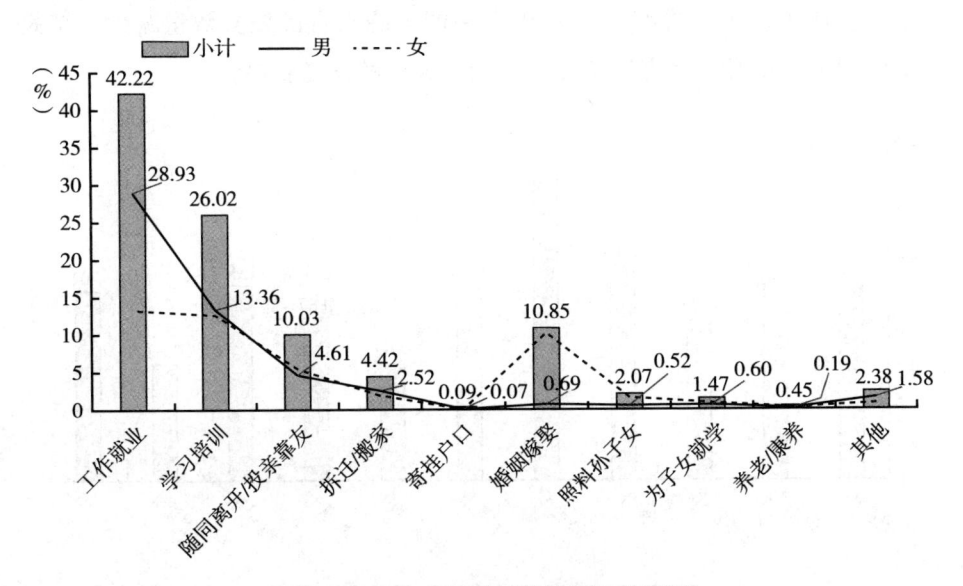

图3 2024年全省城镇分性别流动原因

资料来源：2024年河北省人口变动情况抽样调查。

4. 总人口性别比长期以来均处于正常范围，总和生育率较低

世界范围内的人口性别比（以女性为100，男性对女性的比值）在100上下浮动，人口学认定的正常区间为96~106，从全省总人口性别构成来看，河北省的人口性别比从"二普"时期开始一直呈下降态势，经过几十年间的人口发展，当前性别比总体稳定，没有出现较大的失衡现象，从"七普"数据来看，男性占比50.5%，女性占比49.5%，性别比为102.02，男性略多于女性，处于性别比较为均衡的时期。"七普"之后，性别比下降的趋势没有停止，2023年的人口数据显示，男性占比49.67%，女性占比50.33%，性别比为98.69，人口性别比低于100，女性人口略多于男性。

国际上通常以2.1作为人口世代更替水平，低于1.5的生育率为"很低生育率"，2024年统计数据显示，河北省城镇妇女总和生育率总体偏低，城镇平均总和生育率为1，只有邢台市（1.60）略高于"低生育率"的临界值，其他城市均为"很低生育率"，其中唐山市（0.96）、承德市（0.87）、秦皇岛市（0.85）、张家口市（0.62）、廊坊市（0.62）均低于1，处于超低水平生育状态（见图4）。总和生育率的下降与育龄妇女数量减少、结婚率走低和生育意愿不高直接相关，加剧了人口的低增长趋势。

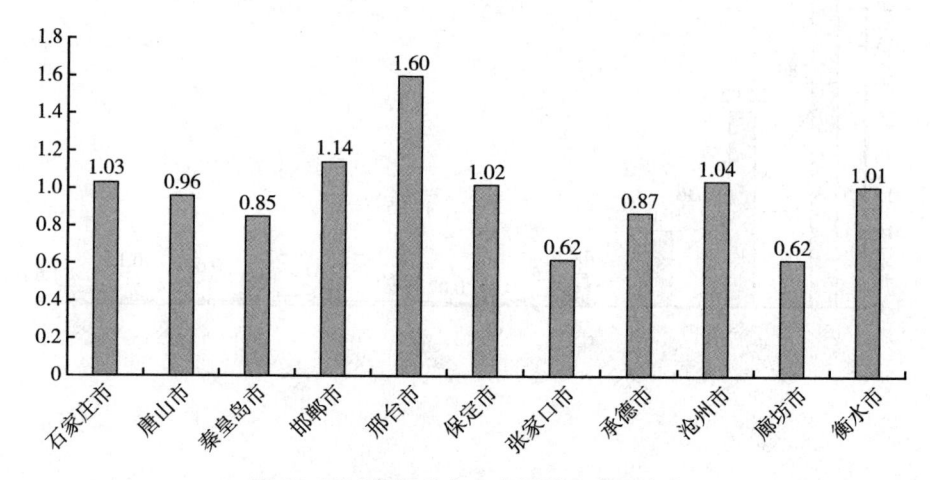

图4 2024年河北省各市城镇总和生育率

资料来源：2024年河北省人口变动情况抽样调查。

5. 人口质量改善，人口预期寿命和受教育程度稳步提升

河北省的人口质量不断提升主要体现在人口预期寿命和受教育程度的提升。根据"七普"数据测算，河北省的平均人口预期寿命为77.75岁，2023年进一步提升，达到了78.60岁[①]，与2023年全国均值（78.60岁[②]）持平，随着河北省深入实施人口高质量发展战略，河北省的人均预期寿命会实现连续提升。

2024年河北省人口变动情况抽样调查数据显示，全省城镇6岁及以上流动人口受教育程度所占比例较高的分别是初中（27.18%）、高中

---

① 河北省政府：《人口素质全面提升 城镇化进程扎实推进——新中国成立75周年河北经济社会发展成就系列报告之九》。
② 国家卫生健康委：《2023年我国卫生健康事业发展统计公报》。

(21.89%)、大学专科（19.61%）、大学本科（16.26%）、小学（12.90%），初、高中学历人口是流动人口的主流。对比2015年的1%抽样人口调查数据，河北省流动人口的高学历比重有了较大提升，低学历人口比重有了一定程度的下降，其中大学本科比例提高了6.61个百分点，大学专科比例提高了5.00个百分点，硕士研究生及以上比例提高了0.37个百分点，初中比例下降了5.75个百分点，高中比例下降了2.29个百分点。河北省流动人口的男女比重在学龄前阶段为女多男少，基础教育和高等教育阶段男女比重大体持平（见图5）。

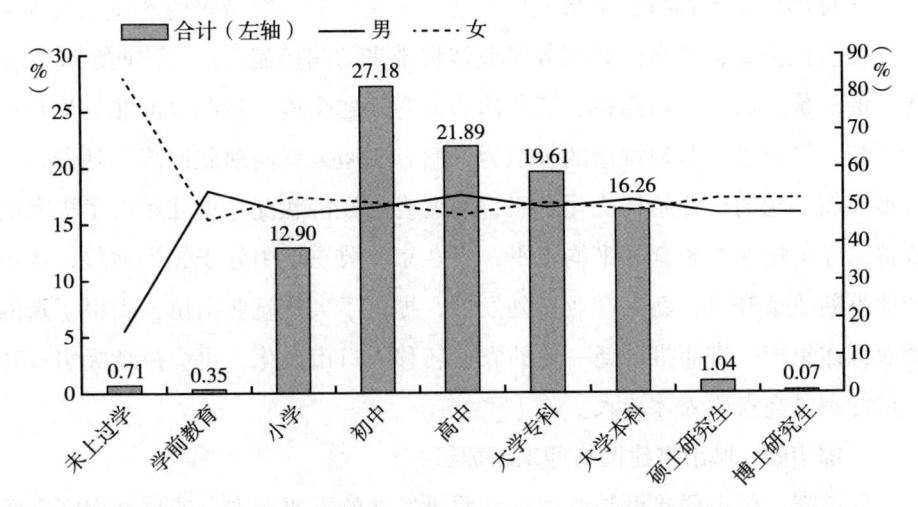

图 5 2024 年河北省城镇 6 岁及以上流动人口的受教育程度及男女比重

资料来源：2024 年河北省人口变动情况抽样调查。

（二）河北省城镇人口结构发展趋势

人口变迁作为经济发展的晴雨表，代表着一定时期当地的经济社会发展水平，人口结构出现的新变化也顺应了河北省当前经济态势的发展需求，未来河北将继续发挥自身优势，释放更多发展潜能。

1. 城镇化质量和水平将有质的飞跃

自 2014 年京津冀协同发展战略正式提出以来，京津冀协同发展对河北城镇人口集聚能力和城镇化总体水平提升发挥了重要作用，2024年10月河北省人民政府出台的《河北省深入实施以人为本的新型城镇化战略实施方案（2024—2028年）》明确提出将稳步提升河北省的城镇化质量和水平，通过优化城镇发展体系，实现城乡融合发展。特别是城镇基础设施建设日趋完善，城市更新项目推进和管理水平升级，城市面貌得以提升，新型城镇化建设稳步推进，按照当前城镇化发展趋势，城镇化率将继续稳步提升，城镇的人口承载能力也将不断增强。

2. 非首都功能疏解和产业结构优化将带动河北人口集聚

非首都功能疏解将会带来人口流动：一是产业疏解带来的产业工人和从业人员直接流动；二是公共服务事业转移带来的间接流动。京津两地特别是北京的房价过高、人口拥挤、竞争压力大等问题会进一步凸显河北的生存环境优势，导致京津两地城市的吸引力回落，刺激人口向河北回流。随着经济转型和新一轮的产业结构优化升级，河北省的经济状况在近几年有了极大的改善，经济增速高于全国平均水平，且在京津冀三地中处于领先地位，优势产业不断改革升级，新兴产业蓬勃发展，提供了大批就业岗位，吸引了新的就业群体集聚，进而推动新一轮的农业转移人口市民化，也会持续吸引省外人口特别是高素质人才流入。

3. 都市圈、城市群建设将迎来新契机

都市圈、城市群建设是城镇化高质量发展的重要标志，通过城市间资源流动与聚集实现更高水平的发展。随着《河北省深入实施以人为本的新型城镇化战略实施方案（2024—2028年）》的落实，河北省将现代化都市圈建设作为重要任务，提出培育石家庄都市圈和融入首都都市圈相结合的目标，发挥大城市的辐射带动作用。同时，继续深入实施京津冀协同发展战略，支持环京城市发挥自身产业优势参与首都都市圈建设，加强与京津两地人才、教育、医疗等优质资源的互联互通，增强区域发展活力，提升京津冀城市群整体实力。

4. 带动河北公共服务水平快速提升

实施以人为核心的新型城镇化发展战略是河北深度融合社会公共服

务资源、提高全省公共服务水平的重要机遇，将促进河北省教育服务水平进一步提升，通过优化基础教育、高等教育和职业教育实现教育现代化的发展目标。促进医疗服务水平进一步提升，通过加强基础医疗建设和承接首都优质医疗资源，提高河北人民群众的健康水平。促进城镇职工社会保障事业不断完善，通过优化社保种类，扩大全省参保群体，实现应保尽保。

二 河北省城镇人口结构变迁面临的新挑战

城镇化是把"双刃剑"，在推动地区经济社会高速发展的同时，也会产生一系列社会问题，其中人口问题是城镇化发展进程中首先要面对和解决的难题，河北省的城镇化进程中也面临着诸多挑战。

（一）少子化和老龄化趋势持续加剧

少子化和老龄化是现代社会发展到较高水平阶段的必然现象，河北省的人口发展也面临着少子化和老龄化的危机。根据官方统计数据，2017年河北省人口出生率为13.2‰，之后持续走低，2023年人口出生率为5.5‰，自然增长率为-2.79‰，每年的新生人口在急速下降，总人口在持续减少。少子化和老龄化背后是人口年龄结构的深刻变化，对经济发展产生了较多不利影响。一是中青年劳动力存在短缺的危机，可能会导致社会生产率下降，对经济产生不利影响；二是社会负担加重，当前河北经济发展不均衡，还未达到中等发达国家或地区的经济水平，特别是农村老年群体生活保障水平低，医疗条件欠发达，养老问题严峻，老龄化的快速发展会使河北陷入未富先老的尴尬境地；三是幼儿和老年人均为被照护群体，当前河北省的托育和养老服务体系还不成熟，仍以传统的家庭照护为主，育儿、养老会严重加重家庭负担，直接影响生育率的提升和家庭收入的增加。

（二）性别比失衡会加剧各种社会危机

出生人口性别比是人口性别结构变化的起点①，2020年的"七普"数据显示，0~3岁低龄组人口性别比已下降至108左右，略高于正常值范围（103~107），出生人口性别比偏高的态势与"五普""六普"相比有了明显改善。在人口发展新阶段，性别比失衡会带来一系列社会问题，从女性角度分析，适龄女性减少、不婚女性增多，女性就业比例不高，老年女性比重过高等制约着人口高质量发展。适龄人口男少女多，加剧了婚姻市场压力；育龄妇女总量降低，加剧了人口减少的危机；女性就业比例不高，生存压力增大，并引发一系列家庭矛盾和社会矛盾；女性寿命总体高于男性，老年女性数量的增多使之面临诸多养老困境。

（三）城乡区域发展不均衡，乡村空心化问题突出

河北省整体城镇化率较高，但各地市间经济发展水平差异明显，两极分化严重，除石家庄和唐山经济向好，其他地市GDP数据不甚理想，农村地区经济发展水平更加堪忧。由农村到城市、由经济落后地区向经济发达地区的人口流动是社会主义市场经济发展的必然产物，是现代化的重要标志。城镇化进程中的乡村经济落后仍是影响社会整体发展水平提升的重大问题，大量资源和人口随着经济社会发展由农村流向城市，农村资源的大量流失必然会加剧农村贫困和空心化现象，进而引发一系列社会问题，例如农村教育资源的短缺与落后加剧了教育不公平，农村婚龄人口减少导致"光棍"数量激增，农村劳动力的减少造成乡村活力丧失。

（四）河北大城市群带动能力弱，人口流动仍以河北流向京津为主

虽然在2024年河北省改变了人口净流出的局面，但是人口整体外流仍

---

① 杨菊华、李延宇、王苏苏：《人口高质量发展视阈下女性人口的发展现状、问题与对策研究——基于七次全国人口普查数据的分析》，《中国人口科学》2025年第1期。

是主流趋势，短期内很难扭转。首先，京津冀三地在地域上关系密切，在政策发展战略方面协同推进，地域优势和经济发展水平的吸引导致长期以来河北人口流向京津，呈现出河北人口、人才向京津集聚的态势，北京的"虹吸效应"还在影响区域间的人口流动。其次，京津冀巨大的公共服务落差阻碍了河北人口回流，河北基础教育投入和整体师资水平低于京津，医疗服务水平和大型医疗机构数量方面落差较大，城镇医疗保障事业的发展相对滞后，人均缴费和人均支出情况不占优势。因此河北需要继续提升经济发展水平，在公共服务领域开展机制革新，继续提升全省的服务水平和保障能力，提升人才吸引力。

三 在新发展格局中推进城镇人口高质量发展的思考

城镇的发展受多种因素的影响，综合学者研究主要有经济发展因素、农业现代化水平、产业结构、资源区位、社会服务水平等几个指标，用以衡量人口流动和人口结构变迁的标准是否与经济社会发展相适应、是否与现代化发展进程相一致。

（一）优化产业结构，充分挖掘劳动力资源

提高农业融合发展水平，大力发展现代农业，通过第一、二、三产业融合发展，延展农业产业链条，提高农产品附加值，增强现代农业的就业吸纳能力，畅通本地农民工就业、创业渠道，扶持农民工返乡创业，逐步完善城乡统一的人力资源市场。完善高端人才培养引进机制，坚持刚性引才和柔性引智相结合，着力培养本土优质人才，大力引进外来高层次人才，创新人才管理模式，实现专业领域的自由流动，给予宽松广阔的晋升空间。充分发挥雄安新区、唐山和石家庄三地的政策优势和资源优势，搭建创新创业平台，完善扶持政策，完善科研人员成果转化激励机制，对来冀高端人才给予一定的生活补贴和关怀，真正实现引进来、留得住、利用好。随着育儿产业和老龄产业的兴起，应积极培育新兴服务业从业人员，鼓励和支持一批相关企业

开发相关产品，在人才方面，培养一批营养师、理疗师、心理咨询师等照护人才，满足人口发展需求。

（二）优化人口结构，促进人口与社会协调发展

河北应立足未来长远发展和可持续发展的需要，优化人口发展政策，打造幼儿、青年、老年全年龄段的人口友好社会。持续优化人口年龄结构，大力支持和保障生育群体的合法权益，完善生育、养育相关支持政策，提高妇女的总和生育率，着力扭转生育率下滑过快的趋势，使全省的人口年龄结构向年轻化趋势发展。积极应对老龄化趋势，打造家庭养老、社会养老和社区养老三合一的养老模式，尽快建立和完善养老保障体系，特别要重视农村养老问题，积极发展银发经济和老龄产业，加快完善老年人服务体系建设，倡导全社会的养老、尊老、敬老、爱老风尚。持续优化人口性别结构，强化新型生育观念，弱化传统生育偏好，倡导男女平等的社会观念，加强对医疗机构的监督管理，严格控制产前性别诊断，加大对非法行为的打击力度。进一步提高女性地位，保障女性的财产权利、劳动权利、受教育权利、人身权利和婚姻权利，使女性在婚育过程中遇到的各种问题得到法律救助。

（三）切实保障教育优先发展，提高人口素质

在未来发展中应遵循人口综合素质与经济社会发展水平相适应的规律，将发展教育纳入全省经济社会发展计划的重要任务，建立健全人才培养、使用和保护机制，加大教育资金投入，发挥人才资源优势，把人口大省变为人口强省。夯实基础教育根基，全面提升教学质量，加强教师队伍建设，提高整体教学能力和水平，完善学校基础设施建设，推广现代教育技术和教学内容，注重农村教育发展，补齐县域教育短板，推动城市优质教育资源向农村流动。强化高等教育发展，推进"双一流"高校建设，深化教学改革，更新专业设置，培养符合现代化发展需求的高精尖人才。鼓励职业教育和成人教育发展，深化产教融合，建立人才职业发展通道，培养专业技术人员，大力倡导终身教育。

（四）推进公共服务均等化，提升社区服务能力和水平

推动流动人口平等地享受城镇公共服务资源，依托综合服务设施和劳动保障平台，为流动群体提供高效优质的"一站式"服务。完善流动人口住房保障制度，提供可供租赁、买卖的住房资源。发挥社区的流动人口管理服务职能，为不同流动群体做好职业介绍、医疗健康、子女入学、户口随迁等服务保障，一方面可以保障流动人口安居乐业，顺利融入城镇，另一方面可以解决各种社会矛盾，有利于维持社会秩序。

B.6
河北省农业转移人口市民化进展及路径优化研究

侯建华*

摘　要： 推进农业转移人口市民化是新型城镇化的首要任务，是促进城乡融合发展的必然选择。近年来，河北省农业转移人口规模不断扩大，城镇落户政策不断完善，以居住证为载体的常住人口基本公共服务制度基本建立，农业转移人口市民化工作取得积极进展。但农业转移人口在市民化过程中仍然面临基本公共服务质量有待提升、落户意愿不强、融入城市能力不足等问题。新一轮农业转移人口市民化行动的核心在于打破制度壁垒、均衡配置资源，并通过调整完善配套政策、健全公共就业服务体系、提升基本公共服务均等化水平、提升大中小城市综合承载能力等协同破除经济、社会与文化层面的障碍。

关键词： 农业转移人口　市民化　落户意愿

推进农业转移人口市民化是新型城镇化的首要任务，党的二十届三中全会通过的《中共中央关于进一步全面深化改革、推进中国式现代化的决定》提出，推行由常住地登记户口提供基本公共服务制度，推动符合条件的农业转移人口在社会保险、住房保障、随迁子女义务教育等方面享有与迁入地户籍人口同等权利，加快农业转移人口市民化。2024年7月，国务院印发《深入实施以人为本的新型城镇化战略五年行动计划》，提出实施新一轮农

---

* 侯建华，河北省社会科学院社会发展研究所副研究员，研究方向为人口城镇化与社会政策。

业转移人口市民化行动。2025年的省政府工作报告也明确提出，实施新一轮农业转移人口市民化行动。推动有能力有意愿的农业转移人口在城镇落户，健全由常住地登记户口提供基本公共服务制度，促进农业转移人口在城镇稳定就业，是新一轮农业转移人口市民化行动的主要任务。党的十八大以来，河北省农业转移人口市民化取得明显成效，但还面临着农业转移人口落户意愿不强、公共服务质量不高、融入城市能力不足等现实困难与障碍，农业转移人口市民化工作仍需持续有序推进，以进一步提高城镇化水平和质量，实现更高水平的城乡融合发展。

一　河北省农业转移人口市民化基本进展

随着新型城镇化工作的有效推进，政府支持农业转移人口市民化的政策优化力度不断加大，农业人口向城镇转移规模大幅增加，2015年以来，全省1000多万农业转移人口落户城镇，农业转移人口市民化取得积极进展。

（一）农业转移人口规模持续扩大

1. 省内农业转移人口增量显著

根据河北省第七次全国人口普查数据，2020年，全省流动人口为1533.30万人，其中跨省流动人口为315.53万人，省内流动人口为1217.77万人。流入城镇的流动人口为1391.43万人，比2010年增加869.98万人，增长166.84%，其中，省内流动人口增加709.45万人，增长171.13%，跨省流动人口增加160.53万人，增长150.18%，省内流动人口增幅高于跨省流动人口。根据河北省第七次全国人口普查流动人口户口登记地类型数据，如果把户口登记地为乡、镇的村委会人口作为农业转移人口，可以推算出居住于城镇的农业转移人口为951.87万人，其中，省内农业转移人口为782.74万人，比2010年增加548.60万人，增长234.30%，跨省农业转移人口为169.13万人，比2010年增加100.33万人，增长145.83%（见表1），可以明显看出省内农业转移人口增长幅度大大高于跨省农业转移人口,说明省内就近转移趋势明显,也从侧面反映出省内就业创业空间不断拓展、就业容量扩大,成为推动流动人口特别是农业转移人口规模保持稳步增长的重要因素。

表1 2010年和2020年河北省城镇流动人口和农业转移人口变化情况

单位:万人,%

类别	2010年	2020年	增加数量	增长率
省内流动人口	414.56	1124.01	709.45	171.13
农业转移人口	234.14	782.74	548.60	234.30
跨省流动人口	106.89	267.42	160.53	150.18
农业转移人口	68.80	169.13	100.33	145.83
流动人口合计	521.45	1391.43	869.98	166.84
农业转移人口合计	302.94	951.87	648.93	214.21

资料来源:流动人口数据为河北省"六普""七普"数据,农业转移人口数据为根据流动人口户口登记地推算数据。

2. 转移人口主要分布在省会、环京津、沿海城镇地区

从流入城镇的人口分布看,石家庄流动人口规模达到277.0万人,保定流动人口规模达到183.9万人,廊坊流动人口规模为143.1万人,唐山流动人口规模将近139万人,沧州、邯郸、张家口流动人口规模均超过100万人。从农业转移人口看,石家庄吸纳农业转移人口超过190万人,保定吸纳农业转移人口超过132万人,廊坊、唐山、沧州吸纳农业转移人口数量在90万人左右(见图1)。从以上数据可以看出,城市规模、经济发展水平、地理区位等是人口转移流动的主要影响因素,城市规模越大、经济发展水平越高、地理区位优势越突出,则人口吸纳能力越强、人口集聚现象越明显。

3. 工作就业、拆迁/搬家、学习培训、随同离开/投亲靠友是人口向城镇流动的主要原因

根据河北省第七次全国人口普查数据,流入城镇的省内人口迁移原因主要是拆迁/搬家、工作就业、学习培训和随同离开/投亲靠友,占比分别为25.28%、23.29%、16.10%、15.01%;流入城镇的跨省人口迁移原因主要

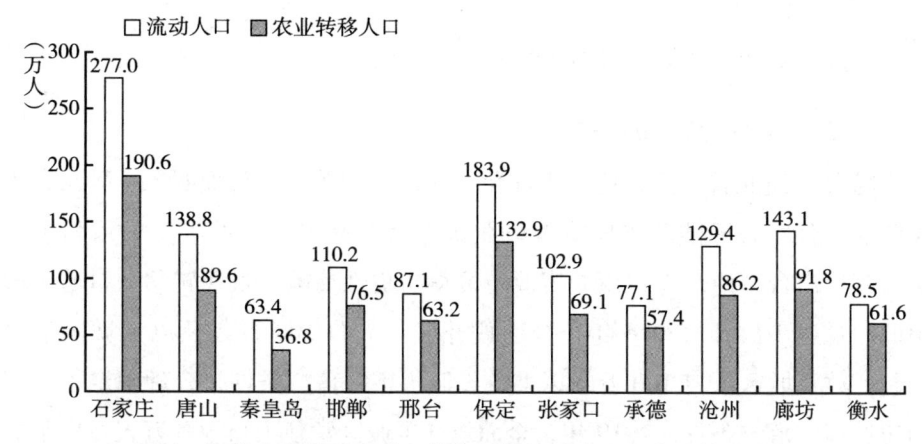

图1 河北省各设区市"七普"城镇流动人口和农业转移人口

说明：石家庄市含辛集市、保定市含定州市和雄安新区。
资料来源：流动人口数据为河北省"七普"数据，农业转移人口数据为根据流动人口户口登记地推算数据。

是工作就业、随同离开/投亲靠友、学习培训和拆迁/搬家，占比分别为49.76%、13.70%、10.83%和8.42%（见图2）。

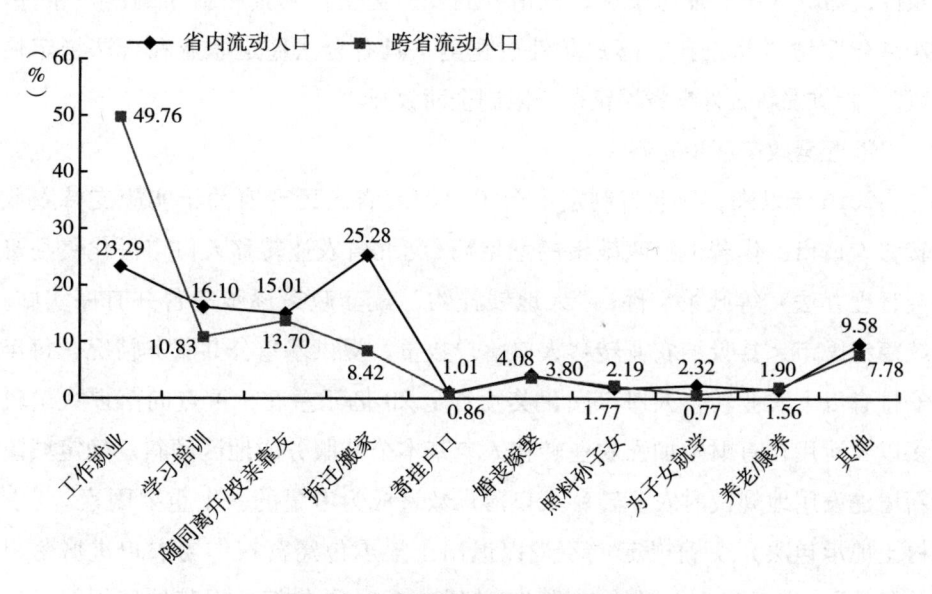

图2 河北省城镇流动人口迁移原因

资料来源：根据河北省"七普"数据计算整理。

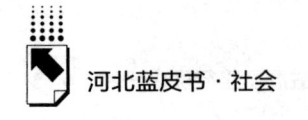

（二）农业转移人口落户政策更加完善

1.城镇落户门槛不断降低

随着《河北省人民政府关于深化户籍制度改革的实施意见》《河北省人民政府办公厅关于推动非户籍人口在城市落户的实施意见》等一系列重要文件制定出台，河北省户籍制度改革取得历史性突破，农业转移人口落户城镇的门槛逐步放开。2014年，全面放开城区人口100万人及以下城镇落户限制，放宽城区人口100万人以上的设区市市区落户条件，合理确定了首都周边城镇的落户条件。2019年，全面放开了城区常住人口300万人及以下的承德、张家口、秦皇岛、保定、沧州、衡水、邢台、廊坊市区和县级市市区、县政府驻地镇及其他建制镇的落户条件，将城区常住人口300万人以上的石家庄、唐山、邯郸市区的落户条件由"具有合法稳定职业和合法稳定住所"放宽到"具有合法稳定职业或合法稳定住所"，合理确定了首都周边城镇的落户政策。2021年以来，唐山全面放开了市区落户条件，保定放开了涿州的落户条件，廊坊放开了廊坊市区、永清、固安、文安、大城和霸州的落户条件。2024年廊坊"北三县"落户条件放宽至"具有合法稳定职业和合法稳定住所"。除雄安新区外全省城镇落户限制全面放开。

2.配套政策逐步完善

2016年以来，河北省制定出台了《河北省人民政府关于实施支持农业转移人口市民化若干财政政策的意见》《河北省农业转移人口市民化奖励资金管理办法》等政策文件，"人地钱挂钩"配套政策逐步完善并有序实施。统筹考虑市、县吸纳农业转移人口落户数量、提供基本公共服务情况，每年安排省以上农业转移人口市民化奖励资金20亿元左右，重点向落户数量较多以及运用自有财力加强农业转移人口基本公共服务的地区倾斜。确定城镇新增建设用地规模时农业转移人口落户数量成为考量的一个重要因素。《农村土地承包法》明确规定"不得以退出土地承包经营权作为农户进城落户的条件"，进城落户农民的农村"三权"（土地承包权、宅基地使用权、集体收益分配权）得到基本保障。这些相关配套政策的落地实施，对激发城市政府吸纳农业转移人口落户内生动力、提升农业转移人口基本公共服务供给能力、消除农民进城后顾之忧等方面发挥了积极的促进作用。

（三）农业转移人口基本公共服务均等化水平显著提高

1. 保障性租赁住房建设快速发展

河北省以公租房为主导，将农业转移人口的保障性租赁住房问题纳入住房建设规划，以政府为主导多方筹措资金，鼓励企业和社会力量参与保障性租赁住房建设，增加住房供给。各城市均将持有居住证且符合相关收入、住房、社保、年龄等条件的新就业职工、外来务工人员等纳入公共租赁住房保障范围，对改善农业转移人口的居住条件、提高生活质量发挥了重要作用。

2. 统筹城乡的社会保障体系不断完善

全省社会保险扩面工作持续推进，城乡居民基本养老保险、基本医疗保险制度一体化已基本实现，城乡居民在社保缴费、待遇上已实现统一。随着社保制度改革的逐步深入，参保人跨制度、跨地区转移接续的制度障碍已基本消除。基本医疗保险省内无异地和跨省异地就医直接结算，使得参保人异地就医更加便捷，为农业转移人口异地就医提供了极大的便利。推动建筑业农民工以项目方式参加工伤保险，基层快递等农业转移人口比较集中的行业参加工伤保险，加强进城务工人员权益保障。

3. 随迁子女受教育权利得到保障

深入推进"两为主、两纳入、以居住证为主要依据"的随迁子女入学政策，规范随迁子女入学证明材料和时限要求，不得随意提高入学门槛。推进城镇义务教育学校提质扩容，增加义务教育学位供给，保障绝大多数随迁子女能够在公办学校就读（含政府购买民办学校学位），2023年，全省在公办学校就读的进城务工人员随迁子女比例达到97.47%，高于全国平均水平。完善升学考试政策，保障符合条件的随迁子女在流入地顺利参加中考、高考，实现了随迁子女从义务教育到高等教育升学通道的全流程畅通。

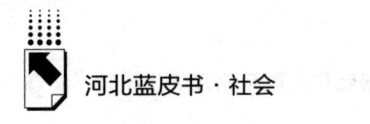

（四）农业转移人口融入城市能力不断增强

1. 农业转移人口就业能力稳步提升

出台《关于进一步支持农民工就业创业的十八条政策措施》，有培训意愿的农业转移人口均有机会参加就业技能培训，做到应培尽培、能培尽培。推动县域内培训资源共享，整合企业、职业院校等各方面的培训力量，对农业转移人口开展定岗定向培训，每年培训5万人次。优化政府补贴发放机制，推动培训补贴精准直达参训个人及企业，提升培训实效。完善就业服务平台，整合岗位信息与求职需求，提供精准匹配、政策咨询等"一站式"服务，帮助农业转移人口获取更多优质就业机会。

2. 农业转移人口参与社会管理积极性提升

积极引导农业转移人口行使政治权利，在农业转移人口集聚地建设公共文化体育空间，倡导农业转移人口全面融入城市生活。将农业转移人口全面纳入城市公共文化服务体系，推动公共图书馆、文化馆、博物馆等公益性文化场馆向其免费开放，丰富其精神文化生活。建立健全优秀农民工评选表彰机制，对表现突出的优秀农民工，优先推荐为各级党代会代表、人大代表、政协委员人选。通过推动群团组织开展关怀农业转移人口主题活动等一系列措施，帮助农业转移人口适应城市生活和需求，增强其归属感和参与感。

二 农业转移人口市民化面临的困难和问题

近年来，河北省农业转移人口市民化成效显著，但常住人口城镇化率和户籍人口城镇化率仍然存在15个百分点左右的差距，意味着还有近千万在城镇生活工作的农业转移人口尚未落户城镇，提升农业转移人口市民化质量依然任重道远。为深入、客观了解农业转移人口市民化状况，笔者在省内石家庄、保定、邢台等市选择农业转移人口就业比较集中的制造、餐饮、商超等企业及沿街商铺、便民市场等场所进行了问卷调查，问卷样本量1192份。根据问卷统计结果，此次调查的农业转移人口，从性别分布看，男性占

44.5%，女性占55.5%；从年龄分布看，30岁以下的占15.9%，30~40岁的占38.6%，40~50岁的占33.1%，50~60岁的占9.2%，60岁及以上的占3.2%；从户籍状况看，在本市落户两年以内的占11.9%，未在本市落户但已办理居住证的占31.2%，未在本市落户也未办理居住证的占56.9%，户籍地在本市郊县的占55.2%、本省其他城市的占28.2%、外省的占16.6%。通过调查，笔者发现，农业转移人口市民化面临基本公共服务质量有待提升、落户意愿不强、融入城市能力不足等问题。

（一）农业转移人口基本公共服务质量有待提升

基本公共服务因素对人口的迁移与居住地的选择起着关键作用，以居住证为载体的基本公共服务覆盖范围有待扩大、提供标准尚待提高，居住证持有人口和户籍人口享有的基本公共服务还存在一定差距。根据问卷调查结果，在基本公共服务各领域中，农业转移人口中认为自己在城镇享有的基本公共服务与市民没有差异的占25.10%，认为与城镇人口存在基本公共服务差异的主要领域为义务教育、住房保障、卫生健康、就业创业、社会保险等方面，其比例分别为30.5%、27.5%、25.8%、20.7%、18.8%（见表2）。就医、就学、住房是农业转移人口在城镇面临的较大现实困难，农业转移人口中认为子女就学存在困难和有时困难的占55.6%，认为住房存在困难和有时困难的占54.6%，认为就医存在困难和有时困难的占49.6%（见表3）。

表2 农业转移人口对基本公共服务感知情况

单位：%

类别	户籍状况				个案百分比
	已在本市落户	未在本市落户但已办理居住证	未在本市落户也未办理居住证	其他	
就业创业	25.4	20.6	19.8	18.2	20.7
卫生健康	25.4	31.7	22.6	27.3	25.8
义务教育	26.8	36.1	28.4	27.3	30.5
住房保障	12.7	27.2	31.1	18.2	27.5

续表

类别	户籍状况				个案百分比
	已在本市落户	未在本市落户但已办理居住证	未在本市落户也未办理居住证	其他	
公共文化体育	5.6	5.0	5.5	0.0	5.3
社会保险	21.1	12.8	22.0	9.1	18.8
养老服务	19.7	7.2	20.7	9.1	16.3
社会救助、残疾人福利、优抚等社会服务	4.2	2.8	6.4	0.0	4.9
其他	0.0	0.0	0.3	18.2	0.5
没有差异	33.8	23.9	23.5	36.4	25.1
不清楚	7.0	7.8	15.2	18.2	12.0

表3 农业转移人口在就医、就学和住房方面存在的困难情况

单位：%

户籍地	就医			就学			住房		
	困难	有时困难	不困难	困难	有时困难	不困难	困难	有时困难	不困难
本市郊县	18.8	28.6	52.6	26.8	29.7	43.5	31.9	21.9	46.2
本省其他城市	31.0	21.4	47.6	30.2	26.2	43.6	31.9	22.9	45.2
外省	30.6	21.4	48.0	27.7	22.9	49.4	33.7	23.5	42.9
总体	24.2	25.4	50.4	27.9	27.7	44.4	32.2	22.4	45.4

从农业转移人口认为最困难的子女就学看，虽然河北省农业转移人口随迁子女能够实现以公办学校为主接受义务教育，但入学的隐性障碍仍然存在，这主要是因为城市义务教育学校按照房户一致原则划片招生就近入学，随迁子女以居住证为依据由县级教育行政部门统筹安排调剂入学，这使得一些农业转移人口随迁子女因无自有住房或学区房被调剂到距离较远或教学质量较差的学校，"上好学"的教育需求难以得到满足。

住房保障是农业转移人口反映比较突出的另一个问题。一方面是住房保

障向农业转移人口覆盖范围不够,农业转移人口很难享受住房保障。另一方面是农业转移人口纳入城市住房保障的政策宣传不到位,农业转移人口对申请公租房的条件、程序、办理部门等相关政策知晓度不高,影响相关住房保障政策的落地见效。

在社会保险方面,未在城市落户的农业转移人口对社保差异感知较为强烈,农业转移人口的社会保险以城乡居民基本医疗保险和城乡居民基本养老保险参保为主,待遇水平偏低,与城镇职工社会保险差距较大,且居民医保和养老保险均以户籍地参保登记,转移人口在城镇多为异地就医,报销比例较低,影响其对公共服务体系的公平感知。

（二）农业转移人口落户意愿不强

在对农业转移人口的落户意愿调查中,37.1%的人明确表示不愿意落户城镇,25.0%的人表示无所谓,13.9%的人表示还没考虑,24.0%的人表示愿意落户城镇（见表4）,从总体上看,农业转移人口的落户意愿不强烈。造成农业转移人口落户城镇意愿不强的原因涉及多个方面。一是农村"三权"退出制度还不完善。农村宅基地自愿有偿退出在全国还处在试点阶段,尚未完全推开,且随着近年来土地价值的攀升,农民对土地的预期收益也水涨船高,使得农村户籍的吸引力反而有所增强,部分农业转移人口存在"既想享受市民待遇,又不愿放弃农民权益"的矛盾心理,导致其落户意愿不强,客观上延缓了农业转移人口的市民化进程。二是农业转移人口缺乏稳定就业机会。54.6%的农业转移人口的就业状态为个体经营、被个人/家庭雇佣、没有固定单位或雇主的灵活就业等,工作稳定性差,收入低,同时也面临着一定程度的就业歧视和不公平待遇问题。三是收入水平较低。45.8%的农业转移人口在城镇务工经商的月收入在3000元及以下（见图3）,难以支撑城市的高房价和生活成本,导致他们缺乏落户城镇的经济支撑和在城镇长期生活的信心。

表4 农业转移人口落户意愿

单位：%

落户意愿	本市郊县转移人口	本省其他城市转移人口	外省转移人口	总体
愿意	35.2	14.6	19.4	24.0
不愿意	37.0	47.9	47.3	37.1
无所谓	17.6	24.3	18.3	25.0
还没考虑	10.2	13.2	15.1	13.9

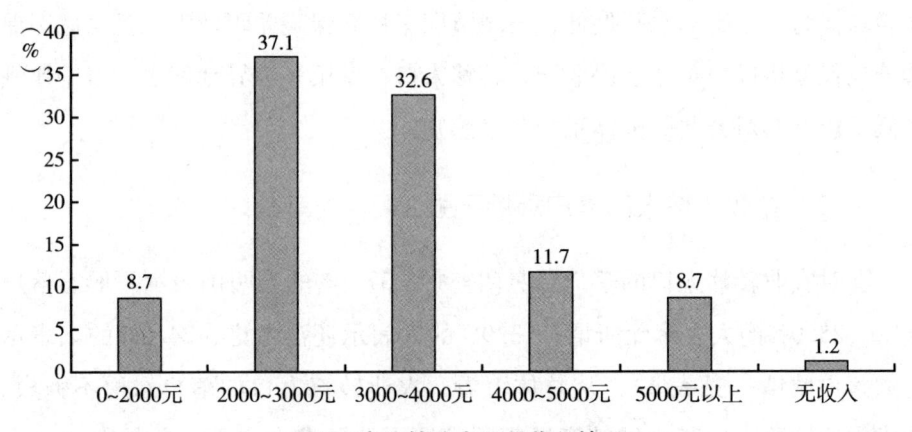

图3 农业转移人口月收入情况

（三）农业转移人口融入城市能力不足

农业转移人口要全面融入城市，不仅要实现空间、身份的转变以及基本公共服务、社会保障的共享，更需要实现生活方式、思想观念、社会参与、个人认同等向城市的内化与融入，从农业转移人口自身来看，全面融入城市的能力还很不够。

一方面，就业能力不够。在产业优化升级、智能化数字化高速发展的形势下，大部分农业转移人口文化程度不高、没有劳动技能或具备简单的技能，很难满足现代企业对技术、技能人才的需要。根据问卷调查结果，50.7%的农业转移人口文化程度为初中以下，59.1%的农业转移人口没有参加过任何职业技能培训，而且大多数农业转移人口对自身文化素质和职业技能的提高缺乏再投资的意愿和能力，导致其就业竞争能力严重不足。

另一方面，社会融入主动性不强。受思想观念和行为习惯影响，农业转移人口对传统乡土社会关系网络的依赖度较高，进入城市后缺乏与当地居民沟通交流的途径和机会，加之文化、地域和生活习惯等差异，以及部分城市居民对农业转移人口存在的偏见，导致农业转移人口身份认同感弱以及心理融合度低，无法真正地融入城市并把自己转化成为新市民。问卷调查结果显示，认为自己是"本地人"的仅占19.4%，且以市域内农业转移人口为主，认为自己是"半个本地人"的占25.2%，认为自己是"外地人"的占比高达46.7%，"说不清"的占8.7%（见图4），有些新生代农业转移人口跟随父母在城市生活多年，甚至出生在城市，对自己的身份认同依然是"外地人"，城市认同感和归属感仍然较低。

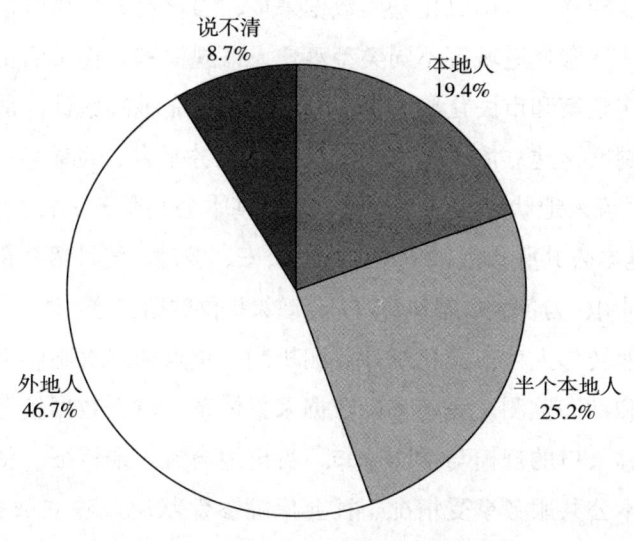

图 4　农业转移人口身份认同情况

三　推进农业转移人口市民化政策建议

从长远看，2035年，河北省常住人口城镇化率将达到70%以上，当前，农业转移人口向城镇流动仍然是大趋势，市民化依然是城镇化的首要任务。

新一轮农民工市民化行动的核心在于打破制度壁垒、均衡配置资源,并通过多维政策协同破除经济、社会与文化层面的障碍。

(一)调整完善配套政策,消除农业转移人口进城落户的后顾之忧

1. 持续深化户籍制度改革

推动雄安新区完善积分、社保年限等落户政策,在满足各类人才落户需求的基础上,适当放宽农业转移人口落户条件。推动农业转移人口的户籍管理重点向便捷、高效、畅通的服务转变,确保在城镇稳定就业居住的农业转移人口能够愿落尽落。

2. 完善农业转移人口市民化数据支撑体系

加强农业转移人口市民化基础数据采集,强化对城中村改造、城乡属性调整、易地扶贫搬迁进城等不同类型落户人口规模和工作生活情况的统计和监测,为落实政策和市民化奖励资金分配提供可靠基础数据。加快推进实施电子居住证制度,建立流动人口大数据信息服务平台,动态掌握农业转移人口总量、流出流入地状况、就业情况、享受基本公共服务和社会保障情况等,为精准供给基本公共服务提供依据。推动公安、卫健、统计等各部门人口信息共享和综合利用,为各级政府和部门完善政策提供数据支撑。

健全农业转移人口市民化统计监测机制,重点加强对不同类型落户人口的分类统计和动态监测。完善基础数据采集体系,建立数据信息平台,动态掌握农业转移人口的规模与空间分布、流出地与流入地特征、就业行业与收入水平、基本公共服务享受情况、社会保障参保状况。建立数据分析模型,完善数据决策机制,精准识别基本公共服务需求,实现公共资源优化配置,进一步提升农业转移人口市民化工作的科学性和精准性。

3. 推动配套政策高质量落地

进一步完善"人地钱挂钩"政策,优化财政激励、用地保障、教育医疗卫生等公共资源配置与农业转移人口市民化规模动态联动机制,完善挂钩配套政策的实施细则、标准,进一步激发地方政府推进农业转移人口市民化工作的积极性。开展农业转移人口自愿有偿退出农村"三权"探索,推动

农业转移人口以农村"三权"换取城镇住房和社会保障等权益,提高在城镇长期稳定生活的能力,推动在城镇稳定就业生活的农业转移人口举家落户城镇。

(二)健全公共就业服务体系,强化农业转移人口融入城市能力

1. 完善职业技能培训服务

统筹校企培训资源,为农业转移人口提供有针对性的"定向定岗"培训,提升培训内容的针对性、适配性和丰富性,健全职业技能评估和认证。不断创新培训方式,采用"互联网+"等网络化方式开展在线培训,提升职业技能和就业能力。优化培训补贴和奖励政策,以政府投入为主,多渠道筹措资金,鼓励农业转移人口参加职业技能培训,提供经济支持和激励,减轻农业转移人口参加培训的负担。

2. 提高就业服务保障水平

把农民工稳就业工作摆在重要位置,全面落实就业优先政策,持续健全稳岗服务机制,全力促进农民工就业增收。建立农业转移人口就业支持服务体系,根据农业转移人口特征制定精准的就业服务和帮扶措施,简化公共就业办事流程,加强就业服务宣传。推进劳务品牌和零工市场建设,规范平台企业用工,稳定和扩大农业转移人口就业渠道。

3. 加强农业转移人口劳动权益保障

消除就业制度壁垒,全面清理就业政策中与户籍制度挂钩的歧视性规定。完善劳动权益保障机制,对农业转移人口的工作时长、安全生产环境、劳动合同签订与履行、工资支付保障等进行重点监管,建立农业转移人口维权快速通道,完善失信惩戒机制,强化劳动监察执法。

(三)提升基本公共服务均等化水平,确保农业转移人口平等享受城镇基本公共服务

1. 实现教育保障基本公共服务均等化

以居住证为依据,简化入学手续,确保随迁子女"应入尽入"。积极推

进义务教育学校优质均衡发展，丰富城镇义务教育优质学位资源，以公办学校为主，优先将接收随迁子女入学较多的民办义务教育学校纳入政府购买学位范围，保障随迁子女能够平等享受城镇优质教育资源。深化招生考试制度改革，保障农业转移人口随迁子女在流入地参加中考、高考的平等权利。

2.实现社会保障基本公共服务均等化

改革城乡居民基本养老保险和城乡居民基本医疗保险在户籍地参保规定，探索实施常住地参保，确保农业转移人口在基本医疗、养老保险等方面与城镇居民享有同等的待遇。有效衔接好农业转移人口居民医疗保险、养老保险与城镇职工医疗保险、养老保险的互转，实现城乡之间、地区之间、群体之间的医疗保险和养老保险的顺利转移接续。在养老保障方面，发挥好养老保险对收入再分配的作用，从制度层面设计减轻收入较低、就业能力较差的农业转移人口的养老保险缴费负担，切实保障农业转移人口的合法权利，使其老有所养、病有所医。

3.实现住房保障基本公共服务均等化

将农业转移人口纳入住房保障体系，实现基于市场配置的多主体供给，致力于满足农业转移人口多层次住房需求，同时发挥监督作用，确保公平性和住房保障供需平衡。各地制定符合其特点和需求的住房保障政策，并且降低住房保障申领门槛。落实房屋规范租赁政策，实现租购同权，使没有购房能力的农业转移人口也能公平享有基本公共权益。为有购房能力的农业转移人口提供税收减免、购房优惠等政策支持，真正实现住有所居。

（四）提升大中小城市综合承载能力，夯实农业转移人口市民化基础

1.发挥都市圈和大城市的主要载体作用

加快石家庄都市圈建设，发挥都市圈核心动力源作用，拓展都市圈发展腹地空间，推进都市圈基础设施、基本公共服务、社会治理一体化发展，引导农业转移人口在都市圈内合理分布。针对人口流动的大城市偏好，推动省内区域中心城市和重要节点城市逐步优化城市内部空间结构，完善城市功能，增强对农业转移人口的吸纳能力。

2. 强化中小城市和县城的重要载体作用

顺应转移劳动力回流且向县城集聚和农民到县城就业安家的就地就近城镇化趋势，加快中小城市特别是县城的发展，激发产业发展活力，壮大县域特色产业集群，增强就业吸纳能力，加快补齐县城市政公用设施、环境卫生设施、公共服务设施和产业配套设施等方面的短板，提升承载能力和公共服务能力，引导农业人口就地就近转移就业，在中小城市和县城实现市民化，减轻农业转移人口市民化负担。

3. 营造包容关怀的城市文化氛围

以社会融入和心理融入为重点，鼓励农业转移人口参与社区管理服务，扩大农业转移人口政治参与，吸收农业转移人口中的先进分子入团、入党，引导农业转移人口积极加入工会等群团组织、社会团体。发挥工会、妇联等群团组织及妇女儿童权益保护协会、劳动者权益保护协会等社会组织作用，在精神文化生活、权益保障等领域对农业转移人口予以支持和关爱。充分发挥居委会、社区以及各种社会组织的作用，促进农业转移人口与本地居民之间的交流互动，扩大农业转移人口的社会交往，提高其社会适应能力，营造相互尊重、平等交往、和睦共处的良好氛围。推进各级各类媒体开展主题宣传活动，营造关心关爱农业转移人口的良好社会环境。

B.7 河北省农村低收入人口常态化帮扶机制建设研究

刘丽敏*

摘　要： 河北省农村地区发展起步较晚、农业经济基础相对薄弱、农村低收入人口规模较为庞大，完善农村低收入人口常态化帮扶机制意义重大。近年来，河北省农村低收入人口帮扶工作在标准认定、政策体系搭建以及运行机制建设等方面取得一定积极成果，但也存在城乡间社会保障差距较大、村集体福利资源不足、部分帮扶措施缺乏针对性等一系列问题和挑战。本报告在深入分析河北省农村低收入人口特征和帮扶体系的基础上，提出在精准识别、动态监测、社会保障、产业发展和内生动力等五个方面，进一步完善河北省农村低收入人口常态化帮扶机制，推动帮扶工作从传统"输血式"向可持续"造血式"转变，促进农村低收入人口稳定增收和全省经济社会协调发展。

关键词： 低收入人口　常态化帮扶机制　"五位一体"　河北省

促进农村低收入人口稳定增收，是全面建设社会主义现代化国家、实现全体人民共同富裕的关键环节。党的二十届三中全会明确提出要"完善覆盖农村人口的常态化防止返贫致贫机制，建立农村低收入人口和欠发达地区分层分类帮扶制度"，对于推动农村低收入人口稳定增收、促进欠发达地区可持续发展、推进国家治理体系和治理能力现代化建设具有重要意义。河北

---

* 刘丽敏，河北省社会科学院社会发展研究所副研究馆员，研究方向为社会政策与社会管理。

省作为全国农业人口大省，面临农村地区发展起步较晚、农业经济基础相对薄弱、农村低收入人口规模较为庞大等现实问题，明确常态化帮扶机制的概念定位与覆盖范围，积极探寻契合河北省情、独具河北特色的农村低收入人口常态化帮扶机制建设路径，对于坚决守住不发生规模性返贫底线，实现全省城乡人民共同发展具有较大的现实意义。

一 完善农村低收入人口常态化帮扶机制的重要意义

低收入人口包括最低生活保障对象、特困人员、防止返贫监测对象、最低生活保障边缘家庭成员、刚性支出困难家庭成员，以及其他困难人员[①]。反贫困理论认为，低收入人口是指生活水平低于既定标准，处于相对困难或绝对贫困状态的人口群体。低收入状况不仅与家庭结构、成员健康状况、教育程度等个体因素相关，还受到经济发展、自然环境与资源条件等区域因素的影响，低收入是在社会人均收入参照体系下长期存在的一种社会现象。相较于消除绝对贫困，帮扶相对低收入人口是一项艰巨且长期的任务，其核心目标在于借助一系列科学合理的政策措施，助力收入低于平均标准的个体在社区生活和精神生活层面达到正常水平，进而拥有与其他人基本相当的生活质量和发展机会。因此，综合运用社会保障、社会救助、社会慈善等多种帮扶手段，构建并不断完善一整套系统完备、持续有效的常态化帮扶机制，对于切实提升低收入群体的收入水平，帮助其更好地融入社会并获得更多的发展机会，促进社会公平正义、推动社会整体和谐稳定，实现全体人民共同富裕等方面具有积极的作用。

低收入现象与贫困现象高度重合，具有明显的群体性和区域性特征[②]。我国幅员辽阔、地理环境复杂多样，各地区在自然条件、经济发展水平和社

---

① 《国务院办公厅转发〈关于加强低收入人口动态监测做好分层分类社会救助工作的意见〉》，中国政府网，2023年10月23日，https：//www.gov.cn/yaowen/liebiao/202310/content_6911122.htm。
② 左停、李颖、李世雄：《农村低收入人口识别问题探析》，《中国农村经济》2023年第9期。

会环境等方面存在显著差异。低收入人口主要集中分布于自然环境较为恶劣、交通条件相对落后、信息流通严重不畅的山区和边远地区。与其他地区相比，这些地区由于地理区位、资源禀赋等因素的限制，发展农村产业的基础较为薄弱，抵御新致贫和返贫的韧性明显不足①。习近平总书记在中央农村工作会议上部署2024年"三农"工作时强调，要"推动建立农村低收入人口和欠发达地区常态化帮扶机制"②，这是立足我国经济发展不平衡、不充分的基本国情，充分考虑农村低收入人口问题的长期性、复杂性而做出的科学论断，是通过优化组织体系，实现资源的合理配置与高效利用，逐步改变过去对绝对贫困地区采取的"突击式"帮扶模式，构建起针对相对困难群体的可持续、可预期的"制度式"帮扶长效机制。以确保帮扶工作能够长期、稳定地发挥作用，进而持续提高低收入人口的生活水平，为实现全体人民共同富裕奠定坚实基础。

河北省曾是我国脱贫攻坚任务较为繁重的省份之一，在取得62个贫困县、499万贫困人口全部脱贫摘帽的决定性胜利后，仍面临农业经济基础薄弱以及农村人口收入偏低的问题。一方面，受自然条件、经济基础和生产力水平等多重因素的制约，农村地区尤其是燕山和太行山区的乡村，在自我发展条件和能力方面依然存在明显不足。2023年相关数据显示，全省农村居民人均可支配收入为20688元，仅占城镇居民人均可支配收入的47.4%③；原45个国定贫困县的农村居民人均可支配收入为16700元，仅为全省人均收入的50.8%④。另一方面，随着"三农"工作重心从脱贫攻坚向推进乡村

---

① 李博：《后扶贫时代深度贫困地区脱贫成果巩固中的韧性治理》，《南京农业大学学报》（社会科学版）2020年第4期。
② 《为加快建设农业强国而努力奋斗——从中央农村工作会议看2024年"三农"工作战略部署》，光明网，2023年12月21日，https://epaper.gmw.cn/gmrb/html/2023-12/21/nw.D110000gmrb_20231221_3-02.htm。
③ 《河北省2023年国民经济和社会发展统计公报》，河北省人民政府网站，2024年3月1日，https://www.hebei.gov.cn/columns/3bbf017c-0e27-4cac-88c0-c5cac90ecd73/202403/06/c5cd8698-2ec9-40d5-9a4b-5f4128266b0d.html。
④ 《河北省政府新闻办"河北省学习运用'千万工程'经验 有力有效推进乡村全面振兴"新闻发布会文字实录》，长城网，2024年3月15日，https://hebfb.hebei.com.cn/system/2024/03/20/101293376.shtml。

全面振兴战略的历史性转移,到户资源的分配模式也由"保障型"向"发展型"转变,有可能出现少部分农村低收入人口接受政策直接保障形式的"习惯性中断"。因此,完善河北省农村低收入人口常态化帮扶机制,不仅是保障全省低收入群体基本生活、维护社会公平正义的必然要求,也是实现乡村振兴战略目标、促进全省经济社会稳定发展的战略性需求。

二 河北省农村低收入人口特征分析

近年来,随着河北省持续推进"巩固拓展脱贫攻坚成果 全面推进乡村振兴"工作,农村低收入人口的识别、帮扶及监管政策得到不断优化,农村地区基础设施薄弱、公共服务不足、产业发展滞后等状况得到明显改善,农村居民的收入持续稳步增长,城乡居民收入比值从2012年的2.54缩小至2022年的2.19①。但是,河北省仍面临农村低收入人口规模庞大、增收难度大、减收风险高等一系列困难和挑战。

(一)河北省农村低收入人口规模

河北省农村低收入人口的统计监测工作由农业农村部门与民政部门协同负责。农业农村部门将脱贫不稳定户、边缘易致贫户、突发严重困难户,以及最低生活保障边缘家庭成员、刚性支出困难家庭成员和其他困难人员纳入监测和保障范围。截至2024年底,全省共有31.25万人被列入防止返贫致贫监测对象。其中,34.6%经过帮扶已消除风险,剩余约20.44万人尚未消除返贫风险②。民政部门将低收入人口划分为低保对象、特困人员和低保边缘家庭人口,并针对不同群体的实际需求开展多层次、梯度化救助工作。2024年,

---

① 《河北省政府新闻办"河北省巩固拓展脱贫攻坚成果 全面推进乡村振兴"新闻发布会文字实录》,长城网,2023年1月3日,http://hebfb.hebccw.cn/system/2023/01/03/101082989.shtml。
② 《河北扎实推进巩固拓展脱贫攻坚成果同乡村振兴有效衔接》,长城网,2023年1月4日,https://hebfb.hebei.com.cn/system/2023/01/04/101083563.shtml。

民政部门保障的低收入人口达到270.7万人，其中农村低收入人口约为245.0万人①。尽管两个部门认定的对象存在一定交叉，但综合测量后两个部门合计保障的农村低收入人口规模应不低于250万人，与2012年农村低保对象206万人相比有所增长②。同时，该群体占全省总体低保对象的比例较高，高于全国平均水平③。

（二）河北省农村低收入人口收入特征

2024年6月至10月期间，研究团队围绕河北省B市农村低收入人口帮扶工作开展了走访调研。B市农村人口总数约为360万人，其中，农业农村部门将4.25万人列为防止返贫致贫监测对象，民政部门则将34.18万人纳入低收入人口动态监测范畴。在民政部门的监测对象中，有16.82万名低保对象、3.11万名特困人员和10万户低保边缘家庭，占全市人口比例均略高于全省平均水平。研究团队从农业农村部门的监测对象中抽取26户，从民政部门的保障对象中抽取170户，通过实地走访与问卷调查相结合的方式开展研究。调研结果表明，健康问题和家庭劳动力短缺是造成B市农村低收入人口增收困难的主要原因。

第一，低收入现象与疾病现象呈现显著的相关性。抽样调查数据显示，在低收入人口家庭中，有近45%的家庭成员患有慢性疾病或重病。其中，残疾人的比例为26%，慢性疾病患者的比例为38%，严重疾病患者的比例为5%。在65岁及以上的老年低收入群体中，患有慢性疾病的比重超过了50%，部分或完全丧失生活自理能力的低收入人口分别占12.11%和6.88%，低收入家庭自费医疗费用占全家总收入的比例达27%，各项数据均显著高于全市平均水平。疾病治疗所带来的高昂费用，不仅加重了低收入家庭的经

---

① 《我省农村低保标准每人每月提至617元》，《河北日报》2024年12月3日。
② 《河北省截至目前共保障城乡低保对象293.5万人》，中国政府网，2012年1月19日，https：//www.gov.cn/2012-01/19/content_2048780.htm。
③ 《民政部：截至6月底 全国共有城乡低保对象4037万人》，央广网，2024年9月3日，https：//news.cnr.cn/dj/20240903/t20240903_526885744.shtml。

济负担，也使部分原本已经就业的家庭成员不得不放弃工作机会，回归家庭承担照料责任，从而进一步加剧了家庭的经济困难。以H村为例，随着近年来该村老龄化趋势的不断加剧，部分妇女为了照顾家中年迈的公婆以及兼顾农业生产而选择返回农村，导致这些家庭的总收入下降幅度超过30%。

第二，低收入家庭普遍陷入劳动力短缺的困境。根据B市民政部门2024年6月的监测数据，低收入家庭的平均人口规模仅为1.54人，与全省2.75人的平均家庭人口数量相比，差距十分明显。抽样调查进一步表明，在低收入家庭当中，具备劳动能力的成员占比仅为36.40%，部分丧失劳动能力者占比为29.84%，完全丧失劳动能力者占比达到了30.25%。以X村为例，在全村152户家庭中，有47户为独居老人和空巢老人家庭，其中55%的家庭成员仅具备有限的劳动能力，62%的家庭成员仅具备基本生活自理能力，13户家庭依靠低保维持生活，19户家庭依靠子女接济度日。

第三，农村低收入人群的年龄结构呈现明显的老龄化态势。抽样调查数据显示，B市农村低收入人口平均年龄为49.25岁，明显高于"七普"时38.8岁的全国人口平均年龄，60岁及以上老年人口比例为42.57%，同样高于"七普"时的19.85%，而劳动年龄段（15~59岁）人口仅占38.08%，则显著低于"七普"时的59.92%。这种老龄化结构不仅带来健康问题和劳动力短缺问题，还衍生出老龄人口难以适应新的农业技术和市场变化、内生发展动力明显不足等发展层面的难题。以H村为例，尽管当地公路交通等基础设施逐步完善，但由于缺乏农业专业人才和技能型劳动力，村集体经济和产业发展较为缓慢，村民主要经济来源依旧局限于传统的土地种植，难以实现收入的大幅增长和生活水平的有效提升。

（三）增收难度和减收风险

统计数据显示，2023年河北省农村低收入家庭的人均纯收入较2012年虽有显著增长，但低收入家庭的人均纯收入仅有全省农村人均收入的一半，消费支出也仅占全省农村家庭平均消费支出水平的22.40%。相关调查显示，低收入人口收入增长不仅面临较大困难，同时还存在减收风险。

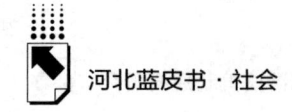

第一，劳动技能不足限制了外出务工增收。尽管鼓励外出务工是提高农村低收入人口收入的重要措施，但农村低收入人口群体普遍面临年龄结构偏大、专业技能欠缺以及接受职业培训困难等现实问题，导致他们在劳动力市场的竞争力低下，大多数只能从事相对技能要求低、薪酬微薄且具有临时特点的工作，他们不仅要面对恶劣的就业条件和较低的工资待遇，还频繁遭遇工资拖欠、劳动安全保障不到位等问题，影响了他们通过外出务工增加收入的稳定性和可持续性。

第二，农业生产成本上升与农产品价格增长缓慢并存。大多数农村低收入人群仍然依靠土地种植获取收入，但受到种子、化肥、农药等农业生产资料价格不断上涨和劳动力成本增加的影响，传统农作物种植成本持续上升；与此同时，由于市场需求增幅有限，许多农产品供大于求，价格难以有效提升，这不仅降低了低收入人群的收入水平，还限制了其增收潜力。以X村为例，从事土地种植的年收入每亩仅有1200元，若雇佣他人耕种，全年每亩收入则不足500元。

第三，社会保障机制不健全，风险防范能力较弱。一些农村地区尤其是偏远地区还存在社会服务基础设施落后、保障水平偏低等状况。一方面，农村低收入人群医疗负担过重，部分人群实际收入虽未达最低缴费基数，也要按此标准缴纳医保费用，相应地增加了他们的经济压力；另一方面，农村低收入人群前往城市就医时，除了医疗费用本身，还会附带照护费、食宿费、交通费等一系列间接费用，进一步加重了他们的经济负担。同时，农村低收入人群面对灾害等突发事件往往也无力应对，极易再度陷入贫困。

三 现阶段河北省农村低收入人口帮扶体系

目前，河北省针对农村低收入人口的帮扶工作主要依托两套体系：一是由农业农村部门建立的乡村振兴防贫帮扶体系，重点聚焦低收入脱贫人口、未消除贫困风险监测对象这"两类群体"；二是由民政部门搭建的农村低收入人口帮扶体系，主要为低保对象、特困人员、低保边缘家庭人口提供基本生活保障。

（一）帮扶标准及认定

河北省农业农村部门与民政部门在农村低收入人口认定工作中，均将家庭人均收入作为关键衡量标准，该标准涵盖了共同生活的家庭成员所获得的全部货币收入以及实物收入。农业农村部门在帮扶脱贫不稳定户、边缘易致贫户以及突发严重困难户的基础上，进一步将帮扶对象细化为大病重病个人难以负担户、重度残疾人低收入户、突发意外情况户，以及"三保障"动态新增问题户。其帮扶标准结合上一年度全省经济发展态势，呈逐年递增趋势。例如，2021年划定家庭年人均纯收入低于6000元的人口为帮扶对象；2022年这一标准提升至低于7300元；到2023年则进一步上调至低于8300元。民政部门则对家庭人均月收入低于当地低保标准的居民予以救助。以2024年B市的情况为例，城市居民最低生活保障平均标准设定为每人每月779元，农村居民最低生活保障平均标准设定为每人每年7644元。各县（市、区）可以依据自身实际经济水平，在一定范围内对该标准进行适当上浮或下调。

对低收入人口的认定是一个综合考量家庭人均收入、家庭财产状况以及当地低保标准等多因素的复杂过程。农业农村部门在认定过程中，重点排查各类风险线索，针对存在返贫致贫风险的农户，遵循入户核查核实、村级评议公示、乡镇核查初审、县级比对审定的流程来开展认定工作。民政部门在最低生活保障认定过程中也有着明确的职责分工与操作流程，首先需要当事人在户籍所在地或持有居住证的所在地提出低保申请，由乡镇人民政府承担受理与初审工作，检查其完整性与合规性，县级民政部门则负责审核确认工作，以判断申请人是否符合低保条件。在此过程中，村民委员会需要协助完成入户调查、邻里访问等辅助评估家庭经济状况的工作，以便更全面、真实地了解申请人家庭的经济情况。审核确认通过后，当事人可通过银行、信用社等代理金融机构，接收发放至个人账户的低保补贴。

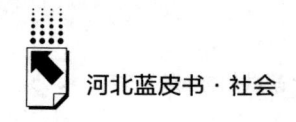

（二）帮扶政策体系

随着我国"三农"事业的不断发展进步，中央和河北省近年来出台了大量帮扶低收入群体的政策文件，基本构建起较为完善的社会救助政策框架。农业农村部门颁布了《促进脱贫人口及防止返贫监测对象持续稳定增收若干措施》《关于健全防止返贫动态监测和帮扶机制的工作方案》《河北省防止返贫动态监测帮扶工作规程（试行）》等政策文件，明确了监测对象的定义范围、监测方式、认定程序、不适用认定的情境以及监测管理等内容，涉及产业帮扶、就业帮扶、层级分类救助、医疗救助、教育救助、住房救助、就业帮扶、养老与儿童关爱以及社会力量参与等多个领域。民政部门发布了《河北省最低生活保障审核确认办法》和《河北省低保边缘家庭认定办法（试行）》等政策文件，进一步扩大了低保政策的覆盖范围，放宽了重度残疾人等申请低保的条件，让更多困难群众切实从中受益。

各地级市根据当地实际情况，纷纷出台了一系列落实举措。以 B 市为例，在优化社会救助体系方面，将未纳入低保或特困供养范围的低收入家庭中的重病、重残人员按照"单人户"标准纳入低保，将孤儿等特殊儿童群体纳入价格临时补贴保障范围，并细化了低保边缘家庭的认定条件。在提升保障补助标准方面，对低保对象、特困人员在大体上取消了起付标准，低保边缘家庭成员的起付标准按照上年居民人均可支配收入的 10% 左右确定。在农村医疗保障方面，普遍提高了参保居民的大病保障水平，对于特困人员、低保对象以及容易返贫致贫的人口，实施了将起付线降低 50%、报销比例提高 5 个百分点的政策，相应地减轻了相关人员的医疗负担。

（三）帮扶运行体系

河北省针对农村低收入人口的帮扶运行体系主要包括以下多个方面。

一是动态监测机制。河北省农业农村部门的"防止返贫动态监测"是以家庭为监测单位覆盖全体农村人口，其中包括易地扶贫搬迁并转为城镇户籍的家庭，以及居住在城市规划区但未享受城镇相关保障政策的"农转非"

家庭。该机制通过评估确定有返贫或致贫风险且符合监测对象认定条件的农户，以便及时实施针对性帮扶措施。河北省民政部门的"低收入人口认定和动态监测"在完成对最低生活保障对象、特困人员、最低生活保障边缘家庭、刚性支出困难家庭监测的基础上，将防止返贫监测对象、不符合最低生活保障和特困人员救助供养条件的申请对象、退出最低生活保障和特困人员救助供养不满两年的对象、当地政府认定的其他困难人员等可能存在困难或风险的低收入人口纳入低收入人口动态监测信息平台，加强分层管理和动态监测。

二是精细化分类救助。农业农村部门根据家庭成员的劳动能力和发展需求，制订因人、因户的具体援助计划，实现精准救助。具体援助措施包括产业援助、就业援助、金融援助、健康援助、教育援助、住房安全保障、饮水安全保障、帮扶项目资产援助、基础保障以及社会救助、社会援助、扶志扶智等方面。如B市施行的一次性求职补贴、用人单位社会保险补贴、培训期间生活费补贴等。民政部门在加大物资救助力度的同时，积极发展服务型社会救助，尝试通过政府购买服务等方式，为社会救助家庭成员中生活不能自理的老年人、未成年人、残疾人等提供必要的访视、照料服务，形成"物质+服务"的救助模式，为困难群众提供多元化、专业化、个性化的救助服务。

三是医疗救助。针对低收入人群因病致贫、因病返贫问题，河北省构建了较为完善的医疗救助体系，包括基本医疗保险、大病保险、医疗救助、疾病应急救助等，对符合资格的低收入人群给予全额或定额的参保资助，对因病产生的医疗费用给予一定补贴。自2023年起，全省基本医疗保险参保率保持在95%以上，408.94万名脱贫人员和农村低收入人员实现了应保尽保。

四是住房与就业帮扶。针对农村低收入人口在住房与修缮等方面的困难，农业农村部门联合其他部门实施危房改造项目，并通过发放住房补贴改善其居住条件和生活环境，确保低收入人口"住有所居"；通过提供职业培训、就业指导及创业扶持等措施，促进农村低收入人口就业与创业，提升其

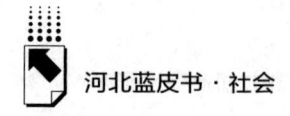

就业技能与创业能力。同时，加强与企业、合作社等经济组织的合作，为低收入人口创造更多就业机会和创业平台。

五是教育、老年人与儿童关爱救助。河北省农业农村和民政部门通过发放助学金，提供生活补助、勤工俭学岗位、助学贷款，以及减免相关费用等方式，为低收入家庭子女提供教育救助，确保他们能够接受公平且优质的教育。同时，加强农村基础教育设施建设，强化农村养老服务体系建设，拓展县级特困人员供养服务机构的功能，推进乡镇养老服务中心建设，为低收入老年人提供生活照料与精神慰藉等服务，持续完善农村养老服务体系。

六是社会力量参与。河北省积极动员并引导个人、企业以及社会组织等多元社会力量，投身到农村低收入人口帮扶工作当中。社会各界通过捐赠物资与资金，为低收入人口提供直接的经济支持与生活保障；通过设立有针对性的帮扶项目，从产业发展、技能培训、教育医疗等多个维度助力低收入人口增收；通过创办服务机构，搭建起常态化、专业化的帮扶平台，持续为低收入群体提供服务；通过提供志愿服务，以人力支持的方式，在生活照料、心理疏导、活动开展等方面给予关怀与帮助，逐步构建起以政府为主导、社会广泛参与的帮扶格局。

抽样调查数据显示，在农村低收入人口救助与帮扶需求当中，医疗补贴、大病保险等项目的医疗帮扶需求最为突出，占比高达69.57%；生活救助，涉及生活救济、生产救济等方面的需求占比为47.94%；技能培训、外出务工补贴、公益性岗位提供等就业帮扶需求占比为26.10%；助学贷款、雨露计划等教育帮扶需求占比为29.44%；慈善捐赠、邻里互助等社会力量帮扶需求占比约为14%。

四 主要问题及其原因分析

河北省农村低收入人口规模庞大且个体情况复杂多样，使得当前的帮扶工作在帮扶条件、帮扶种类、帮扶数量、帮扶质量以及帮扶效率等方面均存在不同程度的短板；部分乡村还存在经济增长缺乏活力、自我发展动力不足、保障能力薄弱等一系列问题，难以完全满足农村低收入人口的实际需求。同时，有的地区防止返贫识别程序烦琐复杂，基层工作人员承担着较大的工作压力，不仅降低了帮扶工作的精准度，也在一定程度上限制了帮扶工作的高效推进。

（一）城乡保障存在显著差距

现阶段，河北省农村居民与城市居民在公共服务和社会保障水平方面仍存在较大差距。在基础设施、医疗服务体系、基层服务能力等方面，偏远地区农村低收入群体与城市居民相比明显处于弱势地位。以2023年B市的情况为例，该年度全市社区综合服务设施在城市已实现100%覆盖，而农村地区的覆盖率仅为63.5%，使得部分农村地区在基本公共服务的获取上较为困难，在城乡之间形成了所谓的"福利鸿沟"。

（二）许多村集体缺少可用于村民救助的福利资源

农村土地资源所具备的生活保障和就业承载功能正逐渐衰退，"土地福利"越发呈现出"去保障化"的态势。不仅如此，农村集体资产在地域间的分布呈现出较为明显的不均衡状态，平原地区的农村集体资产占全省总资产的64.7%，而西部和北部地区的资产占比分别仅为17.7%和17.6%。截至2022年底，全省村集体年收入在10万元以下的比例达55.9%[①]，部分偏远地区的村集体面临可用于村民福利分配资源匮乏的困境，直接导致了村集体在福利分配上存在明显的区域差异。以H村为例，2019年，该村借助社会慈善基金成功开设老年食堂，一度妥善解决了50名老人的午餐难题，但随着社会慈善基金撤出，村集体也因自身财力有限，无力负担老年食堂后续运行所需的各项开支，老年食堂最终无奈关闭。

[①] 《河北省集体收入5万元以下村基本清零》，财政部网站，2022年3月25日，https://www.mof.gov.cn/zhengwuxinxi/xinwenlianbo/hebeicaizhengxinxilianbo/202203/t20220325_3798407.htm。

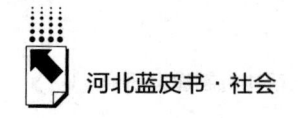

（三）部分农村未能做到因人、因户施策

调查表明，农村低收入人口的致贫成因极为复杂，呈现出多样化特征。部分家庭因成员身患重病，需承担高昂医疗费用，从而陷入贫困境地；一些个体由于年龄老化，难以融入就业市场，导致收入来源匮乏；个别家庭还存在成员沉迷赌博、酗酒等不良恶习，家庭内部矛盾频发且不断激化，致使家庭经济每况愈下；还有部分家庭缺乏合理的开支规划，无法实现有效管理与高效利用，进一步加剧了经济上的困难。而部分农村在低收入人口救助工作中，也未能深入剖析每个家庭的致贫根源，缺乏根据不同家庭致贫原因量身定制的精准帮扶举措，往往单纯依赖低保补助等"一刀切"的方式，致使救助效果大打折扣，难以从根本上帮助一些农村低收入家庭摆脱增收难的困境。

（四）防止返贫识别程序在基层落实层面较为复杂

当前，农村低收入人口帮扶工作在帮扶对象识别与家庭收入评估方面还存在流程繁杂的问题，现有统计模式需要工作人员开展大规模排查和逐一对众多数据进行核对，不仅极易受人为因素干扰，也影响了数据的精确性。在调查过程中，有基层工作人员反映当前数据监测平台存在重复建设问题，不仅造成资源浪费，还致使部门与部门间的数据共享和对接存在重重障碍，信息交换及数据比对极不便捷。例如，在数据比对环节仍需要采用传统的数据刻盘后跨部门交换、再人工比对的方式复核，不仅增加了数据流转环节，拉长了数据比对周期，还导致数据比对反馈迟缓、流程复杂低效。受数据获取与处理滞后的影响，部分帮扶措施无法及时落实，甚至出现了"发现晚、帮扶更晚"的状况，同时也出现了"应纳未纳、应退未退"的问题，对农村低收入人口帮扶工作的高效推进形成阻碍。

（五）部分基层人员的积极性不高

在对农村低收入人口帮扶的具体操作过程中，大量数据重复填报给基层工作带来了较大负担，不仅耗费基层工作人员大量时间与精力，而且数据质量难以保证，引发了"数字"管理在有效性和真实性方面的隐忧。相关调查显示，监测平台建设和帮扶对象动态管理都有大量的数据录入和数据比对工作，需要具备专业知识与技能的人才队伍，以保障工作高效、准确开展，而在一些偏远山区乡村，受年龄结构、知识水平等因素制约，一些基层干部和农户对数字技术的掌握与运用能力较弱，面对反复出现的技术障碍与繁重任务容易产生挫败感，并逐渐产生了一些抵触情绪，影响了基层队伍在农村低收入人口帮扶工作中的整体效能与热情。

五 完善河北省农村低收入人口常态化帮扶机制的对策建议

在新发展架构下，如何完善河北省农村低收入人口常态化帮扶机制、解决农村低收入人群与欠发达地区问题、缩小居民收入差距，是迈向共同富裕的时代课题。需要各级各部门在社会层面持续优化帮扶模式，提升低收入人群保障力，确保各主体公平共享发展成果、协同发展；在个体层面需要拓展低收入人群发展空间、激发其内生动力，在农村低收入人群的精准识别、动态监测、社会保障、产业发展、内生动力等方面建立"五位一体"的常态化帮扶机制，提高帮扶工作的绩效管理水平，增强农村低收入人群的发展能力，推动欠发达地区的可持续发展。

（一）健全农村低收入人口精准识别机制

精准识别农村低收入人口是推进常态化帮扶的关键前提。一是以国家标准为基准，综合河北省经济承受力、各地市经济发展水平、物价波动、农村居民生活成本等因素，秉持"应保尽保、量力而行"原则，因地制宜、动态调整识别划线标准，规避城乡资源分配失衡。二是利用乡村干部和群众熟悉本地情况的优势，通过民主推荐和评议，对申请家庭初步筛选与评估，提升乡村自主识别能力，增强村民参与感和责任感，促进其配合工作。三是政府相关部门应简化审批流程，将重点转向监督检查和效果评估，杜绝暗箱操

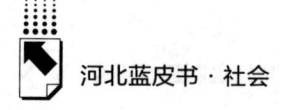

作，保障识别过程透明、规范，提升识别公正性和社会认可度，为常态化帮扶筑牢基础。

（二）健全农村低收入人口动态监测机制

农村低收入人口动态监测机制是巩固脱贫成果、稳定提升农村低收入人口生活水平的重要保障。一是继续拓展监测对象范围，将农村孤寡老人、留守儿童、残疾人等抵御风险弱、易返贫或新致贫的特殊群体纳入重点监测，及时发现和化解贫困风险。二是借助现代信息技术，整合社保、医疗、教育、就业等多领域信息资源，运用云计算、人工智能、大数据搭建农村低收入人口动态监测"云平台"，完善监测筛查预警体系，实现风险实时感知、智能分析和提前预警，为精准帮扶提供数据支撑。三是建立县、乡、村三级联动工作机制，整合各部门的监测预警信息，结合现代信息技术与传统调查方式，通过问卷调查、入户走访等手段，全方位动态监测农村低收入人口生活状况，及时掌握其收入、健康、就业、教育等变化，提高监测数据时效性和针对性，以便及时精准帮扶、防止返贫与新致贫。

（三）健全农村低收入人口社会保障机制

社会保障体系是保障农村低收入群体基本生活、助力增收及可持续发展的核心支撑。一是建立全省城乡一体化的医疗、教育、养老保障体系，完善农村低收入人口医疗救助，减轻医疗负担；加大对其家庭子女教育救助力度，阻断贫困代际传递；改善居住条件，落实最低生活保障，消除生活顾虑。二是强化基层自治组织和乡村共同体建设，明确村委会在农村低收入人口社保工作中的职责，通过培训等提升其服务能力，确保政策精准高效落地。三是健全民主监督机制，拓宽村民参与渠道，鼓励村民参与政策制定与实施，使政策更贴合实际、实施更透明，加强农村低收入人口对社保体系的信任与支持，形成共建共享局面。

（四）健全农村低收入人口产业发展机制

发挥市场在农村低收入人口和欠发达地区帮扶资源配置中的引导作用，

积极吸引各类型的资金、技术、人才参与农村低收入人口和欠发达地区的发展援助工作。一是培育社会企业和帮扶产业，吸纳农村低收入人口和欠发达地区进入主流发展系统，为农村低收入人口提供参与机会并使其获取收益。二是探索市场化援助服务模式，根据农村低收入人口和欠发达地区的发展需求，因地制宜通过政府购买、企业独资、股份合作、平台协助等方式，推进援助市场认领制度的建设，完善多元主体协作共赢发展模式。三是巩固前期扶贫成果，做好援助资产的保值增值工作，落实资产长效运营管理的监管主体责任，积极探索多形式、多层次、多样化的管理经营模式，提高优质经营性资产运营质效，全方位推动援助资产保值增效。

（五）健全农村低收入人口内生动力机制

农村低收入人口集中的地区，不仅是城乡融合发展进程中的薄弱地区，也是发展动能匮乏的地区。一是合理运用农业补贴，降低低收入人口农业生产成本，整合乡村自然与人力资源，与城市的技术、人才、资金、市场深度融合对接，丰富乡村产业，优化要素供给，激发其参与乡村建设热情。二是尊重和保护低收入人口的积极性、主动性，鼓励低收入人口依据自身情况自主选择农业经营模式，同时构建多元农产品销售体系，拓宽销售渠道，提高销售效率，增加经营收益。三是在欠发达地区有序推进农村宅基地制度改革试点，用市场化手段激活农村集体资产、闲置宅基地和房屋等资源，提升土地利用效率，缩小城乡资产差距，为低收入人群开辟财产性收入新渠道。

参考文献

中共中央党史和文献研究院编《习近平扶贫论述摘编》，中央文献出版社，2018。
李猛：《马克思主义反贫困理论在中国的传承与创新》，《中共中央党校（国家行政学院）学报》2020年第4期。
杨荣：《社会工作应更好地助力低收入人口动态监测和救助帮扶》，《中国社会工作》2023年第33期。

左停、古丽尼尕热·阿里木：《共同富裕愿景下增进农村低收入人口福利的政策创新——基于三次分配分析框架》，《云南社会科学》2024年第1期。

郑瑞强、李剑富、郭如良：《城乡融合视域下农村低收入人口和欠发达地区发展帮扶机制优化研究——深入学习党的二十届三中全会精神》，《西北工业大学学报》（社会科学版）2024年第4期。

B.8 数字经济赋能河北省农村人口高质量发展[*]

张春玲 栾凌云[**]

摘 要： 数字经济对河北省农村人口高质量发展产生了积极影响，包括优化就业结构、提升人口素质、缓解劳动力供给压力以及推动人口合理分布等方面。在此基础上，本报告提出构建"数字基建—人才培育—服务保障"三维协同体系，为河北省农村人口高质量发展提供决策参考，助力乡村全面振兴。

关键词： 数字经济 乡村振兴 人口高质量发展

一 问题的提出

近年来，关于数字经济如何赋能乡村振兴的研究主要集中在四个方面：一是数字经济推动农业从单一产业振兴向"四化同步"综合效应增强延伸，数字经济为农业产业带来了生产要素的升级，电商平台进入农村，推动了农业数字经济体系的结构性变革；二是数字经济促使农村就业从数量扩张转向质量提升，数字技术促使传统产业转型和迭代升级，新产业、新模式不断涌现，创造了大量的非农就业岗位，为农村劳动者带来灵活的就业选

---

[*] 本报告为雄安新区"揭榜挂帅"课题"新质生产力推动雄安新区农业高质量发展的机理及对策研究"的阶段性成果。
[**] 张春玲，燕山大学经济管理学院教授、博士生导师，研究方向为信息技术与管理创新、乡村振兴；栾凌云，燕山大学经济管理学院硕士研究生，研究方向为数字化转型。

择；三是数字经济促使农民数字素养提升，数字经济时代促进社会劳动深刻变革的同时催生了新型劳动形式，需要培养拥有数字劳动能力的高素质人民；四是数字经济推动从城乡二元分割到要素双向流动，数字经济能够突破传统的时空限制和资源约束，为农村提供更多就业和创业机会，有效拓展人口流动和经济发展的新空间。在农业现代化背景下，数字经济是提升农业产业科技创新能力、推动农业强国建设的有力支持和保障。河北省正在积极推动农村基础设施的数字化改造升级，致力于建设数字乡村。在乡村人才振兴方面，河北省已经实施了一系列政策，包括实施乡村振兴人才支持计划、完善城市专业技术人才定期服务乡村的激励机制，以及大力发展面向乡村振兴的职业教育。2024年中央一号文件提出的"数字技术+新农人"双轮驱动战略为本研究提供了新视角。在此基础上，本报告分析了数字经济赋能河北省农村人口高质量发展的内在逻辑，并提出了实践路径，为未来的相关研究提供理论依据。

二　河北省农村人口发展现状

河北省在2014年至2024年期间，乡村人口总数减少了1009.43万人，城镇化率提高了14.06个百分点，2024年常住人口城镇化率为63.42%，比上一年提高0.65个百分点，略低于67%的全国平均水平，表明河北省的城镇化取得了一定的进展，但仍低于全国平均水平。

河北省农村人才结构失调以及人才外流的情况仍然严重。《河北省2023年国民经济和社会发展统计公报》显示，2023年全省常住人口7393万人，是近十年来首次低于7400万人，2024年全省常住人口7378万人，持续降低，人口流失仍在加剧。2024年河北省乡村常住人口约2699万人，占全省总人口的36.58%，与2020年相比，乡村常住人口减少了281万人，河北省城镇化进程中农村人口呈持续流失的趋势。截至2024年底，河北省60岁及以上人口1686万人，占总人口的22.85%，65岁及以上人口1210万人，占总人口的16.40%，河北省已进入中度老龄化社会。《河北统计年鉴2024》显示，2023

年，第一产业就业人员789万人，占比从2016年的30.64%降至21.80%，第一产业劳动力持续外流。根据《中国人口和就业统计年鉴2024》数据计算得到2023年全国农村总和生育率为1.29，创历史新低，受经济压力、教育成本等因素影响，农村居民的生育意愿也在逐渐降低，年轻劳动力外流使农村生育潜力衰退。

数字鸿沟制约河北省农村人口高质量发展。农村劳动力专业技能培训的覆盖面较窄，深度不足，导致多数人从事低附加值的农业生产或体力型城镇务工，难以适应产业升级的需求。截至2025年，河北省农村的数字化程度虽然有所提升，但城乡数字鸿沟依然存在，根据第54次《中国互联网络发展状况统计报告》，河北省农村互联网普及率为63.8%，低于城镇的85.3%，这在一定程度上限制了农民对数字经济的有效参与。尽管农村互联网普及率有所提高，但仍有必要进一步加强数字基础设施建设，提高农村的数字化水平。截至2024年初，河北省农村劳动力平均受教育年限为9.37年，农村劳动力的文化水平普遍偏低，数字人才更倾向于在城市寻找发展机会，即使有部分人才愿意到农村服务，也往往因为无法获得长期稳定的发展保障而最终选择离开。

三 数字经济赋能河北省农村人口高质量发展的内在逻辑

数字经济对农业高质量发展的影响是多方面的。数字技术的创新，带来了农业生产方式的变革和产业模式的创新，进而改变了农民的就业形态；通过人智机协同发展，数字技术缓解了劳动力供给的压力，提高了农村的劳动效率；互联网普及与数字技术应用促进了高素质数字劳动力的培养；而农业产业的数字化转型升级，则吸引了农业从业人员回流，推动了城乡融合。数字经济赋能河北省农村人口高质量发展的内在逻辑如图1所示。

（一）优化农村人口就业结构

数字技术与农业深度融合是促进传统农业转型升级、实现农业高质量发

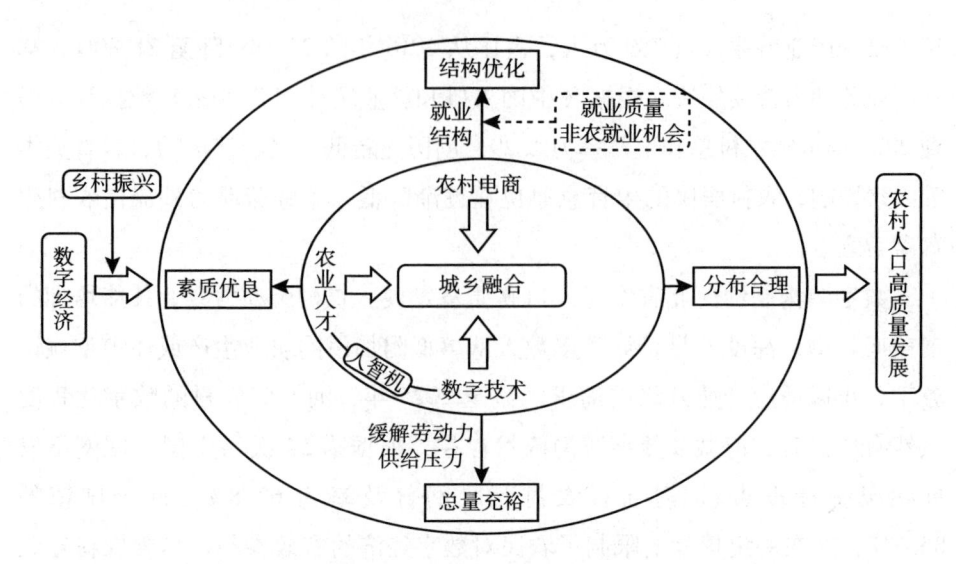

图1　数字经济赋能河北省农村人口高质量发展的内在逻辑

展的应然之路。数字经济催生了农业新模式，电商平台的崛起推动了传统农业产业的数字化转型升级，改善了农民的就业环境，提供了非农就业机会，优化了农村人口的就业结构。数字经济背景下，科技创新推动了农业生产和经营模式的变革，形成了新的商业模式，这些新模式能够优化农业全产业链的各个环节。通过互联网平台，农民不仅能销售农产品，还能进入更广阔的就业市场，参与到更多的新兴产业和非农就业中。这种转变优化了农村就业结构，推动了农业产业链的数字化升级，为农村居民提供了更加灵活的就业机会。发展农村电商，是创新商业模式、建设农村现代流通体系的重要举措，是转变农业发展方式、带动农民增收的有效抓手，是促进农村消费、满足人民对美好生活的向往的有力支撑。

河北省青龙满族自治县，作为乡村振兴的关键援助对象，自2021年启动"三级书记"引领的电商发展计划。通过"互联网+"模式，促进农产品走向城市市场，有效拓宽了销售途径。这一举措不仅扩展了农产品的销售网络，还推动了加工、仓储等产业的蓬勃发展。每年为当地居民提供了超过1.2万个新的就业机会，其中大部分是非农岗位。通过电商的推动，农民的人均年收入增加了近2000元,这不仅提高了农民的生活水平,也为青龙满族自治县的乡村经济振兴做出了重要贡献。

(二)提升农村人口素质

数字经济的发展对农村人口的数字素养和专业技能提出了更高要求。《关于加快推进乡村人才振兴的意见》提出要加强农业职业教育和技能培训,加快培育农业生产经营人才、农业农村科技人才,让知识型、技能型、创新型的高素质农民逐渐成为农业高质量发展的主体力量,推进了农村人口高质量发展。农民主体在农业数字化生产和乡村数字化生活中,应具备各种数字基础知识、数字专业技能、数字创新特质、数字价值态度等要素。从数字素养方面来看,互联网的普及要求农村人口具备基本的数字操作能力,理解和应用数字技术为农业生产和生活服务。从专业技能方面来看,农村人口要提升传统农业技能,培养适应数字经济新业态的技能。

河北省衡水市桃城区致力于推动农业的智慧化和数字化发展,已成功打造出智慧农业的示范样本。该项目包括智慧农业展示区、垂直农场、自然温室等多种设施,主要目的是推广智慧农业种植技术。每年为衡水市培养2000名职业农民和1800名具有专业技能的农民,并对河北省内超过4.4万名农民进行数字培训。此外,该项目帮助大约2万名农村居民增加收入,实现了脱贫致富,并在全镇范围内提供了大量的就业机会。同时每年还接待3万名青少年,为他们提供农业科技的科普教育和研学旅行,激发他们对农业的兴趣,为国家的农业未来培养新的力量。

(三)缓解农村劳动力供给压力

在数字化场景助力下,数字化赋能人口总量优势。随着城市化的推进,农村劳动力大规模外流,导致农村劳动力短缺问题愈加突出,数字经济通过智能农业设备、自动化物流等的应用,缓解了农村劳动力供给压力。新一代信息技术日渐成长为全球经济发展的新动能,呈现出以信息技术的突破性应用为主导驱动社会生产力变革、以数据为核心投入要素提高社会经济运行效率、以智能制造为先导构造现代化产业体系等特征。人智机协同发展，不仅提升了农业生产效率，也推动了农村劳动力朝高技能方向转型，为农村人口高质量发展提供了有力支持。随着智能农业设备和自动化物流等的应用，农村劳动力需要掌握更多的数字技能和专业知识，才能适应新的工作需求。

河北省望都县的高优农业技术服务专业合作社在智慧农业领域取得了显著成就，成为行业内的优秀案例。该合作社专注于数字农业的管理和运营，搭建了基于物联网的数字农业平台，实现了对农业生产全过程的精准控制。比如物联网技术的应用极大提升了农业生产效率；北斗卫星导航技术的应用、拖拉机的无人驾驶作业，以及小麦的精量播种和玉米的变量施肥，这不仅提高了作业的精确性和效率，还有效降低了人工成本，有效缓解了劳动力供给压力。

（四）推动农村人口合理分布

在数字经济的影响下，城乡融合的进程加快，促进了资源和人口的合理流动。农业领域广泛应用数字技术，使得农业产业经历了前所未有的变革。新的农业产业和就业机会吸引了大量原本在城市工作的农村居民回流，推动了农村地区的经济发展。同时，城乡之间的资源共享与技术交流，也为农村带来了更多的发展机遇。数字经济不仅保障了城乡人口流动的均衡性，还优化了城乡人口分布。城市人口向农村的合理流动，不仅缓解了城市的人口压力和资源紧张问题，也为农村带来了新思想、新技术和资金，而农村人口素质的提高，也使得他们在城乡融合的进程中有更多选择，可以更好地适应不同的就业环境和发展机遇。城乡之间的人口分布不再呈现出单向的、不合理的状态，而是在城乡融合的推动下，朝着更加科学、合理的方向发展，逐渐形成城乡资源互补、协同发展的良好局面。

河北省平口村近年来个体和私营企业快速发展，以塑料制品和五金冲压为主要产业，产品在国内外市场热销。为推动第二产业进一步发展，平口村策划并建设了新村工业区，同时积极发展网络电商，截至2023年底，已建立126个电商网络平台,极大促进了个体和私营企业的网络销售。平口村的电商发展不仅激发了村民的创业创新热情,还减少了外出打工的人口,帮助农民改善经济状况,增加了收入,同时降低了农村留守老人和儿童的比例,为农村社会的和谐稳定做出了贡献。

四 数字经济赋能河北省农村人口高质量发展的实践路径

(一)健全农村数字基建

政府应加大对农业数字化基础设施建设的投入力度,完善农村网络通信设施,拓展网络覆盖的广度和深度,确保偏远农村地区也能享受到高速稳定的网络服务。加强对农业生产数字化设备的补贴和推广,鼓励农民使用智能先进设备,提高农业生产的自动化和智能化水平。推广"区块链+农产品溯源"应用,建立全程数字化供应链管理体系。建立健全农业产业数据共享平台,打破信息孤岛,促进产业链上下游企业的协同创新。通过政策引导和资金支持,鼓励农业企业开展数字化协同创新,推动农产品加工、销售等环节的深度融合。

(二)培养高素质农业从业者

政府需强化农村教育资源的合理分配,加大对农村学校数字教育设施的投入,开设丰富多样的数字技术课程,从基础教育阶段开始培养农村学生的数字素养和技能。建立面向农村成年人口的多层次、全方位的职业技能培训体系。建立完善的农业人才激励机制,对在农业数字化发展过程中表现突出的人才给予物质和精神奖励,提高农业领域对人才的吸引力。

(三)完善支持服务体系

政府需构建人才流通路径,完善城乡要素流动体系。加强对农村数字经济的统筹规划,建立数字化服务系统,提高政府服务的智慧化程度。借助数字技术提升政府管理能力，促进政务的数字化与智能化发展。改进农村养老保障政策，完善农村基本养老保险制度，扩大农村基本养老保险的覆盖范围和提高待遇水平，增强农村老年人的经济安全感。调整生育鼓励政策，增加生育补贴和补助，减轻教育和医疗的压力。通过数字平台进行政策宣传，提升公众对政策的了解程度，并提供线上综合服务。

参考文献

赵若舒：《数字赋能乡村特色产业高质量发展路径探析》，《当代农村财经》2023年第10期。

陈珊珊、冯永强、张恒松：《"电商进万村"对农村数字经济产业结构升级的影响》，《商业经济研究》2024年第11期。

阮若卉、罗明忠：《农村劳动力数字素养、就业能力与非农就业》，《湖南农业大学学报》（社会科学版）2024年第4期。

陈飞、刘宣宣、王友军：《数字经济是否缓解了农村多维相对贫困？——基于收入导向型视角》，《浙江社会科学》2022年第10期。

于兴业、张迪：《数字劳动视域下高素质农民培育的价值外延与发展路向》，《农业经济与管理》2023年第6期。

朱巧玲、万春芳：《中国式现代化视域下数字经济与人口高质量发展》，《经济纵横》2024年第9期。

王智等：《河北省乡村人才振兴的发展困境及对策》，《农业工程技术》2023年第14期。

岳喜优：《数字化转型驱动农业高质量发展的组态路径》，《哈尔滨工业大学学报》（社会科学版）2024年第3期。

付敖蕾：《政策支持农村电商惠及更多"山货"》，《中国食品报》2024年3月22日。

武小龙、王涵：《农民数字素养：框架体系、驱动效应及培育路径——一个胜任素质理论的分析视角》，《电子政务》2023年第8期。

黄群慧：《"十四五"时期深化中国工业化进程的重大挑战与战略选择》，《中共中央党校（国家行政学院）学报》2020年第2期。

B.9 河北省少数民族人口高质量发展现状及未来进路

陈 平*

摘　要： 本报告以新时代党的民族工作为指引，聚焦河北省少数民族人口高质量发展问题，系统分析其人口流动、文化互嵌与教育发展的现状与挑战。研究发现，省内少数民族人口流动呈现显著区域分化，经济发达地区通过城镇化吸纳流动人口，而传统聚居区面临发展动能不足问题；民族互嵌格局呈现梯度深化趋势，但文化融合仍存在表层化倾向；教育资源配置虽整体优化，但供需脱节与内生动力不足等问题制约可持续发展。研究提出，需以协调区域发展、创新治理体系等为核心路径，通过统筹政策设计与实践创新，推动人口流动与民族融合的良性互动，为铸牢中华民族共同体意识提供实践支撑。

关键词： 人口高质量发展　民族互嵌　区域协调发展

2024年9月27日，习近平总书记在全国民族团结进步表彰大会上强调"要推动各民族全方位嵌入，积极促进各民族交往交流交融"，"积极推进以人为本的新型城镇化，有序推动各民族人口流动融居，促进各民族像石榴籽一样紧紧抱在一起"①。习近平总书记以铸牢中华民族共同体意识为主线，

---

* 陈平，河北省社会科学院社会发展研究所研究实习员，研究方向为民族社会学。
① 《习近平在全国民族团结进步表彰大会上发表重要讲话强调：推进中华民族共同体建设 巩固发展中华民族大团结》，中国政府网，2024年9月27日，https：//www.gov.cn/yaowen/liebiao/202409/content_6976947.htm。

提出的全方位嵌入理论体系，为新时代民族工作提供了根本遵循，也为研究河北省少数民族人口高质量发展确立了精准的政策坐标系。作为京津冀协同发展战略的核心承载区、首都经济圈的重要战略枢纽，河北地处华北平原腹地，既是内地与边疆的过渡带，又是民族工作的前沿哨所，其少数民族人口流动特征、城镇化推进路径及基本公共服务均等化实践，对全国民族工作具有典型示范效应。

一 河北省少数民族人口高质量发展现状

（一）民族流动与城镇化协同发展

"七普"数据显示，河北省总人口为7461.92万，全省少数民族人口为332.11万，其中，满族人口达226.92万（占少数民族总人口的68.3%），回族56.71万（17.1%），蒙古族22.60万（6.8%）[1]。从空间分布看，冀北地区少数民族人口占比超40%，承德是河北省少数民族人口比例较高的地区之一，全市少数民族人口占比为44.33%，而石家庄、唐山等少数民族人口占比不足3%，区域聚集特征显著。

随着城镇化进程加快，少数民族人口流动趋势显著。2020年全省少数民族人口占总人口比重为4.45%，其中城镇少数民族人口比重为4.29%，较全省平均水平低0.16个百分点。截至2024年，全省少数民族人口比重为3.95%，其中，城镇少数民族人口比重呈现上升态势，达到4.90%，较2020年提升0.61个百分点，四年间城镇少数民族人口比重增幅显著。这一数据变化反映出新型城镇化进程中，少数民族人口向城镇集聚的趋势特征，为完善城市民族工作提供了重要参考。新型城镇化进程推动少数民族人口流动呈现"双向分化"趋势，这种差异凸显了城镇化对少数民族人口分布的

---

[1] 国务院第七次全国人口普查领导小组办公室编《2020年第七次全国人口普查主要数据》，中国统计出版社，2021。

梯度效应：经济发达地区通过就业机会和公共服务吸引少数民族人口主动迁移，形成"增量聚集"；而传统聚居区因产业基础薄弱、文化黏性较强，呈现"存量滞留"特征。这一发现为优化民族地区城镇化政策提供数据支撑，需针对性加强传统聚居区产业培育与城市群基本公共服务均等化建设。

（二）民族互融格局梯度深化

习近平总书记2024年在全国民族团结进步表彰大会上明确指出"统筹经济社会发展规划和公共资源配置，加强边疆和民族地区交通等基础设施建设，积极推进以人为本的新型城镇化，有序推动各民族人口流动融居"[①]。当前我国正经历各民族大流动、大融居的现代化进程，既体现在生产方式革新，更凸显于交往方式升级。族际通婚率提升标志着民族交流已突破表层互动，进入文化认同与血缘融合的深层阶段。

河北省正在有序推动各民族人口流动融居。少数民族传统聚居区在促进民族交流与融合方面成效显著，而一些经济发达地区也通过政策引导和市场机制，推动多民族混合家庭形成。2024年河北省人口变动情况抽样调查数据显示，全省由两个及以上民族构成的家庭户占比为2.61%。民族互嵌式发展格局初步显现。其中，承德市以21.61%混合家庭户比例领跑全省，较第二名秦皇岛市（7.82%）高出13.79个百分点，形成一核多点融合示范效应。承德市作为河北省少数民族人口比例较高的地区，长期以来致力于加强民族文化交流、推动民族经济合作，这在多民族混合家庭户形成中发挥积极作用。

（三）民族教育优质均衡发展

近年来，河北省以铸牢中华民族共同体意识为主线，通过"政策倾斜+课程改革+定向培养"三位一体模式，系统推进民族教育高质量发展。省级

[①] 《习近平在全国民族团结进步表彰大会上发表重要讲话强调：推进中华民族共同体建设巩固发展中华民族大团结》，中国政府网，2024年9月27日，https：//www.gov.cn/yaowen/liebiao/202409/content_6976947.htm。

财政加大民族教育专项资金投入，改善办学条件；深入开展民族团结进步教育，构建大中小学贯通课程体系；在人才培养方面对少数民族考生给予照顾，开办本科预科班。河北省教育普及成效显著，在6岁及以上人口受教育程度抽样调查中，全省受教育人口覆盖率达98.168%，其中汉族群体受教育率为98.165%。值得关注的是，满族教育发展水平略超汉族，达到98.23%，蒙古族（98.53%）与回族（98.52%）的受教育程度在数据上也表现较好，高于全省平均水平①。

河北省在少数民族教育事业发展方面总体均衡，部分少数民族群体在教育资源获取方面呈现比较优势。这一趋势反映了河北省在少数民族教育方面的积极成效，其深化民族团结进步教育评价改革，以推动全省少数民族教育事业持续、均衡、高质量发展，让教育更好地服务各民族共同团结进步。

二 河北省少数民族人口高质量发展面临的挑战

（一）区域人口流动协调性不足

2024年河北省人口变动情况抽样调查数据显示，河北省少数民族人口流动呈现区域差异化特征。以邢台市为例，城镇少数民族人口占比（0.57%）高于全市平均水平（0.41%）0.16个百分点，此类城镇聚集现象在保定、邯郸等设区市亦有显现，差值维持在0.1~0.2个百分点。数据侧面印证，城镇化发展进程中，城市功能完善地区对少数民族人口的吸纳作用逐步显现。少数民族传统聚居区显现出不同发展阶段的分布特征。以承德市为例，2020年城镇少数民族人口占比（43.14%）较该市整体占比（44.33%）存在1.19个百分点的落差，至2024年城镇占比微调至41.57%，较四年前下降1.57个百分点。

在新型城镇化推进过程中，需重点关注经济发达地区对少数民族人口的结构性吸引力与传统聚居区发展动能不足之间的张力。需从空间正义视角出

---

① 2024年河北省人口变动情况抽样调查数据。

发，通过强化产业协同、优化公共资源配置和完善人口流动性调控机制，促进传统聚居区与经济发达地区的协调发展，避免由发展差距扩大引发的社会治理风险。

（二）民族交往交流交融深度待拓展

在承德、秦皇岛等地区，多民族家庭占比远超全省均值。这些家庭不仅是民族人口流动的直接体现，更是文化互嵌的重要实践场域，当前多民族家庭的互嵌仍存在问题。

部分地区的居住空间"物理共居"与"民族边界"并存。多民族混居社区占比达21.6%（承德市），但在公共场所，民族活动空间、公共服务设施仍按民族属性进行分类，比如餐饮店、宗教场所、文化活动中心仍按民族属性集中分布。在家庭层面，多民族家庭的文化互嵌多集中于节日习俗、饮食文化等表层互动，缺乏深层次的文化认同与价值共享。在多民族家庭内，对春节、中秋节等中华民族传统节日的集体记忆会更多，但对少数民族语言、宗教信仰、历史记忆等核心文化要素的认知度较低，仅停留在"听说"或"了解"层面。

文化互嵌陷入符号化认同与传承断层的困境。目前，各地掀起"文旅热"，节庆联欢、服饰展示等表层互动占主导，游客文化体验流于形式，缺乏更深层次的体验感，年轻人群难以掌握更深层的民族语言，教育体系面临与市场需求脱节等问题，存在文化认同弱化与传承断代风险。此外，少数民族家庭子女在主流教育体系中接受本民族文化教育的机会较少，导致文化传承与互嵌的双重困境。

（三）教育资源适配性亟待提升

教育内生发展任务艰巨。我国民族教育现代化属于"后发外生型"，长期依赖政策移植和资源输入推动改革，存在"外在拉力"与"内在推力"不平衡问题。从河北省民族教育现状来看，一方面，外源式发展教育内容与本土需求脱节，如民族地区职业教育课程目标以发达城市为依据，与本地农业、生态产业需求错位，制约着教育的效果和可持续发展。另一方面，内生发展动力不足，表现为乡土文化剥离导致学生产生"努力学习、远离家乡"的畸形观念，以至于乡村民族教育中非遗代表性传承人断代、地方性知识参与教育不足，这些现象不能体现教育服务民族团结与生态保护的价值。

教育供给与市场需求严重脱节。以职业教育为例，民族地区院校专业设置多照搬发达城市模式，如省内某民族自治县职高开设的"民族手工艺"课程虽具特色，但缺乏与本地文旅、非遗IP开发的深度衔接，毕业生对口就业率不足20%，多数只能转向城市服务业，形成"学用分离"的恶性循环。更深层的问题在于信息壁垒导致供需错位。家长、学生及教师对本地产业转型趋势（如新能源、生态农业）认知不足，教育部门尚未建立常态化市场信息反馈机制。更深层的原因在于民族教育系统缺乏对本土需求的内生性回应机制：既未将地方性知识（如满族剪纸、蒙古族驯马技艺）转化为特色课程资源，亦未通过校企共建、产业学院等形式打通"学习—就业"闭环。这种"后发外生型"教育模式虽短期内缓解了资源短缺问题，却长期抑制了民族教育的自我造血能力，使其沦为经济现代化的"边缘配套"。

（四）数字治理能力存在短板

民族事务数据精准度不高。当前，民族事务数据分散于民宗、统战、教育和人社等多个部门，容易形成"信息孤岛"，导致政策制定与执行脱嵌于实际需求。部门间数据标准不一、共享机制缺位，进一步加剧治理碎片化，削弱了政策供给的系统性与时效性。同时，人口较少民族样本量小、分布离散，常规统计手段难以突破抽样覆盖的阈值局限，其文化异质性与特殊性需求易被同质化治理框架遮蔽，形成统计数据代表性不足问题，政策精准适配面临困境。

技术赋能不足与内生动力缺失制约。目前，民族地区的统计工作仍依赖人工填报和周期普查，难以动态追踪少数民族人口流动、文化传承等关键变量，导致政策响应滞后于现实需求，风险预判能力薄弱。在治理内生性方面，如果不能将地方性知识和民族文化资源进行有效转化，使其成为内生治理资本，那么这些外部科技力量支持就难以真正与当地的实际情况相契合。这种不契合会削弱政策在本地的文化适配性，使得政策在实施过程中可能无法得到当地民众的充分认同和支持，同时也影响了政策的可持续性。

三 推动河北省少数民族人口高质量发展的对策建议

（一）推进区域人口流动协调发展

推进区域人口流动协调发展和经济均衡，需要多措并举、统筹兼顾。在人口流动政策方面，既要打通城乡、区域间的流动渠道，也要避免虹吸效应导致的单向流动。一方面，优化区域间的人口流动政策，促进人口合理分布。在制定和实施更加灵活的人口流动政策上，鼓励和支持少数民族人口向经济发达地区流动，同时也要关注流出地的经济发展，避免人口过度流失。通过提供就业信息、职业培训、住房保障等措施，帮助流动人口更好地融入新环境。此外，应加强区域间的合作，建立人口流动协调机制，确保人口流动的有序性和可持续性，避免出现人口过度集中或流失严重的现象。另一方面，还需加强基础设施建设，提升区域吸引力。完善交通、通信、医疗、教育等基础设施，特别是改善少数民族传统聚居区的交通条件，缩短与发达地区的时空距离，降低人口流动的成本。通过提升区域的基础设施水平，增强其对人口的吸引力，促进人口的均衡分布。应注重提升公共服务水平，确保流动人口在流入地能够享受到与本地居民同等的公共服务，增强各民族的归属感和幸福感。

推动区域经济协调发展，缩小地区差距。通过产业转移、区域合作、对口支援等方式，促进区域经济的协调发展，缩小地区间的发展差距，减少人口流动的经济驱动力。政府应加大对欠发达地区的投资力度，推动当地产业发展，创造更多就业机会，吸引人口回流。在此基础上，注重提升民族地区的自我发展能力，通过教育、科技、文化等方面的支持，增强其内生发展动力，实现区域间的协调发展。

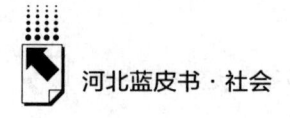

（二）创新多元协同治理体系

构建政府主导、多方参与的协同机制。政府发挥统筹协调作用，通过政策引导和法律保障，鼓励社会组织、企业、民族代表等主体共同参与治理。第一，完善民族事务法治体系。推动立法精准化与执法规范化，强化法治宣传以提升各族群众法治意识，形成"多元共治、法治护航"的治理框架。第二，深化社区治理与民族文化经济融合。以民族社区为治理单元，创新基层自治模式，优化就业、教育、医疗等公共服务。同步推动民族文化保护与产业发展，通过文旅融合、非遗活化等方式，将文化资源优势转化为经济动能，助力乡村振兴与共同富裕。第三，强化技术赋能与民族团结进步教育。运用大数据、人工智能构建流动人口管理平台和智慧政务系统，提升治理精准度与效率。加强民族团结宣传教育，依托社区、学校等载体开展文化交流活动，增进跨民族互信，铸牢中华民族共同体意识。第四，健全跨区域协作与动态评估机制。建立流出地与流入地政府协同联动的信息共享机制，破解流动人口服务管理难题。完善治理成效评估体系，引入第三方监督与群众反馈渠道，形成"规划—执行—监督—优化"闭环，确保治理体系的可持续性与包容性。

（三）推动民族教育需求侧结构性改革

推动民族教育需求侧结构性改革，需要精准定位教育需求、优化教育内容与载体，确保教育资源的合理配置和有效利用，满足少数民族学生的个性化需求。一方面，了解少数民族学生的个性化需求，精准定位教育需求，分层分类制定教育目标。针对少数民族学生的语言障碍，应加强国家通用语言文字教育，同时保留和传承本民族语言文化。另一方面，要优化教育内容，丰富文化内涵。少数民族教育应注重融入民族文化元素，增强学生的文化认同感和民族自豪感。例如，在历史、地理、语文等课程中融入民族文化的相关内容，增强课程的吸引力和实用性。同时，推动跨学科融合，将民族文化与学科知识相结合，形成跨学科的教育内容。通过民族文化的案例教学，帮助学生更好地理解学科知识,增强学习兴趣和效果。构建多元主体协同机制,形成教育合力。少数民族教育不仅仅是学校的责任,还需要政府、家庭和社区的协同参与。政府应发挥统筹规划作用,通过政策引导和资金支持,推动学校与社区合作,开展民族文化传承活动。学校作为主阵地,应加强与家庭和社区的合作,形成多元主体协同的教育机制。

(四)数据治理赋能精准民族事务管理

以数据共享促进共同体认同形成,将民族发展成果通过可视化方式进行传播。在整合人口流动、公共服务数据时,同步建立民族团结成果数据库,通过数据可视化技术展现各民族在经济发展、文化传承、生态保护等领域的共同贡献。例如,在政务数据平台中设置"石榴籽指数"模块,实时显示京津冀地区民族互助项目数量、跨民族就业合作企业占比等指标,增强各民族对共同体建设的参与感与获得感。加强民族历史记忆的数字化传承,将民族交往交流交融史实纳入数据采集范围,建立中华民族共同体数字记忆库。通过采集少数民族口述史、方言语音、传统技艺影像等数据,运用区块链技术确保文化资源的不可篡改性,构建各民族共享的历史叙事体系,强化"你中有我、我中有你"的集体记忆。

在治理模型中嵌入共同体价值导向,明确风险预警与正向激励并重。运用大数据通过舆情分析识别民族关系风险点,在资源配置模型中增加"跨民族合作项目扶持系数",对民族混居社区共建、多民族联合创业等行为进行算法加权,引导资源向有利于共同体建设的领域倾斜。在民族事务治理现代化进程中,数据治理赋能精准管理,构建全域数据共享网络,整合人口普查、流动轨迹、公共服务等跨部门数据资源,依托民族事务治理一体化平台实现数据互通。建立少数民族人口动态监测系统,利用时空地理信息分析技术,实时追踪少数民族流动趋势与聚居特征,为河北省城市互嵌式社区建设、传统聚居区留守群体服务提供数据支撑。

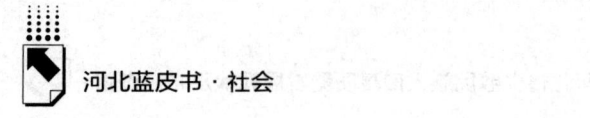

参考文献

王跃、严庆、郑文婧：《少数民族人口变化新样态——基于第六次、第七次人口普查分地级数据的分析》，《贵州省党校学报》2025年第1期。

张丽：《流动融居视阈中城市各民族全方位嵌入式社区建设研究——以中部地区H市为例》，《湖北民族大学学报》（哲学社会科学版）2024年第6期。

海路、王洋：《铸牢中华民族共同体意识教育多元主体协同：内涵、困境与路径》，《云南师范大学学报》（哲学社会科学版）2023年第3期。

高永久、张泽亮：《数字技术赋能民族事务治理现代化：基本逻辑、要素特征与路径依循》，《云南民族大学学报》（哲学社会科学版）2025年第2期。

田钒平、张耀：《数字时代民族事务治理数字化转型研究》，《西北民族研究》2024年第5期。

B.10
河北省青年群体就业创业的新趋势新变化

车同侠*

摘　要： 近年来，全球经济发展缓慢，地缘政治比以往更加敏感，不安定因素持续存在，加上美国对我国高科技产业的打压封锁、关税增加，影响着我国经济外贸出口，进而影响就业形势。随着我国供给侧结构性改革深化和全国统一大市场建立，就业形势总体稳定，但是青年群体就业创业问题仍然突出。2024年，河北省全年城镇新增就业人员89.9万人，应届大学毕业生达到55万人以上。河北省高校应届毕业生数量每年都有增加，加上农村青年就业的压力，使得相当一部分青年人口选择平台就业，从事新就业形态。应坚持就业优先战略，从政策制度层面夯实高质量就业基础，进行教育体制改革、创业孵化器改革、投融资体制改革等，更好地促进河北省青年群体就业创业。

关键词： 就业创业　灵活就业　科技型企业　人才引进政策

2023年5月，16~24岁劳动力调查失业率一度达到20.8%，解决好青年就业问题成为落实就业优先政策至关重要的事情。2025年我国高校毕业生人数又将创新高，达到1222万人，比2024年增加近50万人[①]，河北省高

---

* 车同侠，河北省社会科学院社会发展研究所副所长、副研究员，研究方向为创业就业、金融、产业发展。
① 《中国教育部：2025届高校毕业生预计规模1222万人》，"中国新闻网"百家号，2024年11月14日，https://baijiahao.baidu.com/s?id=1815685692032490948&wfr=spider&for=pc。

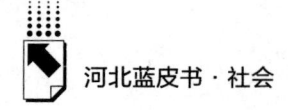

校毕业生也出现了不断增长的态势。针对青年群体就业创业的新趋势新变化，扎实做好青年群体就业创业工作成为各级政府的重要任务。

一 河北省青年群体就业创业形势分析

（一）区域协同与就业联动

随着京津冀协同发展步伐的不断加大，京津冀三地的合作领域越来越广，轨道上的京津冀便利了三省市之间的交通，人社部门的合作促进了三省市之间人员的就业服务和社保同事同标，拓宽了青年群体的就业通道。近年来，河北省深化京津冀劳务协作，推动跨区域就业，向京津输送27.9万名劳动力。通过一系列的招聘会，组织京津和其他周边省份优秀企业家来参会，推动农村劳动力流动。比如，"春风行动"大大提高了劳务输出效率，有针对性地对接京津服务业就业需求，为农业转移人口提供了就业机会。全省农村劳动力转移就业规模达到1239万人，为乡村振兴和经济发展注入了新动力。三省市之间的高校毕业生流动也越来越多，河北省高等院校的毕业生到京津两市就业，促进区域人才流动和资源共享。

（二）政府层面推动青年群体就业创业的举措

高校毕业生和农民工是青年的就业主体人群，各级政府部门坚持就业优先战略，从不同角度、不同层面不断完善促进青年就业的体制机制，推进高质量就业。完善就业的各项政策，提高就业服务水平，特别是针对大学毕业生就业，建立一系列就业支持体系，从根本上为就业困难的大学生进行兜底保障。通过各种途径促进大学生创业，支持和规范灵活就业和新就业形态，保障大学毕业生劳动者权益。人社部门的各种劳务输出及培训更多地带动农民工参加，劳务品牌带动农民工就业，推进农业产业发展，为青年农民工对接合适的就业岗位，促进乡村振兴。

1. 高等院校把好大学毕业生就业的第一道关

就业成为高等院校"一把手"工程，每年高校都会组织企业家到学校招聘大学毕业生，并且高校领导也会出去联系一批企业单位，为大学毕业生对接就业岗位。在毕业季，高校就业主管部门都会组织大学毕业生进行就业培训，讲解大学毕业生选择就业岗位的原则、方法和技巧，比如，什么性质的企业适合什么专业的大学毕业生，分析考公务员、事业编需要准备什么事项，讲解分析就业中的一些基本常识和就业选择优先项，让毕业生对就业岗位选择有一个清晰认知。

在省教育厅的指导之下，河北省各所高校对大学毕业生就业工作的重视程度空前提高。高校不断完善市场招聘进校园活动，形成一套完备管用的毕业生就业资源开发机制。一方面，校领导"走出去"找单位、找岗位；另一方面，吸引企业家进校园，广泛收集适合大学毕业生就业的岗位信息。对于两年以上未能顺利就业的大学毕业生，高校建立针对难就业毕业生的帮扶对接台账，了解他们对于就业的真实想法和实际遇到的问题，按照一对一的帮扶方式，推动有就业意愿的毕业生能够早日实现就业；为确实有实际就业困难的毕业生发放求职补贴。

利用政策性岗位促就业。高校配合政府部门的安排，努力推进特定大学毕业生做好"特岗计划""三支一扶""西部计划""选调生""社区专项计划""千校万岗"等基层政策性项目的组织招录与选聘工作，引导毕业生多渠道就业，2024年全省招聘招募"三支一扶"志愿者1300名。这些举措不仅解决了大学毕业生的就业难题，也从城乡社会治理的角度充实了基层干部队伍。

2. 体制内就业及人社部门负责安排兜底公共岗位就业

鼓励体制内扩充就业，省人社厅每年组织高等院校毕业生进行公务员和事业编考试，选拔一批毕业生进入党政机关和事业单位就业。这部分就业机会是大学毕业生比较想拥有的，因为岗位和收入相对稳定，每年都会有大量毕业生报名考试。近年来，河北省公务员招录人数呈现上升的态势，岗位数从2022年的4639个增加到2024年的6372个，招录人数也从2022年的

6560人增加到2024年的9007人。国有企业在国资委的统一领导下高度重视青年人的就业问题，不断增加就业名额，吸纳更多青年人就业。

对存在困难的大学毕业生，省人社厅开发一些公共岗位帮助其就业，临时帮助他们解决困难。政府也特意在一些体制内单位或者社会组织内部开发一些科研、技能、管理、服务类等岗位，为青年人提供就业见习机会，2024年募集5.26万个就业见习岗位。发放稳岗返还资金14.42亿元，极大地刺激了企业的雇佣意愿，为求职者创造更多的岗位。为公益性岗位人员拨付社会保险补贴和岗位补贴，为申请创业担保贷款者办理创业担保贷款手续，发放创业担保贷款。

3.政府与市场形成合力促进青年人就业创业

河北省提出了"稳存量、扩增量、兜底线"策略来提升青年人口就业比例，2024年，河北省通过发放就业补助资金33.26亿元，惠及4万多家企业，帮扶46.9万人次，促进高质量就业①。

推动市场化就业。传统促进劳动力就业的劳动力市场大厅被更多的互联网就业平台以及各种求职App所替代，政府的政策传递路径更加便捷，互联网技术拓宽了就业信息沟通渠道，形成更多小切口和多元化就业服务平台，通过不同层级的就业网络平台，毕业生可随时随地查询和参加各类网络就业招聘活动，形成线上线下招聘相结合的多元化就业途径，提高招聘成功率。

政府支持大学生就业政策持续发力。民营企业是吸纳大学生就业的重要主体，政府延续支持一次性扩岗补助政策，通过支持民营企业来持续助推大学毕业生等青年就业，对企业招用失业登记大学生、签订劳动合同并为其缴纳失业、工伤、职工基本养老保险1个月以上的企业，可发放一次性扩岗补助。针对民营经济的支持，为企业减负达到53.91亿元，体现政府对青年就业问题高度关注。

---

① 《聚焦2025河北两会·民生热议｜打好"组合拳"，促进高质量充分就业》，"唐山经济广播"微信公众号，2025年1月13日，https：//mp.weixin.qq.com/s?__biz=MzI5NDI5MDUyMw==&mid=2247646080&idx=6&sn=04d49d981988a6dd4849aaa7f3e58667&chksm=ed03f7816a9c2ebf110207b1aa314e93f4ee907d3da1594e6f08527669d9eb571db2bf43d29a&scene=27。

（三）产业结构调整与新就业形态

1. 新兴产业岗位需求增长

河北省新兴产业的迅速发展为高校毕业生带来了更多的就业机会，信息技术、人工智能、云计算、高端制造等领域成为高新技术企业招聘大学生的热点。比如，纳科诺尔、花蜜新材、中显智能科技等金融和高科技企业可以提供金融证券、新材料、算法工程师和云服务运维师等新兴产业岗位，吸引青年就业，特别是大学硕士、博士毕业生就业。

2. 传统行业转型与技能提升

河北省是制造业大省，制造业不断进行数字化改造、绿色化转型，需要大量的技能人才。但是技能型毕业生数量少，而且有一些青年，特别是大学毕业生不愿意进入制造业领域，导致出现很多就业岗位供需不平衡，形成就业市场供需矛盾。所以，政府需要不断推动校企合作、产学研合作，甚至是实验室合作，优化高校专业设置，如河北工业职业技术大学调整专业结构，完善技能导向的薪酬制度，为科技型企业提供技能型大学毕业生。

3. 新就业形态和零工市场就业

新就业形态和零工市场就业作为青年就业创业的过渡期就业形态，能够缓冲就业困难状态，让青年人临时有个过渡期工作。根据调研，新就业形态劳动者大部分是青年人口，但是长期坚持灵活就业和新就业形态就业的青年群体占少数，更多是作为过渡期就业形态。目前，新就业形态的竞争仍然激烈，反映了整体就业压力的现状。2021年河北省就出台了《关于维护新就业形态劳动者劳动保障权益的实施办法》，形成了1个综合性文件、6个专项文件和3个行业文件，保障劳动者权益。新就业形态目前主要分布在快递物流、网络配送、网约车（含代驾）、互联网营销、科技传媒五大领域，大部分收入在月均5000元，国家新就业形态劳动者职业伤害保障已经将河北省纳入了第二批试点范围。另外，河北省就业服务体系不断优化，全省建立了367个零工市场，提高了用工效率的同时，也优化了求职者的体验。

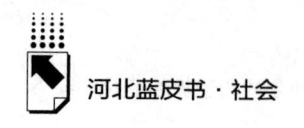

二 青年群体就业创业存在的问题

(一)就业创业形势整体仍然严峻

由于大的国内外经济发展环境不好,加上政府隐性债务的持续存在,传统产业处于下行周期,而新兴产业尚未发展壮大,民营企业发展困难较大,就业整体环境尚不尽如人意,除了体制内就业以及民营企业就业,相当一部分就业岗位由互联网平台提供,大量青年人口从事了灵活就业和新就业形态岗位。灵活就业比例的增长反映出了青年就业形势的严峻程度。

"00后"青年更倾向于创业或者灵活就业,这与经济、社会和文化发展的背景是紧密相关的。随着我国经济的长期发展,很多领域已经出现了供过于求的情况,传统意义上的物质创造和服务行业已经处于转型升级或者处于净瓶状态,而且,教培行业和房地产行业因为收缩而缺少岗位供给,就业创业的切入口越来越与文化产业和平台企业紧密相连。而文化产业更具有发展潜力,新一代青年人更愿意在一些文化创意领域进行就业创业,如在茶文化、饮食文化等轻资产领域创业,就业可以扩展到很多方面,互联网平台作为其不可或缺的借助力量起到了良好的作用。而且,随着数字经济的发展,很多自由职业、直播带货等新就业形态大量增加,灵活就业人数占比不断增长。

(二)结构性就业失业矛盾

在"双减"政策影响下,各教培机构招聘政策也逐渐缩减,这对师范类毕业生也产生不小的压力。由于市场生存竞争压力增大,用人单位提高了对求职者的各项就业能力、储备知识和职业素养的要求,使得就业期望更加难以实现,而普通学生则倍感压力。在产业升级不断演变的过程中,用人单位强者愈强、弱者愈弱,出现分化趋势,虽然一些中小微企业也参加招聘工作,但难以招聘到大学毕业生,一方面显示出就业结构性矛盾,另一方面显示出中小微企业的就业现状和发展状况不令人看好。

青年人口的就业创业处于结构性失衡状态，存在就业结构性难题。首先，高校扩招以后部分人文学科出现了供给大于需求的状况，大学毕业生就业难以找到对口满意的工作，而且这种情况在科技发展背景下越来越突出。而现代制造业，以及理工科毕业生的用人缺口随着工业互联网和数字经济的发展却越来越大，已经达到2985.7万人。其次，青年人口的专业性人力资本不足。根据麦克思研究院发布的《就业蓝皮书：2022年中国本科生就业报告》，"全国2022届本科毕业生的专业对口就业率为67%，从而降低了专业性人力资本含量"[①]。最后，摩擦性失业。经济社会发展处于永动变化之中，包括科技进步、人口、消费偏好、经济周期等原因，市场上总会出现摩擦性失业与结构性失业现象。摩擦性失业是就业市场的必然存在，并且处于变化之中，不同性质的行业在发展中都会存在摩擦性失业，灵活就业形式从潜滋暗长到发展成为重要的就业途径，它对缓解摩擦性失业问题具有一定的意义。

灵活就业呈现不断增加的态势，这改变了人们以往对就业形式的刻板印象，好像灵活就业不是就业，事实上就业存在的逻辑和形式随着科技进步和产业结构升级而不断变化。可以预见的不远的未来，随着AI和ChatGPT的出现和应用，传统的就业形式会发生更具颠覆性的改变。

总之，劳动力的结构性失业是全球普遍存在的就业问题。结构性失业一般和产业结构调整相伴而生，我国新一轮的产业结构升级和增长动能转换都需要就业人员提升劳动技能，在这个过程中，劳动力市场新兴产业岗位空置以及劳动者跟不上产业升级要求而失业形成并存局面，而且结构性失业时间较长。

（三）高等教育发展存在的矛盾

改革高等教育成为科技兴省河北实践的需求，也是高校毕业生就业高质

---

① 赖德胜、何勤：《当前青年群体就业的新趋势新变化》，《人民论坛》2024年第11期。

量发展的要求。长期以来，高等教育发展存在的同质化问题，使得高校发展存在重复、相似的专业和课程，特别是高校扩招带来的盲目重复建设，使得高校"产能过剩"。高校培养的人才不能够很好地适应社会需求，形成了高校毕业生就业供给与劳动力市场需求的脱节、基础研究和产业应用的脱节，造成人才浪费和就业困难的双重矛盾。高校毕业生转化率低，产学研协同程度不高，不能很好满足河北省建立经济强省的人才需求，特别是专精特新企业、专精特新"小巨人"企业、瞪羚企业等创新型企业对人才增长的需求，人才是科技发展背景下经济增长的关键，青年人才特别是专业人才的培养需要良好的科研支撑体系。

三 青年群体就业创业面临的几个重点问题

（一）平台灵活就业青年的社会保障不足

人瑞人才科技集团有限公司与中国人民大学灵活用工课题组的《中国灵活用工发展报告（2022）》显示，我国有61.4%的企业采取了灵活用工的形式①。针对依托互联网平台实现就业的劳动者群体，因为他们没有固定用工单位和传统意义上的劳动关系，只能按照灵活就业人员身份参加企业职工基本养老保险。缴费基数在全省全口径平均工资的60%和300%之间进行选择，缴费比例是20%，其中8%计入个人账户，待遇计发办法和用人单位职工保持一致。另外，这类人群也可以在户籍地参加城乡居民基本养老保险，年缴费标准分为7个不同的档次。截至2025年1月，河北省以灵活就业人员身份参加企业职工基本养老保险355.96万人，其中参保缴费228.94万人，退休127.02万人。

（二）科技型企业就业需要解决的问题

科技型企业发展是时代发展的要求，也是青年就业要注重的方向，更是政

---

① 《零工经济千人样本调查：有人零工收入超过月薪，但合规风险要注意》，网易网，2023年9月3日，https://www.163.com/dy/article/IDO73DL90519DDQ2.html。

府部门人才引进政策制定需要关心的问题。目前，科技型企业人才引进仍然存在堵点，河北省专精特新企业和专精特新"小巨人"企业需要的高层次人才引进存在困难，或者引进以后的人才难以留住。这一方面是因为河北省人才引进政策难以覆盖到科技型企业，另一方面是因为人才引进政策不能更好地契合企业发展的实际。需要根据实际调研，制定企业需要的人才引进政策，更好地吸引青年人才就业创业。政府支持创业政策以及就业见习政策，需要更多的配套工作才能见效，否则会因为门槛过高成为大学毕业生就业的壁垒。

（三）孵化器和中小微企业带动就业创业的痛点难点

河北省孵化器资源不少，但是孵化器推动就业创业作用不明显。主要是因为河北省创业资源有限，创业生态环境仍然欠缺，大学毕业生等青年群体创业意愿低。另外，社会创业所需要的金融资本生态环境脆弱，各类股权投资、基金组建不完善，私募基金不发达，创业投融资机制需要理顺。

调查显示，中小微企业资金存在比较大的缺口，资金是发展的活水和血脉，维持生产，提供就业。然而因为其规模小，抵押少，往往难以从银行金融机构贷款，在银行贷款往往时间长、手续烦琐，中小微企业因抵押物不足往往贷款成本高，而且缺乏其他可行的融资渠道和融资方式，由于资金不足，企业往往无法扩大生产，或者进一步研发提升技术，造成企业发展缓慢而难以吸引高质量就业，往往形成恶性循环。

（四）教育改革促进就业创业的着力点

教育改革的目的是最大化培育社会需求的人才，服务于经济发展需要，特别是服务于产业转型升级的科技发展需要。高等教育要成为培养人力资本，打破同质化教育扩张模式，培养科研顶尖人才、应用型和技能型人才的摇篮，梯度分层分类定位发展，形成产学研紧密关联的深度嵌入发展态势。《教育强国建设规划纲要（2024—2035年）》指出了高校教育改革方向，即进行高校学科改革、人才选拔机制改革，进行高校分层发展和文理科重配。

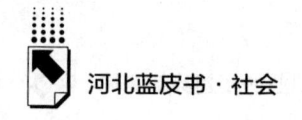

四 政策建议

(一) 教育体制改革形成人才分层培养制度

分类推进高校改革发展,从综合型、应用型和技能型定位出发,明确不同种类高校发展定位,形成理工农医、人文社科和艺术体育等高校差异化发展路线。理性确立发展定位,统筹重配教育资源,形成名牌和老牌研究型大学、二本和一本应用型大学、职业技术及专科技能型大学和学院。通过改革,更好地服务于河北省发展战略和产业发展需求,使工科院校经费得到合理增加,使新工科专业,如大数据、云计算和人工智能等能够得到大力发展。通过学科改革,形成科技发展牵引的人才培养模式。通过改革,超常布局急需学科和专业,适当压缩文科专业,回到"精英"与"消费属性",新增与半导体、材料学和智能相关的理工科专业。

通过人才选拔机制改革,体现选优拔尖效果和原则,满足科技人才竞争需要,使得人才实现青少年科学素养前置化培养、后期化护送,最终配置到国家发展战略实施和产业升级的前沿阵地。国家倡导的本科名校扩招和振兴县中就是突出这个改革方向,选拔天赋型人才。

教育改革背后的驱动力源自科技创新、人才培养和科研创新,论文导向也面向解决实际问题。在科研成果转化中,强调产权分配机制的改革。产学研组织形态进行革新,强调"实验室到产业园"的同构体,通过股权、收益和机制共享,让高校和企业形成大的利益共同体,鼓励形成新科研和新工程师红利。在这个教育改革的思路背后,是学生群体的教育路径新选择和新定位,面对越来越分层化的教育体制,需要家庭从学生青少年时代就要针对复杂的教育分化做好选择和规划,而且要培养持续学习能力和核心竞争力。

国家探索建立一批具备科学教育特色的普通高中——就是科学中学,培育理工科苗子,这对于未来青年就业方向是一个提示,也是一个需要前置思考的问题。

（二）制定落实科技型企业人才引进政策，加强对青年人口就业创业技能培训

面对河北省科技型企业人才需求，需要制定出台专门面向科技型企业的人才引进政策，既能更好地提供企业科技创新需要的高层次人才，又能更好地解决青年人口就业创业问题。为了更好地解决青年群体的就业创业结构性难题，除了优化产业结构，提供高质量的劳动岗位外，还应该加强技能培训，健全就业创业培训机制，提升劳动者的技能水平并完善结构，形成以技能定岗位的职业教育，推进职业教育更好地贴近劳动就业市场，形成紧密有效链接。

（三）利用大数据进行就业市场预测

根据政府各个就业相关部门的数据进行大数据技术管理，包括不同企业、机关事业单位等的求职数据和招聘需求，评估预测就业中存在的问题、取得的进展，以及需要改善的方面，更好地服务青年群体就业创业。建立动态反馈机制，打通高校、用人单位和政府之间的青年就业信息，对症下药，解决就业中存在的结构性难题。

（四）坚持就业优先理念不放松，恢复经济以保障民生就业

河北省在经济发展中要强调就业和兜底线的重要性，把新增就业人数以及灵活就业人数作为考核目标，把调查失业率以及失业人员再就业人数作为考量对象，把高校毕业生就业作为重点进行监测。在监督经济政策落实的同时，对部门的考核要落实到政策实施是否对就业发展有所兼顾。设计奖惩机制保障就业齐抓共管格局的形成。

（五）做好就业的基本面支撑，大力促进民营经济发展

建议将民间投资作为促进就业考核的新增指标，从根本上提升经济增长和就业的可持续性。把民营经济的发展和创造就业岗位纳入地方经济社会发

展的总体规划和考核体系中。解决大学毕业生等青年群体就业问题，归根到底是要发展经济，贯彻毫不动摇鼓励、支持、引导非公有制经济发展的方针，落实细化企业存续和个体工商户纾困救助，加快修复民营经济吸纳就业稳定器作用。重视民营企业家，提倡企业家精神，支持保障能够为大学生提供就业岗位的民营企业长期良性发展，提供持续不断的就业岗位。改善营商环境，帮助民营企业解决困难，解读落实支持政策，激发其创新发展的活力。

（六）从学生、高校负责人、企业等小切口多角度推动高校就业导向持续迭代

其一，建立毕业生对专业评价的分析反馈机制。高校根据每年毕业生就业落实率评估各个学院、专业的毕业生就业落实情况，分析毕业生就业去向，通过电话、问卷等形式收集毕业生对所学专业的就业回馈信息，优化反映比较好的专业设置，对就业落实率低、市场社会接受率低的专业进行调减。在高等院校建立完善就业影响评估机制，从源头上解决就业结构性问题，动态调整高校的专业设置，完善人才培养机制，加强实习实训，提升学生的实操能力，满足求职市场需求。其二，强化高校的就业创业能力教育。学校要更加重视对大学生的创新意识、创业精神和实践能力的培养，满足社会对创新型人才的需求，主动向行业、企业靠拢，共同制定创新方案、建立课程体系，共同培育学生就业基地，组织一批老师到企业挂职锻炼，共同提升大学毕业生的就业能力。发挥好大学生创业孵化园、众创空间等平台作用，为学生创新创业实践提供指导和服务。其三，各高校党委书记、校长要主动带头，靠前指挥，推动各相关部门有组织地大力开拓就业渠道，走访企业拓展岗位，为大学毕业生就业提供各种链接资源。切实做好重点群体就业帮扶，确保就业困难学生有专人包联，能够及时提供就业创业指导和服务。

（七）制定生育友好型就业保障政策

女性在招聘、培训、晋升等环节依然存在弱势现象，应强化女性就业保障，构建生育友好型社会环境。提升普惠性托育服务供给水平；国家层面统

一生育假期标准,设置产假、陪产假、育儿假、哺乳假、家庭照料假等多种类型的假期;建立男方休假配额制度,父母共担养育的责任。

我国产假期间的人力社保以及开支全部都是企业自己的成本。同时我国八成就业是中小企业解决的,应探索生育成本合理共担机制,实行企业、政府、个人三方共同筹资模式。

B.11
乡村振兴背景下农民工返乡就业创业能力提升研究

郝 雷*

摘　要： 乡村振兴背景下农民工返乡就业创业为农业农村经济换挡升级、农业供给侧结构性改革和农民就业增收提供了新引擎、新动能和新途径。农民工返乡就业创业面临动力不足、服务体系有待优化、风险较大等诸多亟待解决的困境，迫切需要通过强化创新发展的就业导向、持续优化教育培训体系等措施，提升农民工返乡就业创业能力，推动返乡农民工实现高质量就业创业。

关键词： 乡村振兴　农民工　返乡就业创业

实施乡村振兴战略，是党的十九大做出的重大决策部署，对于推动农村经济发展和提升农村居民生活水平具有重要意义。党的二十大报告提出的"全面推进乡村振兴"，进一步为加快农业农村现代化进程指明了方向，返乡就业创业农民工对乡村振兴和实现农业农村现代化具有较强的推动作用。

一　促进农民工返乡就业创业的实践意义

农民工返乡就业创业为农业农村经济换挡升级、农业供给侧结构性改革

---

* 郝雷，河北省宏观经济研究院助理研究员，研究方向为区域经济、城乡经济、社会问题。

和农民就业增收提供了新引擎、新动能和新途径，对打造中国式现代化农业农村美好场景和助推乡村振兴战略实践意义重大。

（一）加快推进农业农村现代化

农业农村现代化是实施乡村振兴战略的总目标。实现农业农村现代化的前提和基础是要有高素质的农民队伍、高素质的农业种养人才和经营管理人才。返乡就业创业农民工利用市场经济思维调优农村产业结构，延长农业产业链、提升农业价值链，提升农业产业化、规模化和品牌化水平，加速了农业产业转型升级和乡村产业集群再发展。同时，返乡就业创业农民工群体在农村产业、农业科技、环境整治、乡村治理等方面的"嵌入"，进一步改善了农村基础设施、农业生产条件和农村生活条件，补齐了现代化农村建设短板，进一步推进了宜居宜业和美乡村建设。

（二）推动全民共同富裕目标实现

共同富裕是社会主义的本质要求，缩小城乡差距、收入差距、区域差距是人民群众的共同期盼。补齐农业农村重点领域的短板对实现全民共同富裕目标具有较大的实践意义。作为共同富裕的实践者和受益者，返乡农民工以相对自由、分散、便捷的就业方式嵌入农村经济发展，在提高农村居民收入、构建现代化产业体系、促进精神文明建设和公共服务优质共享建设等重要领域持续发挥"乘法效应"和"连带效应"，带动更多农村剩余劳动力就业创业，显著提高农村居民的工资性收入和经营净收入，进而缩小城乡差距、收入差距、区域差距，有力推动全社会共同富裕。

（三）加快城乡融合发展

城乡、区域差距带来的多重矛盾是制约中国式现代化的重要因素。返乡就业创业农民工群体作为城乡融合互动的桥梁和纽带与新型城镇化建设之间具有较强的耦合互动性。返乡农民工就业创业带动了市场、资金、技术、人才、信息、商品等众多要素资源在城乡工农间的深度整合，带动城乡产业转移和农业剩余劳动力就地就近就业，推动区域城镇化水平提高，进而促进县镇村高质量发展。新型城镇化建设带来的经济社会红利和各类要素会更多向乡村流动，促进城乡基础设施互联互通、城镇公共服务设施向农村延伸、社会事业向农村覆盖，进而为返乡就业创业农民工搭建更多、更大、更好的就业创业平台载体，极大改善农村地区发展条件和社会环境，促进城镇和乡村的全方位对接，有力促进城乡融合发展。

二 农民工返乡就业创业特征分析

（一）农民工返乡就业创业趋势明显

农民工返乡就业创业是改革开放和农村经济社会发展的产物。在政府、市场协同推动和现代农业农村引领下，大量返乡就业创业农民工成为助推乡村振兴的新力量。由相关数据看出，2023年河北省农民工省外就业减少，流向省外人数仅占10.4%，比上年减少4.1个百分点；省内就业比重增加，流向县外省内人数占14.8%，比上年增加5.5个百分点；流向乡外县内人数占14.3%，比上年增加0.9个百分点；流向乡内人数占60.5%，比上年减少2.3个百分点①。数据说明，县域成为农民工就地就近就业的蓄水池。同时，受外地就业岗位减少及60岁农民工"清退令"等因素影响，农民工返乡趋势明显，越来越多的农民工选择在本地工作。

（二）返乡农民工创新意识不足

返乡农民工具备基本的就业创业能力。国家各种利农政策和双创政策的出台与落实为其创造了良好的就业创业环境。在政府和市场的加持下，部分农民工显现出强烈且坚定的返乡就业创业动机。但返乡就业创业意愿、行为及绩效受环境、政策、社会资源网络、人力资本等多重因素叠加影响。返乡

---

① 李波：《2023~2024年河北省农民工就业形势分析与预测》，吕新斌主编《河北农业农村经济发展报告（2024）：加快建设农业强省》，社会科学文献出版社，2024。

农民工对资本管理能力和政策把握程度相对不足，文化素质、社会资源、劳动技能等与就业创业要求匹配度不高，缺乏创业经验和技术能力，风险承受能力相对较弱，应对高技术含量的农业或农村产业仍有诸多短板，导致创业活动比较保守，创业规模相对较小且不稳定。

（三）农村电商成为返乡就业创业的重要领域

实施数字乡村发展战略为返乡农民工从事电商创业活动提供了孵化平台和强大动力。我国农村电商经历了快递下乡—农产品上行—数字化发展—高质量发展等诸多重大工程建设。突破时空限制、缓解市场信息不对称等优势促进农村电子商务成为"互联网+农业"的重要表现形式。提高农村物流设施现代化水平、打造县域直播电商基地和"村播学院"并鼓励农村电商就业创业、培育农村电商带头人等举措有效带动了农村电商生态链发展，拓宽了创业者的经营渠道。河北省已在全国率先实现农村电子商务全覆盖，县、乡、村三级物流配送体系覆盖率达100%。截至2023年底，河北省有淘宝镇284个、淘宝村734个，分别居全国第3位、第5位，农村电商成为返乡就业创业的重要领域。

三 河北省促进农民工返乡就业创业的现实基础

河北省拥有丰富的自然资源和深厚的文化底蕴，农业农村就业创业环境持续改善，为农民工返乡就业创业提供了重要基础。

（一）农村创业政策持续完善

河北省正处于推进全国新型城镇化和城乡统筹示范区、全国现代商贸物流重要基地建设的关键时期，政府给予农民工涵盖税收优惠、信贷支持、创业培训、创业补贴、创业信息服务等一系列返乡就业创业政策支持，一定程度上破除了创业制度障碍，优化了创业审批手续，缓解了资金短缺、技术缺乏、信息不对称等难题，极大提高了创业活动的可行性和可持续性。一是政府推出了优化创业环境、增加扶持创业资金和小额贷款等一系列政策措施，通过设立专项创业基金、提供贷款贴息等给予创业金融支持；建制村通客车率、城乡交通运输一体化发展水平4A级及以上市县占比均达到100%①，建制村寄递物流综合服务站覆盖率达到85.4%，开通客货邮合作场站672个，运营交邮合作线路378条，培育打造国家级农村物流服务品牌7个，切实帮助解决农民工创业困境。二是加强职业教育和技术培训。针对技能缺乏问题，通过政府主导与市场驱动相结合方式，加强企业与高校合作，推动农业技术的推广和应用，开设农业科技培训班、农村电商实操课程，提升返乡农民工的就业创业能力；积极推广农业保险和创业保险，降低创业风险，为农民工提供更有保障的创业环境，促进农民工实现可持续的创业发展。

（二）返乡创业优势产业基础雄厚

河北省产业资源丰富，农村电商、休闲农业和乡村旅游等新产业、新业态蓬勃发展，为农民工返乡就业创业提供产业支撑。一是农业资源丰厚。河北省是农业大省，在现代化农业技术推动下，智慧农业、绿色农业、都市农业等现代化农业发展取得了显著成绩，返乡农民工可以通过引入自动化生产设备、先进种植技术，提升农业生产效率，推动农产品品牌化发展。二是电子商务成为返乡创业的重要产业。河北省数字乡村快速发展，"互联网+农业"模式深入推进，农村电商高质量发展工程持续开展，农村电商"领跑县"、县域数字流通企业、县域直播电商基地和农村电商带头人对全省农业农村数字经济发展带动作用明显，促进特色农产品销往全国各地，农业市场发展空间得到拓展。三是乡村旅游为农民工返乡就业创业提供产业支撑。河北省文旅资源丰富，农民工创业者通过开发乡村文化、体验式旅游等新模式，发展生态旅游、农家乐等项目，推动旅游经济快速增长。

---

① 《"河北省扎实推进'四好农村路'高质量发展"新闻发布会》，河北新闻网，2024年7月2日，http：//live.hebnews.cn/livestream/websocket/getlivestream? liveid=24892。

（三）农村创业载体作用日趋强化

现代农业产业园、农业产业强镇、农村一二三产业融合发展示范园等返乡入乡创业平台为返乡农民工就业创业提供舞台。河北省积极搭建返乡入乡创业平台，新建、提升、拓展和整合一批返乡入乡创业园，全国农村创新创业典型县、国家农村创新创业园区、农村创新创业孵化实训基地载体作用明显，家庭农场、农民合作社分别达15.3万个、11.15万家，农业生产托管服务面积达2.35亿亩次[①]，为返乡就业创业农民工提供了实训场所。

四 河北省促进农民工返乡就业创业面临的现实困境

随着河北省农村经济的快速发展，全国新型城镇化和城乡统筹示范区建设进程加快，越来越多的农民工选择返乡就业创业。对标乡村全面振兴的现实要求，促进农民工返乡就业创业面临一系列困境。

（一）农民工返乡就业创业的动力不足

农民工返乡就业创业过程与乡村经济、文化、社会、资源、环境等各个方面因素联系紧密，内容涵盖传统农业生产、农产品加工、乡村旅游、农村电商等促进乡村产业结构优化升级的多领域多产业。乡村振兴战略的科学导向与大力扶持为农民工返乡就业创业提供了良好的社会基础，但城乡二元经济结构依旧存在，土地、资本、劳动、技术等生产要素的城乡流动还存在一定壁垒，土地资源短缺限制了返乡农民工创业活动的规模扩张，农村金融供需失衡导致返乡农民工面临较强的金融信贷约束，返乡农民工人力资本普遍不高，农村交通、基础设施、政策信息等因素制约直接影响农民工返乡就业创业动力和适应性，就业创业环境依然不够理想。缺乏有效的市场信息沟通

---

① 郝东伟：《向美，乡村振兴展现新图景》，《河北日报》2025年1月9日。

渠道、自身创业技能匮乏、对创业政策不够了解等因素成为阻碍农民工选择返乡就业创业的重要因素。农民工受教育水平和职业技能水平普遍较低，2023全省参加补贴性职业技能培训农民工仅有16.68万人，仅占总农民工人数的1.06%；农民工群体受教育水平还需提升。

（二）促进农民工返乡就业创业服务体系有待优化

现有服务体系为返乡农民工就业创业提供引导、孵化、加速支持，但现有辅导和培训服务针对性和延续性不强，还有较大提升空间。一是现有服务体系缺乏针对性。农民工返乡就业创业服务体系多依附于培育新型职业农民展开，采用的授课教师、教学模式和教学内容等培训资源多与培育留守农民、村干部、大学生、个体工商户等群体一致，返乡农民工培训师资不足，培训形式单一，缺乏分类分段分层次的培训内容和跟踪服务，实践操作性不强。二是现有政策延续性不够。现有政策倾向于返乡农民工创业前期和创业进程中的物质资本、人力资本、环境建设等领域支持，创业门槛实现降低、税费减免得到落实，而创业风险防范措施却较为缺乏。三是对大龄返乡就业创业农民工群体扶持力度有待加大。现有政策主要向青年农民工等群体倾斜，大龄返乡农民工一般流动资金少、贷款门槛高，小额担保贷款受风险控制考虑保障范围有限，导致大龄返乡农民工缺乏创业"资本"。

（三）农民工返乡就业创业面临较大风险

返乡农民工受自身知识和管理经验不足等因素制约，技术能力、管理能力、应急能力等综合创业实力不强，对创业缺少长远规划，创新主动性偏弱、思路不宽；多数会选择风险小、产业层次低的项目进行创业，项目选择上缺乏创新，多数会选择从与城市所从事工作相同的行业入手。受农村地域性限制，返乡农民工储备的工作知识及技能就无法在某些行业施展，农民工返乡就业创业处于绝对弱势地位，其就业创业空间和资源受到挤压，也会增加返乡农民工的就业创业风险。

五 有力有效提升返乡农民工就业创业能力的对策建议

提升返乡农民工就业创业能力是一项系统工程，需要综合政策、教育、培训、金融等多个方面，针对不同农民工的就业创业需求和能力现状制定个性化的提升方案，有效提升农民工的创业技术能力、管理能力和市场适应能力，促进返乡农民工高质量就业创业。

（一）强化创新发展的就业导向

推动乡村产业高质量发展是促进返乡农民工就业创业的根本途径。河北省要结合产业发展特征，以科技创新赋能发展吸纳农民工就业能力强的产业。一是以创新驱动乡村产业全链条增值。聚焦乡村产业创新要素，在关键节点上和特色资源上实现创新，以科技创新、工艺创新、流程创新和集成应用推进产业链增值和塑造河北农业高端品牌，为相对高学历返乡农民工提供就业岗位。二是鼓励乡村创业项目朝多元化、融合化方向发展。重点加快培育农业全产业链，加强农业与加工业、旅游业等产业的深度融合，拓展乡村产业发展空间，促进返乡农民工就业创业。三是发展乡村新产业新业态。加快发展都市农业、智慧农业、创意农业、生态产业等新产业新业态，支持返乡农民因地制宜发展手工作坊、庭院经济、林下经济、民宿经济等家庭经营项目，壮大农产品加工流通业、优化升级农产品加工业，高质量发展农村流通，扩大农村电子商务规模。做优乡村休闲旅游业，推动农业与旅游、教育、康养等产业融合，发展田园养生、研学科普、民宿康养等休闲农业新业态，深化农文旅商融合发展，为返乡农民工就业创业提供更多支撑。四是强化新型农业经营主体的产业带动。支持龙头企业带动返乡农民工"抱团发展"，发展多种形式的适度规模经营；培育适应返乡农民工需求的农业社会化服务多元主体，建立龙头企业引领、农民合作社和家庭农场跟进、广大返乡农民工参与的农业产业化联合体，让更多返乡农民工参与产业发展、分享增值收益。

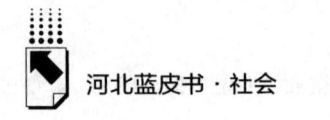

（二）持续优化教育培训体系

掌握适应经济社会发展的知识技能是返乡农民工实现高质量充分就业创业的内生动力。通过培训来提高返乡农民工的职业技能及创业能力是促进农民工创业的便捷途径，持续优化教育培训体系是提升返乡农民工就业质量的重要选择。河北省要积极对接市场需求、产业发展和返乡农民工层次结构，因地制宜培养种植型、养殖型、加工型、营销型等乡村振兴实用型人才。一是成立返乡农民工就业创业培训学院。精准摸排不同类型返乡农民工培训意愿，以就业技能培训基地为主阵地，精准设置符合区域发展需求的培训内容，有针对性地开展生产制造、家政康养、建筑、维修、餐饮、物流、新职业新业态等相关职业技能培训，扩大学历教育规模，完善多层次、多样化的教育培训体系。二是以行业企业为主体加强农民工职业技能培训。重点发挥企业在农民工职业技能培训中的主体作用。根据企业需求制订符合老一代农民工和新生代农民工特点的培训计划，通过税收优惠、补贴、奖励等方式支持返乡农民工开展订单、定向、定岗培训，促进职业技能培训与就业岗位精准对接。三是完善教育培训培养方式。引入社会化机构和用工单位，根据返乡农民工年龄、学历、务工经历等差异构建初级、中级、高级等分层分类分段的培训体系，打造特色课程。四是完善大龄农民工职业技能培训体系建设。开展大龄农民工职业技能提升行动，开设一批适合大龄农民工的培训课程和项目，开展大龄农民工产训结合试点，激发大龄劳动者就业创业兴趣。

（三）强化市场中介服务

社会力量是构建返乡农民工就业创业服务体系的重要参与者。一是发挥市场主体作用。重点整合、汇聚各类社会资源，组建涵盖创业孵化平台、教育培训机构、创业服务企业、行业协会、群团组织的就业创业导师库，重点培养返乡农民工的创业机会识别能力、创业项目优选能力、风险抵御能力和经营能力，帮助返乡农民工解决整个创业过程中的信息、能力、经验、资源不足等难题。二是提高市场中介服务能力。组建由企业家、创业成功人士、专业技术人员等组成的中介服务团队，拓展市场分析、管理辅导、专业技术指导、产品开发、专利申请和使用等服务内容的广度和宽度，帮助返乡农民工提高创业选择、项目管理和风险预防能力。

（四）强化信息数据支撑

返乡农民工具备适应"互联网+农业"培训形式的基本素养。在数字乡村发展战略引领下，强化信息数据支撑，实现返乡农民工培训与产业创业指导一体化。一是打造一批数字平台。依托大数据、云计算、人工智能等技术搭建集信息交流、资源共享、风险共担于一体的农民工返乡就业创业信息交流平台和合作网络，提高返乡农民工就业创业供需双向渠道信息共享与资源对接效率，促进政产学研与返乡农民工之间的协同创新。二是简化农民工创业申请流程。鼓励商业银行设立农民工创业风险补贴基金，提供专项小额信贷，降低贷款门槛。

（五）提升服务保障精细化水平

全面完善的服务体系是农民工返乡就业创业的重要助推器。政府要充分发挥社会服务功能，积极引导社会力量延长服务链条，建立完善"项目推介+创业培训+创业指导+政策扶持+跟踪回访"一条龙创业服务机制，形成多级纵向支撑、多元横向参与、组织协同有力的农民工返乡就业创业服务保障新格局。一是指导服务突出全面化。出台解决返乡农民工创业资金缺乏、扶持政策落实不到位等问题的支持政策，制定差异化的就业创业政策，分类组建创业导师团队等专业化组织，依托农村创业创新园区、孵化实训基地和网络平台等创立"平台+导师+学员"服务模式，以集中授课、案例教学、现场指导等方式，开展"一对一""师带徒""一带多"的就业创业精准辅导，为返乡创业者提供金融、财务、法律、技术等专业指导服务；建立返乡大龄农民工再就业服务中心，开展涵盖就业信息动态监测、就业指导、就业岗位推介、就业培训和就业跟踪等内容的"一站式"就业服务。二是创业服务突出闭环化。对接产业发展和市场需求，形成省、市、县、乡、村五级返乡创业服务网络。省级层面重点要组织各行业领域专家开展各种线上"云问诊"、线下"冀中行"服务活动；市级层面要紧扣返乡创业者实际需求，分类开展返乡创业训练营活动和返乡入乡创业带头人培养计划，推进农村创新创业带头人在线、实时与资本、技术、商超和电商对接，利用5G技术、云平台和大数据等创新创业服务，使农民工真正成为乡村创新创业的市场主体；县级层面要实施分类的多层次精准培训，建立返乡农民工就业创业培训中心、增设返乡农民工就业创业培训专题班，让"土专家""田秀才"等有技术、懂管理的实用型人才推介一批发展潜力大、市场竞争力强、吸纳就业效果好的返乡就业创业项目；乡、村级层面要培养一批就业创业经纪人，延伸拓展创业项目产业链，让创业项目及时落地实施，形成创业产业链闭环。三是扶持体系突出精细化。做大做强做优现有平台载体，提质升级基础设施和服务保障。设立农民工创业风险补贴基金，鼓励商业保险公司开发专门的创业保险产品，扩大"互联网+返乡入乡创业企业+信贷"的投资覆盖面，将"政府+银行+保险"的融资模式推广到返乡入乡创业领域。支持大龄劳动者创业，给予大龄农民工专项税收减免、创业担保贷款支持、创业培训补贴等政策帮扶；盘活养老金使用，允许大龄农民工提前支取养老金用于创业等。

参考文献

江帆、宋洪远：《促进农民工返乡创业：历史方位与实现路径》，《华中农业大学学报》（社会科学版）2023年第3期。

李丹晴、陈春霞、马建富：《乡村振兴背景下返乡农民工培育新型职业农民：优势、困境及策略》，《中国职业技术教育》2022年第36期。

李世清：《关于做好返乡生活的大龄农民工人社保障的思考》，《四川劳动保障》2021年第2期。

朱雯、邱镱：《数字经济与乡村产业融合发展的内在逻辑、现实困境与路径优化》，

《农业科技通讯》2024年第6期。

谢清先：《乡村振兴战略下农村电商发展模式研究》，《经济研究导刊》2024年第24期。

陈兰：《四川将实施返乡创业"百千万"工程》，《四川科技报》2024年9月27日。

陈敬胜、何珍：《农民工返乡创业风险及治理对策研究》，《东岳论丛》2024年第12期。

杨伟国、袁可：《推动实现大龄劳动者高质量充分就业路径研究》，《新视野》2024年第2期。

B.12 人口负增长下河北省青年面临的主要婚育问题及对策[*]

"家庭养育成本及其对生育决策的影响研究"课题组[**]

摘　要： 当前，河北省最典型的人口变化特征是人口负增长与老龄化重叠，人口高质量发展面临严峻挑战。全省常住人口连续四年负增长，青年婚育观念和行为发生巨大转变，将深刻影响河北省未来的经济社会发展。为此，课题组分析了全省青年人口婚育发展的新形势新特征，基于问卷调查结果总结了河北省青年面临的主要婚育问题，并提出了相应的政策措施。

关键词： 青年　婚姻成本　生育意愿　养育焦虑　河北省

一　河北省青年人口婚育发展的新形势新特征

（一）青年已婚群体占比显著下降，低龄男性青年的未婚占比有所增加，女性青年的晚婚趋势更加明显

根据河北省人口普查数据，2010~2020年，全省已婚青年的比例明显下

---

[*] 本报告系国家社科基金重点项目"家庭养育成本及其对生育决策的影响研究"（项目编号：21ARK006）的阶段性成果。

[**] 课题组负责人：贾志科，河北大学社情民意研究院执行院长、教授、博士生导师，研究方向为青年社会学、社会调查研究方法。课题组成员：罗志华，华东师范大学博士研究生，研究方向为人口社会学、社会分层与流动；刘佩，河北大学哲学与社会学学院博士研究生，研究方向为家庭社会学、马克思主义哲学；吕红平，河北大学人口研究所教授、博士生导师，研究方向为人口社会学、家庭社会学。

降。全省已婚青年占已婚总人口的比例从2010年的26.4%明显下跌至2020年的20.7%。全省各年龄组的未婚和已婚青年比例呈现增减分化特征。2010~2020年，全省20~24岁未婚青年比例降幅达到16.7个百分点，30~34岁已婚青年比例增幅高达26.6个百分点。2010~2020年，各年龄组的未婚男性青年比例始终高于女性，已婚女性青年比例始终高于男性，并且这种性别差距在2020年明显扩大（见表1）。

表1 2010年和2020年全省青年群体分年龄和性别的婚姻状况

单位：%

年份	年龄	未婚				已婚			
		合计	男性	女性	性别差距	合计	男性	女性	性别差距
2010	15~19岁	45.1	51.4	48.6	2.8	0.3	30.6	69.4	-38.8
	20~24岁	44.0	53.3	46.7	6.6	20.4	41.2	58.8	-17.6
	25~29岁	8.7	56.8	43.2	13.6	41.1	47.8	52.2	-4.4
	30~34岁	2.1	64.9	35.1	29.8	38.2	49.7	50.3	-0.6
2020	15~19岁	51.6	52.7	47.3	5.4	0.3	29.7	70.3	-40.6
	20~24岁	27.3	54.2	45.8	8.4	5.5	38.9	61.1	-22.2
	25~29岁	14.1	62.5	37.5	25.0	29.5	46.1	53.9	-7.8
	30~34岁	7.1	68.3	31.7	36.6	64.8	48.4	51.6	-3.2

资料来源：根据历年《河北省人口普查年鉴》整理。

（二）男性平均初婚年龄高于女性，高危育龄妇女人数占比急剧增加

根据河北省人口普查数据，2010~2020年，全省平均初婚年龄略有推迟，男性平均初婚年龄始终高于女性。全省平均初婚年龄从2010年的23.21岁延长到了2020年的23.66岁，男性和女性平均初婚年龄的变化幅度分别在0.40岁和0.49岁（见图1）。全省处于生育旺盛期的青年育龄妇女人数占比急剧减少，年龄相对较大的高危育龄妇女人数占比急剧增加。2010~2020年，20~24岁育龄妇女人数占比下降了27.7个百分点，30~34岁育龄妇女人数占比上升了25.6个百分点（见图2）。

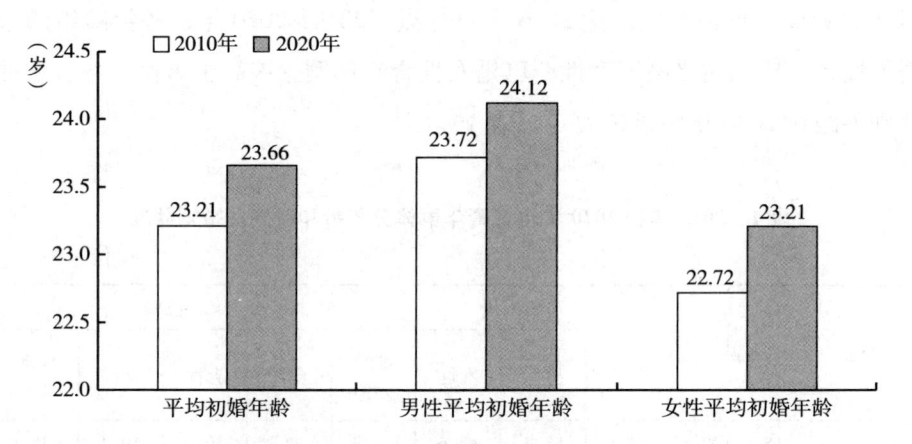

图1　2010年和2020年全省平均初婚年龄情况

资料来源：根据历年《河北省人口普查年鉴》整理。

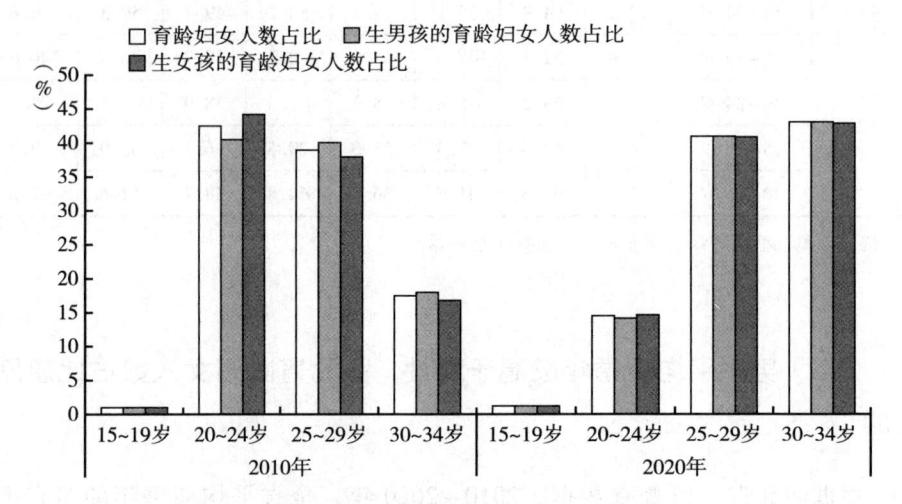

图2　2010年和2020年全省育龄妇女人数占比

资料来源：根据历年《河北省人口普查年鉴》整理。

(三)育龄妇女的分年龄生育率呈现出反"J"形特征,并且存在明显的区域分化

根据河北省人口普查数据,2010~2020年,全省育龄妇女生育子女数和生育率均呈现出反"J"形特征。15~19岁育龄妇女生育子女数和生育率始终最低,伴随其年龄的增加,25~29岁育龄妇女生育子女数和生育率总体达到最高,而后30~34岁育龄妇女生育子女数和生育率开始下降。分孩次的出生数和生育率也总体表现出了近似的特征(见表2)。

表2 2010年和2020年全省分年龄、孩次的生育状况

单位:人,‰

年份	年龄	出生数	生育率	一孩		二孩		三孩及以上	
				出生数	生育率	出生数	生育率	出生数	生育率
2010	15~19岁	646	2.43	615	2.31	28	0.11	3	0.01
	20~24岁	28705	80.19	25869	72.27	2721	7.60	115	0.32
	25~29岁	26859	94.32	13512	47.45	12388	43.50	959	3.37
	30~34岁	12223	54.62	3133	14.00	7727	34.53	1363	6.09
2020	15~19岁	879	4.30	795	3.89	83	0.41	1	—
	20~24岁	8400	62.27	5760	42.70	2417	17.92	223	1.65
	25~29岁	22592	104.87	10656	49.46	9927	46.08	2009	9.33
	30~34岁	20324	60.29	5506	16.33	11613	34.45	3205	9.51

资料来源:根据历年《河北省人口普查年鉴》整理。

同时,全省青年生育率的区域年龄结构差异比较明显。2010年,15~19岁和20~24岁青年总体生育率最高的是沧州市;25~29岁青年生育率最高的前三位是沧州市、邯郸市和邢台市,均保持在99‰以上;30~34岁青年生育率最高的是沧州市。到了2020年,15~19岁青年生育率排在前两位的是沧州市和邯郸市;20~24岁青年生育率最高的三个城市是沧州市、邯郸市和邢台市,均在80‰以上;25~29岁青年生育率相对较高的是石家庄市、邯郸市、邢台市、保定市、张家口市、承德市和沧州市,均

超过100‰；30~34岁青年生育率较高的三个城市是石家庄市、承德市和张家口市，均在65‰以上（见图3）。全省各个城市高龄育龄妇女生育率的持续提升，可能会对地区医疗资源构成较大挑战。

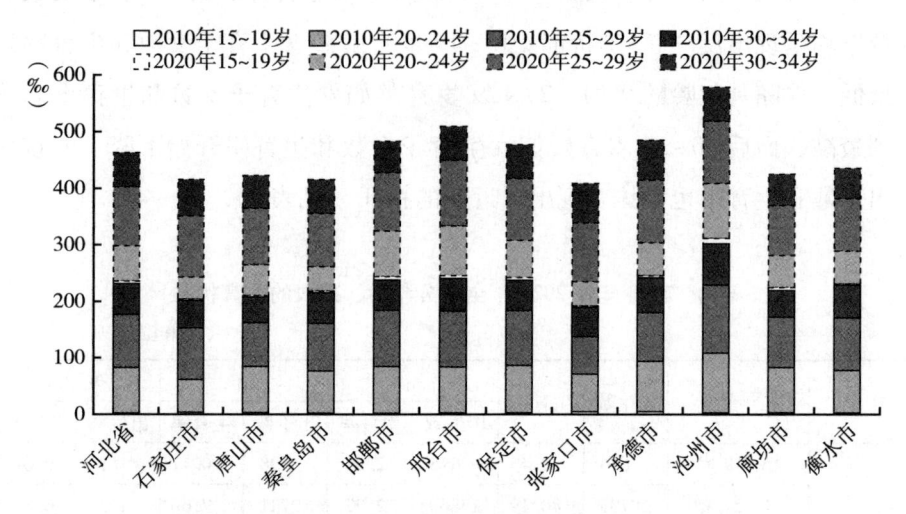

图3　2010年和2020年全省及其各市分年龄的生育率情况

资料来源：根据《河北省人口普查年鉴》整理。

（四）生育保险参保规模总体呈波动递增态势，但享受生育保险待遇人数近年来总体呈下降趋势

2017~2023年，全省生育保险参保规模呈现出先增后减再略增的特征，总体呈波动递增态势。全省生育保险参保人数从2017年的737.82万人增加到2021年的峰值900.61万人，此后在2023年略微下降至886.22万人，但总体上仍比2017年增加了148.40万人。然而，全省享受生育保险待遇人数近年来总体呈下降趋势，从2017年的33.80万人降低至2022年的24.40万人，下降9.40万人（见图4）。可以看出，尽管全省就业人口的增加促进了生育保险参保规模的扩大，但这些享有生育保险待遇的育龄群体中选择生育孩子的人数比例却总体在下降。

图4　2017~2023年河北省生育保险参保和享受待遇情况

说明：2023年享受生育保险待遇人数数据未公布。
资料来源：根据历年《河北统计年鉴》和《中国卫生健康统计年鉴》相关数据绘制。

二　河北省青年面临的主要婚育问题

（一）青年群体拥有"普婚"愿望，但高昂婚姻成本加剧了婚姻焦虑，阻挡了青年"成家"的步伐

由于受到中国传统儒家思想的影响，大部分青年怀有对婚姻和家庭的期待。根据课题组在保定市的问卷调查（以下简称"保定调查"）结果，82.02%的青年群体明确表示拥有未来结婚的打算，并且大多把25岁看作自身理想的结婚年龄。然而，由于各类青年群体承受的工作生活压力越来越大，而恋爱和婚姻又需要承担巨大花销、巨大责任和巨大压力，很多青年出现了心里想结婚但行动上又不敢结婚的矛盾。以彩礼为例，"保定调查"结果显示，1140名被访已婚青年平均支付彩礼的数额为60800.28元，最高达到66万元。对于高价彩礼的形成原因，2250名被访青年中，约占四成（39.16%）的青年将其归结为"互相攀比"，37.29%的青年认为是"风俗习惯"，另有13.78%和9.33%的青年将高价彩礼的原因归结为"男性择偶

困难"和"增强婚后经济基础"。总之,尽管青年群体的"普婚"愿望强烈,但不少青年往往因受制于高昂婚姻成本带来的婚姻焦虑,而无法真正在适婚年龄实现"成家"的愿望。

(二)生育焦虑和教育焦虑相互叠加、相互强化,生育动机发生显著变化,抑制了育龄青年的生育意愿和行为

青年群体拥有较为强烈的生育意愿,但这种高生育意愿往往被各种现实压力抑制为低生育行为。"保定调查"结果表明,2250名被访者中,有4.80%的青年打算生育三个孩子,接近六成(57.51%)的青年打算生育两个孩子,超过三成(31.42%)的青年只打算生育一个孩子,6.26%的青年不打算生育孩子。被访青年不打算再生育(包括再生育二孩和再生育三孩)的主要原因包括:经济负担重(84.71%)、没人带孩子(46.76%)、养育孩子太费心(42.09%)、影响个人事业发展(29.96%)、年龄偏大(24.49%)等。与此同时,青年夫妇普遍存在教育焦虑情绪,很多家庭为了让孩子"成才"而耗费大量时间、金钱和精力,高昂的教育成本、紧张激烈的竞争以及丧失其他生活追求与生育焦虑交织在一起,导致家庭对生育孩子充满"恐惧"。这种焦虑情绪的蔓延,往往会让准备生育孩子的家庭"望而却步"。此外,青年夫妇关于生育动机的看法也发生了显著变化,大多数被访青年否定了"结婚的目的就是要孩子"(73.20%)、"人们要孩子主要是为了传宗接代"(67.29%)、"多一个孩子多一个劳动力"(64.44%)、"理想的家庭应该有个男孩"(60.76%)、"只有子女能在晚年陪伴照顾我们"(58.09%)等传统生育观念。

(三)疫情引发的经济不确定性危机加剧婚育环境的不稳定性,生育友好型社会建设力度不足

疫情引发的经济不确定性危机加剧婚育环境的不稳定性,迫使青年推迟婚育或减少生育。伴随全省产业结构转型升级,青年结构性失业问题凸显,市场震荡更剧烈,经济的不确定性增加,不少青年面临收入降低、职业中断

的风险，进而抑制了青年群体的婚育行为。同时，青年群体对于构建生育友好型社会和良好的生育环境表现出了强烈的期待。"保定调查"结果显示，九成以上的被访青年希望政府发放育儿津贴或补贴（94.49%）和提供0~3岁托育服务（91.07%），八成以上（85.38%）的被访青年希望政府发放生育津贴或补贴，接近八成（76.98%）的被访青年认为政府应尽快推进新型婚育文化建设。然而，目前河北省生育友好型社会和良好的生育环境建设基础相对薄弱。"保定调查"发现，七成以上（70.87%）的被访青年没有享受过产假或陪产假，接近半数（48.58%）的被访青年不够了解现行的生育政策，四成以上（41.55%）的被访青年对目前政府有关部门开展的优生优育工作不够满意。

三 人口新形势下推动河北省青年婚育发展的政策措施

（一）优化住房政策，进一步深化婚俗改革，降低适龄青年的婚姻成本，关注其婚恋需求问题

一是优化住房政策。稳定独立住房已是河北省青年群体结婚的刚需，应深化"房住不炒"政策，强化住房的居住功能，针对"首婚"购"首套房"的青年群体，降低首付款金额，提升购房贷款比例，提供一次性补助及贷款贴息政策。引导树立夫妻双方共担婚姻成本的婚姻观，进一步降低婚姻成本。二是进一步深化婚俗改革。积极发挥党员干部带头示范和红白理事会、道德评议会等基层自治组织作用，规范引导婚姻当事人抵制大操大办、低俗婚闹等行为，做好高价彩礼等婚俗陋习治理，广泛开展相关案件普法宣传。三是关注青年群体的情感需求问题。破解青年群体快节奏生活模式下压力大、时间紧、无社交等问题，尝试建立婚恋交友的社区、社会组织与企业联动机制，鼓励企业内部开展联谊活动，拓展线上线下交友平台，完善婚恋平台建设，降低青年群体婚恋的机会成本、时间成本。

（二）关注孩子的长期发展，完善各学段教育配套政策，降低教育成本，化解教育焦虑

一是坚持政府主导、社会参与、普惠多元、安全优质、方便可及的原则，合理配置资源，建立更多更优质的普惠性幼儿园及托育机构。鼓励在写字楼、产业园等上班族密集区设立托幼机构，针对不同年龄组的婴幼儿提供差异化的服务，满足青年群体育儿的多样化需求，进一步推动生育友好型社会建设。二是探索完善义务教育阶段"双减"政策相关配套措施。加大对学科类培训的监管力度，继续提高作业设计质量，减轻学生作业负担。加大课后服务建设力度，通过丰富校本资源、链接社会资源进一步优化课后服务。三是试点综合性高中建设，打破分流的时间限制，将普职分流后延。基于学生个性化、多样化发展需求，建立多次分流、引导式柔性分流机制，给予学生试错机会，化解家长和学生对职业分流的焦虑。完善高中综合性评价招生机制，实现普职教育的协调发展。

（三）出台覆盖全孩次的生育激励政策，适度延长父母双方的育儿假，完善相关政策体系，提升青年群体应对风险能力

一是立足河北省青年生育意愿现实，保障一孩生育率，提高二孩生育率，增加三孩生育率，激发各类青年群体生育意愿。现阶段河北省各项政策规定的激励性措施均重点指向三孩家庭，但目前全省青年群体生育三孩的意愿不强烈，生育二孩的意愿也不高。相关部门应梳理各项奖励性、优惠性措施，针对一孩、二孩、三孩及以上家庭制定差异性的激励政策，覆盖全孩次家庭。二是适度延长男性陪产假，建立梯度性育儿假制度。《河北省人口与计划生育条例（2021年修订）》明确规定，依法办理结婚登记的公民，除享受国家规定的婚假外，延长婚假十五天；符合法律法规规定生育子女的夫妻，除享受国家规定的产假外，生育第一、二个子女的延长产假六十天，生育第三个以上子女的延长产假九十天，并给予配偶护理假十五天；三周岁以下婴幼儿父母双方每年可以享受各十天育儿假。这些措施对比欧美国家来说力度较小，育儿假相对国内部分省份也较短。相关部门应适度延长男性陪产假，尝试建立梯度性育儿假制度，在婴幼儿0~6岁，育儿假随着婴幼儿年龄的增长阶梯式减少，满足青年群体的育儿时间需求。三是在社会整体低生育意愿、经济环境不确定性增加的大背景下，生育政策要以点带面，以多层次、分类别、全周期为基准完善相关配套措施，提升生育政策措施整体性、体系性。完善针对即将踏入婚育期或已在婚育期的青年群体的就业、住房、个人所得税等配套措施，让青年群体能够有效应对现阶段的裁员潮、降薪潮，有效减轻婚育家庭的生育养育负担。

（四）加大青年育龄女性职场权益保障力度，推进良好的生育环境建设，为生育意愿减压，释放生育空间

青年女性的就业、职场晋升弱势是造成生育焦虑、挤压生育空间的重要原因，哺乳期在客观上会对女性的工作产生影响，降低企业用工效率，提高企业用工成本。一是完善育龄女性职场权益保障的相关法律法规。明确企业的责任和义务，加大对企业的监管力度，对没有按规定执行最新生育政策、缴纳生育保险的企业加大惩罚力度，整治一批、奖励一批。二是建立企业税费补偿机制。对企业在生育期及相关产假期间为职工缴纳的社会保险费、工资等按一定比例返还给企业，还可以依据企业女性职工拥有一孩、二孩、三孩的数量分别给予不同的税收优惠、金融支持、现金奖励等引导性政策。三是可以探索设立育龄女性职业中断保险。加强对由生育造成职业中断女性的社会保障，并鼓励社会机构或者社区成立女性就业援助中心，为生育后的再就业女性提供职业培训，拓展其就业空间。

B.13
河北省推动老年人融入数字社会的路径研究[*]

张丽 李珊珊 许云清 孙丹[**]

摘 要： 随着人口老龄化不断加剧以及数字社会建设不断深化，如何让老年人跨越数字鸿沟，共享数字社会发展红利，成为当前亟须解决的重大课题。河北省以"数字适老化"改革为突破口，通过构建包容性政策保障机制、完善市场产品和服务供给体系、实施阶梯式数字素养提升工程等措施，逐步破解"银发数字鸿沟"问题。调查和访谈发现，老年人对于数字社会融入主要呈现"积极态度、主动拥抱""观望态度、被动适应""疏离态度、不愿融入"三种形态，发现顶层设计不足、科技支撑不够、友好度不高是主要影响因素。为此，从制度保障、市场驱动、社会支持、家庭赋能四个方面，提出构建数字包容性协同治理新格局、提升本土适老化数字产业供给能力、打造数字包容性老年友好空间、探索代际数字反哺的创新路径等。

关键词： 老年人 数字鸿沟 数字素养

在河北省人口老龄化进程加速与数字技术深度演进的双重背景下，社会数字化转型正重塑着民生图景，以科技力量助力养老服务业发展是大势所

---

[*] 本报告系 2022~2023 年度河北省社会科学基金项目"老年人融入数字社会的问题与对策研究"（项目编号：HB22SH008）的阶段性研究成果。

[**] 张丽，河北省社会科学院社会发展研究所副研究员，研究方向为老年社会学、青年社会学；李珊珊，河北省宏观经济研究院高级经济师，研究方向为人口经济学和信息经济学；许云清，河北医科大学副研究员，研究方向为公共卫生事业管理；孙丹，河北省宏观经济研究院高级工程师，研究方向为政务信息化管理。

趋。当"云上政务""智慧医疗""数字消费"等新兴事物深度融入日常生活，部分老年人由于接受和使用能力有限，面临着"触网焦虑""数字鸿沟""数字脱嵌"并存的结构性融入困境，使之逐步融入数字社会，必须依靠政府、市场、社会、家庭以及个人的共同努力与协作推进。坚信未来在技术创新与人文关怀的双轮驱动下，实现数字时代"一个都不能少"的包容性发展愿景，让老年人能在数字社会中收获尊严感、获得感和幸福感，这正是数字文明应有的温度与担当。

一　河北省推动老年人融入数字社会的实践探索

（一）政府层面：数字适老化政策框架构建和政务服务持续推进

1. 制度安排不断下功夫

近年来，河北省围绕"数字适老化"主题做文章，出台《河北省养老服务体系建设"十四五"规划》《关于加强新时代老龄工作的若干措施》《加快建设数字河北行动方案（2023—2027年）》《河北省信息通信行业促进数字技术适老化高质量发展工作方案》等多项政策和方案，这些政策和方案不仅构建了数字适老化的制度体系，更通过责任主体明确化、实施路径时序化、评估指标定量化的制度设计，逐步解决适老技术应用中的"市场失灵"困境，为给老年人创造舒适的数字参与环境提供了制度保障。

2. 适老化数字政务服务迭代升级

公共服务类网站、移动应用程序和公共数字设备的适老化升级改造，是河北省破解老年人数字融入困境的关键抓手。一是适老化"互联网+政务服务"逐步完善，全省及各市政务服务云平台开设"长辈模式""冀时办"App品牌效应显现，实现4773项便民应用"指尖办"，缩短了老年用户在线业务办理时长。二是社会服务场景集成化创新，推动实现多项公共服务事项集成办理和群众使用高频社会领域场景集成应用。截至2024年底，全省多地政务服务、人社服务、公安服务的办事大厅均开设"老年人办事不用跑"服务窗口，为老年人提供"一网一窗一次"现场办结服务。全省已建成"一卡通"应用平台，聚焦旅游观光、文化体验、交通出行、政务服务、人社业务、就医购药等数字社会新场景，推出社会保障卡居民服务"一卡通"，实现持电子社保卡在全省147家图书馆借阅、19家博物馆入馆、全国327个城市公交地铁通乘、人社领域95项个人业务办理、424家二级以上公立医院挂号就诊等"一卡通"应用，大大提升了老年人融入数字社会的便捷度和获得感。

3.智慧健康养老服务链不断完善

河北省探索破解社区居家养老难题，致力于构建"老人家庭—区域养老服务中心—日间照料站点—多级医院"一体化的智慧健康养老服务全业态链条。全省11个地市均聚焦居家和社区养老服务，充分运用大数据、物联网、人工智能等前沿科技，推进示范性居家社区养老服务网络和智慧家庭养老床位建设，通过打造智慧管家平台和智能居家设施，融合老年人的基础数据、健康数据、服务数据，不断完善智能监测体系、应急体系、看护体系、认证体系等智能应用，实现"线上+线下"居家社区养老的康养智护、上门服务、紧急援助等全场景覆盖，为老年人居家生活照料、长期照护及康复护理等刚需家庭带来福音。

（二）市场层面：适老化数字产品与服务供给不断提档升级

1.智慧康养产业集群的集聚效应显著

河北省依托区域资源禀赋，已形成以衡水冀州、秦皇岛为代表的特色鲜明的康复辅助器具产业集聚区，在全国均占有一席之地。截至2023年末，全省规模以上康复辅助器具企业超过1100家，其中，衡水市冀州区投资10.8亿元建设冀州国际康复辅具智慧产业园，构建起包含293家生产企业和2800余家经营企业的产业网络，并通过引入智能电动护理床、智能轮椅等60余项创新项目，形成北方最具规模的县级康复辅具生产基地。秦皇岛市则通过"一院两园"战略布局，构建起涵盖康复服务机器人、适老智能产品的"研发—生产—应用"全链条体系。产业集群的持续迭代与创新，为有基本需求、品质需求的老年人在获取适老化数字产品方面提供了新的选项，为其更好地融入数字社会提供了必要的物质基础。

2. 老年用品制造的智能化升级加快

自 2022 年以来，在工信部近三年公布的老年用品推广目录中，河北省以 49 家企业 78 项产品入选，位列全国第五，产品智能化特征显著。石家庄、廊坊等地的企业开发的健康监测类设备整合了 5G 传输和云端分析功能，使老年用户可通过简易界面完成健康自检；秦皇岛企业研发的智能康复设备引入人机交互算法，将传统康复训练转化为游戏化数字体验。这种产品数字化转型，用渐进方式培育老年人的数字产品使用能力，最终形成"产品使用—技能习得—社会参与"的良性循环。

3. 智慧健康养老的创新范式逐步推广

2017 年以来，河北省通过建设 1 个示范基地、6 个示范街道（乡镇）及 9 家示范企业（见表1），构建起多层次的智慧健康养老服务体系。典型案例显示，示范企业运用人工智能物联网技术集成远程医疗、电子处方、医药配送、医保结算等多项核心服务，创新形成"智慧+生活+养老+医疗+护理+商城+物联"多维融合的服务模式。特别值得关注的是，唐山、廊坊等地的试点通过部署智能感知设备，实现老年健康数据实时采集分析，使应急响应时间缩短至 3 分钟内。这些服务模式的数字化转型，不仅提升了养老服务效率，更重要的是通过渐进式的技术接触，增强了老年人的数字适应能力，为其深度参与数字社会创造了实践场景。

表1　2017~2023 年河北省国家级智慧健康养老应用试点

	试点名称	入选年份	所在地区
示范企业（9家）	康泰医学系统（秦皇岛）股份有限公司	2017	秦皇岛
	中科恒运股份有限公司	2019	石家庄
	河北志晟信息技术股份有限公司	2020	廊坊
	河北瑞朗德医疗器械科技集团有限公司	2021	衡水
	河北数港科技有限公司	2021	秦皇岛

续表

	试点名称	入选年份	所在地区
示范企业 （9家）	邢台市爱晚红枫医养服务有限公司	2021	邢台
	秦皇岛市惠斯安普医学系统股份有限公司	2023	秦皇岛
	唐山启奥科技股份有限公司	2023	唐山
	河北雄安益康科技有限公司	2023	雄安新区
示范街道 （乡镇） （6个）	沧州市泊头市解放街道	2017	沧州
	廊坊市固安县固安工业区街道 廊坊市固安县固安镇 廊坊市固安县牛驼镇	2017	廊坊
	唐山市路北区乔屯街道	2017	唐山
	秦皇岛市北戴河区东山街道	2023	秦皇岛
示范基地 （1个）	廊坊市固安县智慧健康养老示范基地	2017	廊坊

资料来源：工业和信息化部网站。

（三）社会层面：多主体协同赋能老年人数字素养和技能提升

1. 老年人数字素养提升工程纵深推进

提升老年人数字素养与技能，是助力老年人弥合数字鸿沟、加快融入数字社会的重要方面。河北省锚定数字适老化改革战略，实施多项老年人数字素养提升行动计划，构建起全生命周期的老年人数字教育支持网络。通过"政府主导—机构协同—社会参与"的立体化推进机制，形成覆盖省域的多维培训矩阵，积极推动各地依托科技馆等设施建设老年科技大学，还充分利用社区、老年大学、科技馆、社会机构、老干部活动中心、老党员驿站等多类阵地或平台，如邯郸市联合高职院校打造"银发数字学堂"免费培训项目、沧州市联合电信部门推出"数字夕阳红"公益培训服务、唐山市多个社区开展"数字助老爱心帮扶"公益活动、石家庄市打造"智慧助老服务体验中心"等，面对面、手把手帮助老年人掌握智能手机、电脑等数字设备的基本操作技能，引导老年人多利用网络平台参加网络知识学习、开展网络交流、享受网络服务，这些创新实践不仅系统性提升了老年人的智能终端操作、数字安全防护、网络服务应用等核心素养，更培育了主动触网、科学用网的数字公民意识。

2. 代际数字反哺机制创新探索

河北省探索构建"文化传承—技术反哺—情感联结"三位一体的代际互动模式，形成"家庭—社区—高校—企业"四维协同机制，为弥合老年人数字鸿沟提供河北智慧。家庭场景中推广"祖孙数字共学"、社区层面实施"时间银行"积分兑换互助计划、联合多所高校建立"青老数字联盟"、引导企业推出"孝心积分"激励机制，多角度促进多主体参与数字反哺实践。这种植根于中华传统孝道文化、契合现代科技演进的本土化实践，既实现了代际数字资源的优化配置，更完成了传统"孝老敬亲"文化的现代性转化，展现了数字时代的人文温度与文明厚度。

二　河北省老年人融入数字社会的调查分析

本研究运用半结构型问卷和深层访谈方法，随机抽样选取河北省S市3个社区进行了272份问卷调查，再以目的抽样选取15位60岁以上老年人进行了非结构化访谈，主要了解老年人数字社会认知、数字生活适应、数字学习需求、数字技能掌握等方面情况。通过问卷调查和访谈发现，由于受成长经历、教育背景、生活社交环境、思维认知、个人兴趣与行为能力等多方面因素影响，老年人对数字社会的认知态度和行为选择呈现多元化，主要表现为"积极态度、主动拥抱""观望态度、被动适应""疏离态度、不愿融入"三种形态。

（一）"积极态度、主动拥抱"型：紧跟数字社会发展，追求更高价值实现

数字社会为老年人提供了新的生活方式、学习途径和社会交往模式。问卷数据显示，46.6%的老年人积极拥抱数字社会，能够认识和感受到数字科技给自己生活带来的便利与乐趣。有62.2%的老年人愿意学习并使用新的

数字工具和平台，如微信、抖音、拼多多等App；还有36.7%的老年人愿意使用可穿戴智能健康监护产品，如智能手表、智能手环等。这类老年人特征主要表现在学历和收入较高、思维更为活跃、动手能力较强、家庭代际支持较好、社会交往度高，他们愿意主动学习数字知识和技能，尝试接触与数字科技相关的新事物。

访谈对象A1：孙先生，86岁，大学本科学历，退休公务员。

看到我们的祖国科技进步这么快，心里很自豪。我让孩子给我买了智能手机，教我聊天、看新闻、查资料，我现在岁数大了行动不便，但我用智能手机和亲戚、老同学联系很方便，我们经常互相交流养生秘方……我现在独居生活，孩子还在家里给我安装了天猫精灵、小米智能监护产品，我用着舒心，他们也放心。新闻上说有养老机器人了，期待它尽快投入市场，我也要买一个，让它为我服务。

数字社会为老年人价值再现提供了广阔的空间。他们利用数字化手段参与一些有意义、有价值的社会活动，通过不断学习和实践，不仅提升了自身数字技能，还将自身知识技艺通过数字平台传播给公众，实现了个人价值的再创造和社会参与的深化，成为数字社会中的贡献者，为其他老年人树立了榜样，展现了数字时代老年人的新风貌，也用实际行动证明，年龄并不是追求进步和实现价值的障碍，只要拥有积极的心态和不断学习的精神，老年人同样可以在数字时代绽放光彩，从而促进整个社会对老年人数字融入的关注和支持。

访谈对象A2：李先生，65岁，大学本科学历，退休医生。

我祖上是中医，受祖上影响学中医，行医几十年，擅长针灸和经方治疗疑难杂症，现在在年轻朋友帮助下，我也在网上正规平台开设中医讲堂，还建立了中医文化学习微信群，把我所学传授给更多有需要的人。

（二）"观望态度、被动适应"型：困于数字社会隐忧，主张优化适老应用

智能产品不适老和网络欺诈风险成为老年人融入数字社会的拦路虎。问卷数据显示，36.9%的老年人对数字社会持观望态度，虽然认识到数字技术带来的优势，以及其对社会发展的重要性，但由于担心操作界面复杂（55.7%）、手脑反应跟不上（42.5%）、有安全隐患（32.8%）等问题，感到难以找到合适的方式去完全融入数字社会。这些老年人一般有一定文化水平和经济基础、尝鲜主动性不足、接受新鲜事物能力有限，有意愿融入数字社会，但常感觉被数字时代甩在身后。

老年人在使用数字产品时呈现出"会基础、怕复杂"的显著特征。访谈中发现，智能产品复杂的菜单操作层级让老年人无所适从，手脑不灵活导致误触频繁，支付密码验证引发财产担忧。他们既认可数字产品应用价值，又对数字应用适老性不甚满意，这种喜忧参半的矛盾心态，影响了他们参与数字生活的积极性。可见，帮助老人适应数字社会不能搞"一刀切"，更需要基于"量体裁衣""量身定制"的支持。

访谈对象A3：孟女士，70岁，高中学历，退休企业职工。

有了智能手机挺方便，可以跟很多朋友聊天、看电视剧、刷视频、参加广场舞群，但是更多年轻人会玩的导航、打车、买火车票……那些我就不会用了，还得注册、添加银行卡，再点很多下一步才行，我感觉很麻烦，也怕哪一步操作不对了，银行卡上的钱没了，而且有的字太小，我也看不清，怕点错了，就麻烦了……还是希望能有更多适合我们老年人用的智能软件，操作步骤少点、字体再大点、操作安全点，就好了。

家庭代际数字反哺缺位或不到位，也是影响老年人积极融入数字社会的重要因素之一。访谈还发现，部分家庭对老年人的数字融入支持度不高，许多老年人虽然有意愿学习和使用数字产品，但家庭成员由于工作繁忙、缺乏

耐心指导或其他原因，无法给予其数字技能或产品的支持，导致想融入数字社会的老年人深感孤立无援，这增强了老年人的挫败感和失落感。"数字鸿沟""数字荒漠"常见于形容老年人在数字社会的状态，这些状态的产生，并非只有外界因素，家庭成员对老年人数字融入的支持漠视或缺位，也是其融入数字社会的一道屏障。

访谈对象A4：李先生，82岁，大学本科学历，退休公务员。

我没有智能手机，我的老朋友都有智能手机，打电话说微信加我好友，可以随时网上聊天，他们知道我还用老年机，催着我赶紧换，我跟孩子提过，想要一部智能手机，但是孩子说我岁数大了，买了也不会用，不给我买，唉，我岁数大了，自己去不了商场买，也不知道该买啥样的，没办法，没人管啊，我能怎么办……

（三）"疏离态度、不愿融入"型：拒绝融入数字社会，生存场景适应分化

"数字疏离""技术疏离""数字排斥"在老年群体中依然存在，主要表现为对数字社会持拒绝或抵触心理，他们更愿意维持传统的生活方式，拒绝接受和学习新的数字技术。问卷数据显示，16.5%的老年人对数字社会表现出不想融入，其中，有认可数字社会但主动不想融入的，也有不知道该如何融入的，还有完全排斥融入的。他们认为数字科技影响了自己的生活，更倾向于使用固定电话、现金购物等传统生活方式，对网购、移动支付等新兴消费模式不感兴趣，甚至对智能手机、电脑等数字设备持疏离态度。这类老年人通常生活环境较为单一、年龄较大、健康状况不佳、受教育程度较低、经济条件有限、社交范围较窄，且生活节奏和社交圈子相对稳定，缺乏融入数字社会的动力和条件。

访谈对象A5：王女士，75岁，小学学历，家庭主妇。

我没用过智能手机，也不会上网，现在手机就能接打电话，按键简

单，我觉得挺好的。我平时就看看电视、听听广播，偶尔去公园遛遛弯，跟邻居聊聊天，买菜我就用现金，不收现金的我就换一家，没感觉（买东西支付）有什么不方便，需要网上缴费的孩子就给弄了，不用我操心，我的日子过得很充实。孩子们给我买过智能手机，但我不会用，也不想学。我觉得那些都是年轻人玩的东西，我这个岁数了就该安安稳稳地过日子，不用赶什么时髦。

质性访谈中发现，访谈对象王女士（A5）对传统生活方式的认可度和自适度很高，家庭代际数字生活支持到位，数字社会发展对其生活和社交方式不会产生太大的影响，从个人意愿上对数字社会的态度属于"主动疏离"。访谈对象张先生（A6）揭示了数字伦理悖论，技术的便捷与人文关怀之间的裂痕，以及"技术被动疏离"的连锁反应——个人能力的不足（文化程度低）—家庭权利的不平衡（代际控制）—技术设计的偏见（文化排斥），如何让技术进步帮助此类群体更好生存，值得深度思考。访谈对象赵先生（A7）的数字冷漠感和防御性疏离态度，揭示了数字排斥行为的复杂性，既有生理限制因素，也包含代际文化传递诉求。可见，弥合老年数字鸿沟，需超越技术赋能的单一维度，在制度设计层面建立技术过渡缓冲带（如立法保障现金支付），在社会层面承认传统交易方式的情感价值，构建多元、包容的数字化社会生态。

访谈对象 A6：张先生，62 岁，小学学历，摆摊卖菜。
能不能给我现金，我没有智能手机，没文化用不了那个。孩子给了我一张图片，说谁买菜扫扫这个图片，钱就到了他手机上了，但是我看不到到底卖了多少钱，钱都到了孩子那里，回家有时候孩子给我一些，有时候他们就不给我了，我摆半天摊就白摆了，我就靠卖这点菜养活自己。

访谈对象 A7：赵先生，66 岁，高中学历，退休工人。
我不让孩子给我买智能手机，我有文化也能用，但是我觉得出去拿现金买菜、缴费，简单安全还能和别人说说话，挺好，心里踏实，现在好多人都用网上支付，小孩子都不认识钱了，就知道扫码付款，对纸币都没概念，还有很多地方说现在不收纸币了，啥都是网上缴费，这个需要有关部门管管，社会是在进步，很多传统常识和生活习惯还是要有的，不能丢！

三 河北省老年人融入数字社会的影响因素分析

（一）适老化数字社会发展的系统性顶层设计仍需强化

1. 省级适老化数字社会建设立法体系有待健全

尽管国家层面已出台多项促进老年人数字融入的指导性政策，但在省级立法实践中仍存在政策配套细则滞后、执行效能区域化差异明显等问题。河北省在推进适老化数字社会建设过程中，面临政策工具创新不足、制度保障力度偏弱等现实瓶颈，影响了适老化数字服务的系统性发展。跨部门政策协同性不足，尚未形成全周期、多维度的政策支持网络，影响适老化数字生态的整体构建。

2. 多元主体协同治理机制尚未健全

政府、市场、社会三方主体在数字助老领域尚未形成优势互补的治理格局，政企数据共享机制存在壁垒，智慧养老产业发展不充分，社会组织参与数字助老的深度和广度有待拓展，老年数字素养教育体系尚不完善，社区、高校等主体在数字反哺中的数字化服务资源整合度偏低，老年人的数字技能培训和指导服务供给不足，导致适老化服务供给呈现碎片化特征。此外，由于缺乏全链条监督评估体系，难以及时量化适老化服务成效，制约服务供给精准度与可持续性。

3. 适老化数字安全防护机制亟待系统化构建，当前数字社会风险防控体系存在薄弱环节，老年群体面临的网络安全威胁呈现多元化趋势

老年人数字化认知鸿沟导致个人信息防护能力薄弱，生物识别、支付密码等敏感信息存在泄露风险。老年人对网络诈骗识别与防范意识有限，容易受虚假信息诱导造成财产损失。适老化智能终端安全防护标准缺失，身份盗用、网络钓鱼等新型犯罪防控手段相对滞后，这些安全防护机制的短板，已成为老年人深度触网的绊脚石。

（二）推动老年人融入数字社会的科研支撑力仍显薄弱

科技型养老相关企业发展壮大，是未来助力老年人更好融入数字社会的关键支撑。本研究将河北省与北京市进行比较，从养老相关企业现有数量看，截至2025年3月7日，河北省和北京市分别有17544家和13554家[①]，分别居全国第8位和第11位，河北省虽然在养老相关企业总量上较北京市保有29.4%的数量优势，但从包含信息传输、软件和信息技术服务业以及科学研究和技术服务业的科技型养老相关企业数量看，河北省和北京市分别有1725家和3121家[②]（见表2），北京市现有科技型养老相关企业占其养老相关企业总量的23.0%，高出河北省13.2个百分点。以上数据揭示出两地在要素集聚度和研发投入强度上存在明显差异，科技型养老相关企业不足，或导致适老化数字服务供给出现短板。

表2 全国（科技型）养老相关企业数量区域分布TOP11

单位：家

序号	地区	养老相关企业	地区	科技型养老相关企业
1	山东省	35826	广东省	4834
2	江苏省	34243	山东省	3133
3	广东省	30048	北京市	3121
4	河南省	23777	四川省	3087
5	四川省	23287	江苏省	2720

① 数据说明：1. 统计范围为仅统计企业名称、经营范围、所属行业包含关键词"养老"的在业存续企业；2. 统计时间为2025年3月7日；3. 资料来源为天眼查。
② 数据说明：1. 统计范围为仅统计企业名称、经营范围、所属行业（信息传输、软件和信息技术服务业以及科学研究和技术服务业）包含关键词"养老"的在业存续企业；2. 统计时间为2025年3月7日；3. 资料来源为天眼查。

续表

序号	地区	养老相关企业	地区	科技型养老相关企业
6	安徽省	18804	海南省	2403
7	海南省	18280	河南省	2219
8	河北省	17544	河北省	1725
9	浙江省	16114	湖北省	1604
10	湖北省	14642	安徽省	1573
11	北京市	13554	浙江省	1562

资料来源：天眼查。

相较其他发达省份而言，河北省在技术创新和产业协同层面均存在差距。一是对大数据、云计算、人工智能等新兴技术应用不足，尤其在适老化智能终端开发领域存在"技术代际差"。二是面向老年人生理特征及生活场景的研发，存在专项支持资金缺口、科研机构数量不足及高层次人才断层。三是仍以传统照护产品和设备制造为主导，专门从事养老科技和智慧养老服务以及银发用品的研发、制造、销售和租赁的市场主体不多，智慧养老、数字医疗、智能家居、康养服务机器人等行业发展明显落后于发达地区，很多相关研发成果需要到其他地区中试打样，导致"基础研究—应用开发—场景落地"闭环难以在本省构建，这种系统性差距不仅使老年人数字融入效能降低，更制约着适老化数字社会的整体建设进程。

（三）老年人数字融入的社会友好度仍有待提升

1. 适老化数字教育资源存在供需失衡和地域分布不均衡现象

当前专为老年人研发的数字素养培育课程及配套教育资源仍显匮乏，直接制约了老年人获取和学习数字技术的机会。另外，适老化数字教育资源高度向城市区域集聚，基层社区与乡村地区普遍存在教育资源获取渠道匮乏、教学支持体系断层等问题，进一步加大了城乡老年数字教育资源获取的鸿沟。资源供给的结构性缺陷，导致老年人数字学习存在持续性障碍，使其难以通过有效路径提升数字养成能力。

2. 技术导向型产品设计理念不适配增加老年人数字操作障碍

高科技含量数字产品的用户界面复杂性对老年人构成了显著的挑战，这些界面设计往往以满足技术熟练的用户需求为主。智慧养老系统和数字产品开发主要为年轻人，针对不同老年群体的多样化、差异化和个性化的数字需求的调研尚显不足，他们往往难以深刻理解老年人的特殊身体需求，由于缺乏足够的同理心，数字产品研发过程中存在一定缺陷。以智能手机、智能家居设备为代表的数字化产品，常因其界面设计功能多且信息量大，让视觉或认知功能减退的老年人感觉难以驾驭，不仅降低了老年人对于数字产品的实际使用效能，也会加深老年人对数字科技的整体抵触情绪。

四　促进河北省老年人融入数字社会的路径选择

（一）制度保障：构建数字包容性协同治理新格局

1. 构建数字权利法治保障体系

加快数字包容性专项立法进程，明确老年人数字学习权、参与权和受保护权的法定权益范畴。建立年度"数字时代老年权益发展蓝皮书"公开发布机制，系统披露老年人数字权益保障现状与改进方向。构建"案例库+企业承诺"双重监督体系，定期公布"老年数字侵权典型案例"和"企业适老化改造白皮书"。加速制定人工智能养老产品和服务的质量标准规范，完善相关产品的定价机制，确保产品和服务的安全性和可靠性。加强对数字弱势老年人的法律保护，开发基于人工智能的老年数字权益监测预警系统，实时识别网络诈骗、算法歧视等侵权风险，并配套设立专项司法援助基金和建立快速响应机制，构建事前预警、事中干预、事后援助的全周期保护体系，为老年人融入数字社会保驾护航。

2. 优化协同治理的制度供给方案

应对老年人在数字时代所面临的鸿沟与脱嵌问题，需尊重老年人的个体差异，采取多样化的数字化转型方案，构建多方协同的网络治理框架。倡导构建"数字包容型社会",打造"数字服务云平台",整合政府公共数据、企业服务接口及社会组织资源,形成跨部门协同的服务矩阵。将适老化数字基建纳入新基建重点工程,实施"银发数字基建三年行动计划"。构建多维度数字教育体系,因人而异、因材施教,促进老年人实现数字化转型。制定阶梯式财税优惠政策,对获得银发数字认证的企业实施政府采购优先准入机制。设立数字包容创新孵化基地,通过"揭榜挂帅"机制吸引青年科技人才参与适老化技术研发。设立数字包容社会创新基金,支持社会组织等社会主体开展适老化数字服务项目。

(二)市场驱动:提升本土适老化数字产业供给能力

1. 创新发展智慧康养产业

支持企业、科研院所、高校等各类创新主体开展联合攻关,围绕生活辅助、健康服务、康复辅助、安全监护、照护服务、情感慰藉等重点领域,构建智慧康养产业链条。实施省重点领域研发计划"智能康复辅助器具""智能养老机器人"等重大专项,培育以单项冠军企业、专精特新中小企业为骨干的人工智能与机器人领域企业,支持康养类研发企业整合人工智能与机器人产业链、创新链资源,做大做强秦皇岛、衡水冀州等康养辅助器具产业集群,整体推动产业向高端智造迈进。搭建河北与京津的智慧医疗、智慧养老、智能康复辅具等产业交流平台,形成"京津研发、河北制造"产业协同模式,打通区域产业链、创新链,推动适老化数字康养产业在京津冀地区跨区域布局。

2. 推动适老化数字产品研发应用

组建跨学科、跨地区适老化数字产品创新联合体,在优化现有数字产品人机交互界面适老性设计的基础上,利用"AI技术+人工协作"的智能算法,优化养老康复类产品研发,重点加强智能康复辅助器具、健康监测技术以及情感陪伴产品技术的创新,开发更为符合老年人生活习惯和便捷实用的智能辅助产品。促进适老化家电、家具等升级换代为智能化设备,加强防摔倒、防走失、防意外等数字穿戴产品研发应用,引导车辆生产企业研发适应老年人无障碍出行需求的智能车型。积极促进智能产品在健康监护、老年护理、心理支持等领域的快速发展，深入挖掘机器人技术在老年人护理和康复训练中的应用潜力，特别关注养老机器人、家庭护理机器人以及智能防走失终端等智能设备的开发。

（三）社会支持：打造数字包容性老年友好空间

1. 培育多元适老化数字服务场景

注重老年数字学习场景建设，设立社区嵌入式数字学习课堂，推行"阶梯式数字导师制"，构建"银龄讲师团+青银助老员+专业数字社工"的复合型师资队伍，形成数字知识和技能传递的社会资本网络。创新"移动数字驿站"模式，配备可穿戴教学设备的流动服务车，定期深入城乡社区对老年人进行数字知识和使用技能培训。实施"数字获得感提升计划"，建立"数字能力认证—社会福利获得"挂钩机制，将学习成效与社区服务积分、养老服务时长、文化生活消费优惠等社会激励措施相衔接。开发拓展从"买商品"到"买体验"的老年人数字消费服务场景，探索实现 AI 技术在医疗健康、智能护理、智慧养老、情感支持等养老服务中的全场景应用，利用大数据分析老年人的生活习惯和康养需求，推广适老化数字产品和线上线下融合的数字化服务模式，为老年人提供更加便捷、个性化的服务体验，提升其数字消费意愿和能力，促进适老化数字社会和数字产业的可持续发展。

2. 推进智慧适老化改造提升工程

积极推行"数字友好城市""数字友好社区"建设，将数字适老化改造纳入城市改造和社区规划，制定公共场域数字设施适老化改造标准，研发集成人脸识别、语音交互的智能服务终端。建设社区数字文化综合体，设置传统与现代元素融合的适老体验场景，创建"银青创客空间"，组织老年人与青年开发者互学互助互动，共同参与适老化数字产品设计。开发适老化数字地图系统，智能标注并提供导航至适老化服务网点，集成紧急呼叫、语音导览、生活服务等辅助功能。

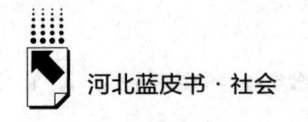

（四）家庭赋能：探索代际数字反哺的创新路径

1. 实施家庭数字素养提升工程

开发家庭数字素养诊断 App，通过情景测试生成家庭长辈和晚辈数字能力画像，从而更直观地了解家庭成员在数字技能方面的强项和弱项。建立"数字家+"服务站点，为老年人家庭提供一系列的上门服务，包括智能设备的调试、防诈软件的安装等，确保老年人能够安全、便捷地使用现代科技产品。创设家庭数字技能挑战赛，设置跨代组队完成网络购物、在线问诊、智慧出行等主题闯关任务。促进老年家庭成员数字技能掌握，实施家庭长者数字学习积分机制，通过获取积分，可实现家庭宽带费用的减免、数字设备的更新补贴以及养老服务时长的兑换等，从而将学习成果转化为具体奖励。

2. 增进家庭代际数字沟通与知识传递

增强家庭在推动老年人从"数字脱嵌"向"数字嵌入"转变过程中的赋能作用，构建"家庭双向数字反哺"生态系统，设计包含技术反哺、情感联结和文化传承的三维互动推进机制。培育数字时代新型家庭孝道文化，将数字互助纳入文明家庭和道德模范评选标准，从而鼓励更多家庭参与到数字反哺的实践中来。引入文化记忆理论，创建"数字家庭文化培育工程"，开发基于家族记忆的数字化传承工具包，建立代际数字日记平台，创新试点"数字家书"项目，鼓励家庭长辈与晚辈共同记录数字生活成长轨迹，帮助家庭成员特别是老年人记录和分享家族故事、知识和技艺，构建代际文化传播和情感联结的数字纽带，以此增进家庭成员间的理解和沟通，共同构建代际关爱的数字家庭生活。

参考文献

匡亚林、蒋子恒：《迈向数字包容：农村老年群体融入数字社会的衍生风险及治理》,《华中科技大学学报》(社会科学版)2023年第6期。

工业和信息化部:《促进数字技术适老化高质量发展工作方案》,2023年12月19日。

陆杰华、韦晓丹:《老年数字鸿沟治理的分析框架、理念及其路径选择——基于数字鸿沟与知沟理论视角》,《人口研究》2021年第3期。

社会建设篇

B.14
河北省残疾人保障状况和发展对策

河北省人民代表大会社会建设委员会

摘　要： 近年来，省委、省政府高度重视残疾人工作，围绕残疾人保障法律法规贯彻实施，聚焦残疾人急难愁盼问题，固基础、补短板、强弱项，在康复、教育、就业、文化体育等方面推动河北省残疾人事业发展取得显著成效。面临新形势新任务和残疾人群体关心的新期待新需要，还存在一些亟待解决的问题，要进一步提高政治站位，压实社会责任，落实工作举措，持续推动河北省残疾人事业全面高质量发展。

关键词： 残疾人保障　残疾人事业　残疾人康复

一　河北省残疾人事业的工作成效

当前河北省有残疾人520万人，居全国第5位，持证残疾人185万人，居全国第7位。其中，农村残疾人162.3万人，占比87.7%；重度残疾人

87.6万人，占比47.4%；60岁及以上残疾人92.0万人，占比49.7%；精神残疾人14.4万人，呈逐年上升态势。近年来，省委、省政府高度重视残疾人工作，围绕残疾人保障法律法规贯彻实施，聚焦残疾人急难愁盼问题，固基础、补短板、强弱项，推动河北省残疾人事业发展取得显著成效。

（一）残疾人事业发展意识不断增强

一是残疾人工作体制机制进一步健全。各级政府将残疾人事业纳入经济社会发展大局，统筹谋划、一体推进，普遍建立了党委领导、政府负责、社会参与、残疾人组织充分发挥作用的残疾人事业领导体制和工作机制。省委、省政府连续6年将助残服务纳入全省20项民生工程，累计投入15.16亿元，实名制、精准化为139.15万名残疾人提供了康复、托养、辅具适配、助学、就业帮扶、家庭无障碍改造等服务。二是残疾人维权基础更加牢固。残疾人法律法规、政策体系逐步完善，河北省现有残疾人权益保障法规和政府规章10余部。全省建有残疾人法律援助站180个，12385服务热线年均受理来电和留言2万余件次。2024年省残联会同省高院建立了涉残疾人矛盾纠纷在线诉调对接机制，会同省司法厅推动各级律师协会建立了残疾人权益保障委员会，为及时高效回应残疾人诉求提供了渠道。三是社会扶残助残氛围日益浓厚。在全国助残日、爱耳日、国际残疾人日等重要时间节点举办了爱心捐献、志愿助残等形式多样、内容丰富的宣传活动，营造了理解、尊重、关爱、帮助残疾人的浓厚社会氛围。省残联连续4年组织开展的"助残暖冬"行动，被中国残联作为典型向全国推广。

（二）残疾人社会保障体系初步形成

一是社会保险基本实现全覆盖。全省共有175.0万名残疾人参加基本医疗保险，153.3万名残疾人参加基本养老保险，参保率分别达95.9%、97.1%，超过国家90%、95%的目标要求。衡水市对参加基本医疗保险的一、二级重度残疾人全部进行了全额补贴，切实减轻了残疾人家庭经济负担。二是稳步提高"两项补贴"。河北省已全面建立困难残疾人生活补贴和重度残疾人护理补贴制度，"十四五"以来，困难残疾人生活补贴标准由每人每月66元提高至96元，重度残疾人护理补贴标准由每人每月60元提高至90元，52.9万名困难残疾人和76.4万名重度残疾人分别享受了补贴。三是强化社会救助兜底。将低保边缘家庭中重残人员和三级智力、精神残疾人单独纳入低保，将特困供养人员范围扩大到二级肢体、三级智力、精神残疾和一级视力残疾，截至2024年，全省53.3万名残疾人纳入最低生活保障范围，8.6万名残疾人纳入特困供养范围。四是发挥商业保险补充作用。累计为94.4万名残疾人免费提供意外伤害保险，打造"保险+助残"新模式，提高残疾人抵御风险能力。承德市残疾人意外综合保险实施两年多以来，共为4135名残疾人赔付1100万元，赔付率达183.3%。五是持续为符合条件的残疾人提供托养服务。"十四五"以来，全省共为8.9万名就业年龄段智力、精神和重度肢体残疾人提供了托养服务。邯郸市积极实施"阳光家园计划"，成功打造了"政府+企业+残疾人家庭"三位一体的寄宿制托养服务模式，构建了良性寄宿制托养发展新格局。

（三）残疾人康复服务状况逐步改善

一是持续提升保障能力。残疾人康复年度经费由"十三五"时期的1.3亿元提升到1.5亿元，29项康复项目纳入基本医疗保障范围，14项儿童康复项目纳入门诊单独保障范围。二是不断完善服务体系。依托各级医疗、教育、社会福利等机构和社会力量，建立以社区康复为基础、康复机构为骨干、残疾人家庭为依托，覆盖省市县三级的康复服务网络，定期开展康复专业技术人员规范化培训，"十四五"以来共为117.6万人次残疾人提供康复服务，康复服务率连续4年保持在99.8%以上，位居全国前列。三是重点做好残疾儿童康复救助。全省建立残疾儿童定点康复机构448家，实现县级全覆盖，累计为5万人次残疾儿童提供康复救助。2024年8月启动实施孤独症儿童关爱促进行动，为孤独症儿童提供筛查、诊断、康复、教育等全链条服务。四是京津冀康复协作深入推进。成立京津冀残疾儿童康复联合体，制定出台《京津冀残疾儿童康复联合体工作方案》，推动三地儿童康复机构资源共享、优势互补；签订京津冀残疾人辅助器具服务一体化协同发展协议，共建三地辅助器具适配服务信息化平台；河北各市残联与京津各区残联进行残疾人康复对口协作，开展"一地一特色"项目合作；三地定期举办协作推进会，推动残疾儿童康复救助、机构建设及人才培养等方面协同协作。

（四）残疾人教育全面开展

河北省建成特殊教育学校163所，在全国率先实现20万人口以上的县全部建有特殊教育学校的工作目标，数量位列全国第一。一是积极开展学前教育。截至2024年，河北全省共建成54所（个）特教幼儿园（班），565所普通幼儿园招收700余名残疾适龄幼儿，10所特殊教育学校开设附设幼儿园或附设幼儿班。二是重点做好义务教育。小学、初中阶段随班就读人数为1.6万余人。义务教育阶段适龄残疾儿童少年入学率达到97.5%，提前实现教育部"十四五"特殊教育发展提升行动计划目标。2024年10月，正定县孤独症学校挂牌成立，成为河北省首所、全国第6所孤独症儿童特殊教育学校。三是着力发展以职业教育为主的高中阶段特殊教育。截至2024年，全省共有7所特殊教育学校开设高中班，13所特殊教育学校开设中职附设班；推进优质特殊教育资源共享，确定6所中等职业学校、盲生和聋生高中面向全省招生，12所中等职业学校面向本市招生。四是稳步发展高等教育。近年来，考入普通高等院校残疾学生逐年增加。省残联与河北开放大学联合开办特殊教育学院，累计毕业2221人、在读974人。五是推动特殊教育协同发展。签署京津冀特殊教育协同发展合作框架协议，推动京津冀特殊教育资源互补共享，在石家庄市特教学校成立"京津冀特殊教育学校协同发展共同体"。

（五）残疾人就业状况得到改善

一是推进按比例安排就业。"十四五"以来，河北省按比例安排残疾人就业人数逐年提升，累计已超过4万人。2024年5月，省发展改革委等五部门联合印发通知,将未安排残疾人就业且拒缴少缴就业保障金的用人单位失信行为记入信用记录。河北省机关事业单位招聘,对设置面向残疾人职位条件、优先录用等方面做出安排。二是扶持重点就业项目。"十四五"以来省级财政累计投入372万元对符合条件的31家辅助性就业机构给予补贴,持续保障智力、精神和重度肢体残疾人就业权益。全省建成辅助性就业机构158家,安排就业2411人。为促进残疾妇女就业,实施了"美丽工坊"助残就业项目,香河县景泰蓝珐琅制品厂、定兴县燕都刺绣工艺品制造有限公司被中国残联、全国妇联授予首批"美丽工坊"称号。三是提升残疾人就业服务水平。持续开展残疾人就业技能培训,"十四五"以来累计培训残疾人9.6万人次,筛选75种适合残疾人就业的技能培训项目。争取中国残联支持,联合北京市政府、天津市政府取得2027年第八届全国残疾人职业技能大赛承办权。搭建就业创业平台,常态化开展就业援助月、专场招聘会、走访拓岗等活动,"十四五"以来帮助7.9万名残疾人实现就业创业。打造残疾人新业态就业创业基地,促进残疾人在视频剪辑、直播带货、IT开发等领域实现就业。

(六)残疾人文化体育事业蓬勃发展

一是残疾人竞技体育跻身全国领先行列。河北省残疾人运动员在东京夏残奥会、北京冬残奥会、杭州亚残运会、巴黎夏残奥会等重大国际赛事中摘金夺银,为中国体育代表团蝉联重大赛事金牌榜、奖牌榜榜首做出突出贡献。特别是在2022年北京冬残奥会上,河北省获得10金15银12铜,占到中国体育代表团金牌数的55%和奖牌数的60%,省残联受到党中央、国务院表彰;在2024年巴黎夏残奥会上勇夺13金10银8铜,河北省奖牌数、金牌数分别位居全国第二、第三。残疾人夏季冬季两项竞技体育齐头并进,均跻身全国领先行列。二是残疾人文体生活日益丰富。精心组织全省残疾人文化节,成功举办艺术汇演、书法美术摄影展览、"书香中国·阅读有我"读书展示、文化创意产业项目推介、群众体育运动会等系列文体活动。持续实施残疾人文化进社区、进家庭"五个一"项目(读一本书、看一次电影、游一次园、参观一次展览、参加一次文化活动），努力打造冰雪运动季、文化周、健身周、特奥日等残疾人文体活动品牌。成功举办"我和我的残疾人朋友"征文、手机摄影大赛、京津冀文体交流、"把爱读给你听"无障碍阅读等残疾人喜闻乐见的活动，开展"我是你的眼·带你去旅行""梅香大讲堂"等助残公益活动，残疾人文体活动参与率达42.6%，高于全国平均水平13.3个百分点。秦皇岛市连续开展8届"圆肢残人登长城之梦"公益活动，先后帮助国内外1600余名残疾人圆梦长城。

（七）残疾人无障碍环境建设有序推进

一是不断加强无障碍设施硬件建设。将"公共建筑无障碍设施建设率""城市道路无障碍设施建设率"纳入质量强省考核重点指标，基本实现了城市主要道路、主要商业区、人行天桥和地下通道等部位的无障碍设施配备。张家口市、正定县等9地被授予"创建全国无障碍环境示范市县村镇"，深泽县、邱县、魏县、安新县、雄县、枣强县等6个县通过全国无障碍建设示范城市第一轮评选考核。石家庄市地铁全线60座车站全部配备无障碍渡板、无障碍电梯、专门通道，为残疾人提供全流程无障碍出行服务。二是加快推动信息无障碍建设。政府门户网站适老化改造有序开展，省政务服务平台设置无障碍模式按钮，冀时办App实现语音无障碍，多个地市对医院、银行、车站、机场等大型公共场所的自助公共服务设施设备进行了无障碍改造。保定市主要道路交叉口、景区等实现了语音提示、声光指示；邯郸市开设电视手语新闻节目，帮助全市聋人"听"新闻。三是稳步推进残疾人家庭无障碍改造。先于国家制定实施家庭无障碍改造指导目录，累计投入7504万元为5.02万户困难残疾人家庭实施无障碍改造，提前超额完成国家"十四五"目标任务。

二 河北省残疾人事业发展中存在的主要问题

河北省残疾人事业发展取得了积极成效，但与当前残疾人工作面临的新形势新任务、残疾人群体关心的新期待新需要相比，还存在一些亟待解决的问题，需要引起重视。

（一）相关法律职责落实还不到位

一是省政府残工委承担着综合协调有关残疾人事业方针、政策、法规、规划的制定与实施，协调解决残疾人工作中的重大问题等职责，但实际工作中有的成员单位职责落实还不到位，在政策制定与实施过程中对残疾人特殊性、个性化需求关注度不够，积极主动解决残疾人实际困难的情况不够多。二是残疾人事业财政资金投入整体相对不足，部分县（市、区）近两年残疾人事业经费未列入财政预算，或者资金拨付进度缓慢。截至2024年，河北省困难残疾人生活补贴、重度残疾人护理补贴均低于全国平均水平，排在全国第21位、第24位。三是有的政府职能部门、社会组织和公众对残疾人权益保障的法律法规了解不够，歧视、侵害残疾人合法权益的行为时有发生。有的地方制定政策时没有考虑残疾人实际需要，小区电梯安装的电动车阻车器限制了电动轮椅上下楼，给残疾人出行带来不便。

（二）残疾人康复救助水平有待提升

一是康复机构分布不均衡。经济条件好的地区、平原地区康复机构比较多且相对集中，残疾康复项目比较齐全；经济条件差的地区、山区康复机构明显不足，康复种类单一，不能涵盖各类残疾康复项目。二是残疾儿童救助水平不高。截至2024年，全国每十万0~14岁人口得到康复救助的残疾儿童人数平均为167人，而河北省仅为103人，排在全国第25位，儿童救助人数远低于全国平均水平。残疾儿童救助资金使用范围仅限于康复服务、辅具适配，不包括检查、评估等费用，特别是在康复过程中有的需要长期陪护、异地食宿，这对经济困难残疾儿童家庭仍是不小的负担。三是孤独症儿童关爱服务需要关注。近年来，孤独症儿童人数不断增加，在诊断、康复、教育、生活保障等方面还存在一些实际困难和问题，亟须引起重视、加以解决。

（三）残疾人教育存在短板

一是特教教师编制总体不足，尚未达到河北省特殊教育学校教职工编制标准（1∶4至1∶3），不利于特教学校和随园（班）就读学校的整体发展，同时结构性缺编问题日益凸显，康复、心理健康等专业教师缺口较大。二是特教经费保障水平有待提高，河北省现行义务教育阶段特殊教育学校生均公用经费标准为6000元，与"十四五"末7000元的目标要求还有一定差距。

（四）残疾人就业相关法律法规尚未有效落实

一是残疾人就业保障金尚未足额用于促进残疾人就业。《残疾人就业条例》规定依法征收的残疾人就业保障金应当纳入财政预算，专项用于残疾人职业培训以及为残疾人提供就业服务和就业援助。财政部、国家税务总局、中国残联制定的《残疾人就业保障金征收使用管理办法》规定，将残疾人就业保障金纳入地方一般公共预算统筹安排，主要用于支持残疾人就业和保障残疾人生活。2023年河北省省本级残疾人就业保障金征收27249万元，残疾人就业方面支出3350万元。然而一些地方不按规定使用残疾人就业保障金，将残疾人就业保障金用于就业以外的其他事项，还有一些地方的残疾人就业保障金已成为残疾人事业经费的主要来源。二是机关事业单位在安排残疾人就业中带头作用发挥不够。按照国家"用人单位安排残疾人就业的比例不得低于本单位在职职工总数1.5%"的规定，目前全省机关事业单位应安置残疾人3.2万人，实际安置0.5万人，安置比例仅为15.6%。三是残疾人职业技能培训与残疾人期望还有差距。由于未就业适龄残疾人整体受教育程度偏低，需要长时间的精准培训，但人社部门组织的培训在课程设置、开展方式、无障碍环境等方面不能完全满足残疾人就业实际需要。

（五）无障碍环境建设还有不足

一是无障碍设施建设不充分。部分老旧小区、公共建筑无障碍设施建设较少，部分新建、扩建、改建的建筑物尚未按照标准进行无障碍设计，学校、商场、餐饮和公共交通等服务场所无障碍设施建设明显滞后，农村地区无障碍设施建设普遍落后于城镇。二是存在重建设轻管护现象。对无障碍设施建设的数量、规模关注较多，对已经建成的无障碍设施保护和利用效果问题关注不够，无障碍设施存在违规占用、挤占挪用情况，尤其是盲道和无障碍停车位被占用现象较为普遍。三是信息化无障碍设施建设相对滞后。多数公共服务机构尚未提供信息无障碍服务，满足盲人、聋人需求的书籍、影音资源较少。各级政府网站、政务服务App，以及企事业单位、社会组织等机构网站无障碍浏览还不够便利。四是无障碍改造服务供需不平衡。河北省年均家庭无障碍改造需求量10多万户，但每年实际服务量仅为10%左右。

三 促进河北省残疾人事业高质量发展的对策建议

习近平总书记强调，残疾人是一个特殊困难的群体，需要格外关心、格外关注①。要进一步提高政治站位，压实社会责任，落实工作举措，持续推动河北省残疾人事业全面高质量发展。

（一）进一步提高对残疾人事业发展重要性的认识

一是进一步加强省政府残工委工作力量，明确和落实各成员单位残疾人保障工作职责，健全多部门协同工作机制，凝聚推动残疾人事业高质量发展的合力。二是各级政府持续加大财政资金投入力度，提高资金投向的精准性和使用的实效性，消除死角死面，兜牢民生底线，使河北省残疾人"两项补贴"标准尽快达到全国中游水平。三是加强残疾人保障法律法规的宣传教育，加大扶残助残先进典型的宣传力度，引导有关社会组织、慈善机构、志愿服务团体、法律援助机构等，积极参与残疾人事业，营造全社会尊重、理解、关心、支持残疾人的浓厚氛围。

---

① 《这个特殊困难的群体 习近平格外关心、格外关注》，"人民网"百家号，2023年9月18日，https://baijiahao.baidu.com/s?id=1777336248165384235&wfr=spider&for=pc。

（二）持续提升残疾人康复救助水平

一是推进康复机构建设均衡化。进一步加大政府投入，积极引导社会力量参与，有重点地向边远地区、山区倾斜，在基础设施建设、人才培养、规范化管理等方面给予更多支持。二是扩大残疾儿童康复救助范围。按照国家有关要求，落实市县政府主体责任，将残疾儿童康复救助资金纳入地方财政预算，力争使残疾儿童救助数量达到全国平均水平。有条件的地方对进入康复机构接受康复训练的经济困难残疾儿童家庭给予住宿、交通和生活补助。三是加强孤独症儿童关爱服务。相关部门落实好《河北省孤独症儿童关爱促进行动实施方案（2024—2028 年）》，开展孤独症儿童筛查干预促进、康复服务提升、教康融合、家庭暖心四项行动，为孤独症儿童提供全程关爱服务。

（三）不断夯实残疾人教育基础

一是补足配齐特教教师，扩大特殊教育专业免费师范生招生人数，提高特殊教育师资专业化水平，加强康复、心理健康等方面师资及其他专业技术人员的配备，尽快达标。二是尽早将义务教育阶段特殊教育学校生均公用经费标准提高至每生每年 7000 元，实现"十四五"末目标要求，有条件的地方可以适当提高标准。

（四）严格落实残疾人就业相关法律法规

一是有关部门制定出台残疾人就业保障金规范使用的具体实施细则，进一步明确和细化使用范围，确保执行标准统一。同时，根据河北省财政收入实际情况，每年对河北省残疾人的总体状况进行评估，在评估的基础上对残疾人就业保障金用于促进残疾人就业的重点进行动态调整，确保残疾人就业保障金足额支持残疾人就业，充分发挥残疾人就业保障金的使用效益。二是机关事业单位带头落实有关法律要求，研究确定适合残疾人就业的岗位，积

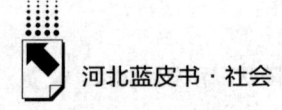

极安排残疾人就业。三是进一步加大残疾人职业技能培训力度，制定专门的残疾人就业培训标准，将残疾人就业培训资金单独列支，提高残疾人就业培训的针对性、精准性。

（五）推动无障碍环境建设量质齐升

一是立足河北省的实际和现实需要，制定河北省关于《无障碍环境建设法》的实施办法。二是进一步完善建管结合长效机制，在城市更新、乡村建设、燕赵宜居县城建设中，统筹推进无障碍设施建设、信息交流和社会服务，加快推进残疾人就业场所和残疾人、老年人服务机构等建设和改造无障碍设施，提高城乡公共设施无障碍化水平。落实政府有关部门管护责任，切实解决无障碍设施被挤占、挪用、破坏问题，加快解决电动轮椅入户难、残疾人机动车在无人值守停车场出入场难问题。三是加快推进信息无障碍建设，推动政府政务、公共服务、电子商务等信息无障碍建设。四是加大政府财政资金投入，做好残疾人家庭无障碍改造与辅助器具适配有效衔接，丰富改造内容，不断提质扩面。

B.15
河北省社会工作人才队伍发展报告

刘 猛 李素庆 孙马莲*

摘　要： 社会工作人才队伍建设是推进我国社会工作事业发展的基础性工程。河北省社会工作人才队伍建设始于21世纪初，历经20余年发展，通过教育先行、政策推动、专项培育和服务承载等多维路径，已初步构建起具有专业基础、发展环境、能力素养和社会贡献的人才培养体系。然而，当前仍面临高端人才缺乏、初级和中级人才胜任力不够及性别与年龄结构有待优化等主要问题，特别是人才能力结构与"大社会工作"体系要求的契合度不足、社会认知度和接纳度较低等问题亟待破解。为此，建议从以下方面推进建设：强化顶层设计；健全保障机制；注重培训培养；完善评价机制；加强形象宣传。通过系统化、持续性的实践探索，着力构建社会工作人才发展良好生态，为社会治理体系建设提供专业人才支撑。

关键词： 社会工作人才队伍　社会治理　河北省

2024年11月5日至6日，中央社会工作会议在北京召开，会议表示社会工作是党和国家工作的重要组成部分，事关党长期执政和国家长治久安，事关社会和谐稳定和人民幸福安康，并强调坚定不移走中国特色社会主义社会治理之路，健全社会工作体制机制。社会工作人才队伍建设是发展我国社会工作事业的基石，对于推进中国特色社会主义社会治理具有重

---

* 刘猛，河北省社会工作促进会副会长、秘书长，研究方向为社会工作和社会治理；李素庆，河北省社会科学院社会发展研究所助理研究员，研究方向为社会工作、家庭教育；孙马莲，河北省委社会工作部五处三级主任科员，研究方向为社会工作。

要意义。党的十六届六中全会首次提出"建设宏大的社会工作人才队伍"的战略目标，明确社会工作人才队伍在构建和谐社会中的作用。《国家中长期人才发展规划纲要（2010—2020年）》将社会工作人才队伍列为国家六大重点人才队伍之一，奠定了社会工作人才队伍在社会建设中的基础地位。

河北省的社会工作人才队伍建设与全国各地一样，以"教育先行"为开端。2000年，河北大学获批开设社会工作本科专业；2001年，河北省首批社会工作本科生入学，开启了社会工作的专业教育；2006年，省民政厅着手筹划社会工作发展，开启行政主导历程；2024年，省委社会工作部挂牌成立，设置了专门处室主管全省社会工作人才队伍建设。25年来，教育先行、政策推动、专项培育和服务承载合力推动着河北社会工作人才队伍的发展。本研究通过走访调研、座谈交流、社会调查等方式深入了解各领域社会工作人才队伍的建设情况，为进一步推动河北社会工作人才队伍高质量发展提出具有针对性和可行性的对策建议。

一 河北省社会工作人才队伍建设基本情况

截至2024年9月，全省各系统、各地市社会工作人才总量为95465人[①]，从系统类别来看，社会工作、政法委、退役军人事务、民政4个系统社会工作人才数量较多，分别为69185人、3082人、3043人、2998人。从单位性质划分来看，来自基层组织的人才占比最大，基层群众性自治组织、基层党组织、社区服务机构合计占比75%。全省历年通过社会工作师考试人数累计35601人[②]，占总人口[③]比例约0.5‰。

---

① 统计口径为至少符合以下条件中的一项：1. 社会工作专业毕业的专科生、本科生、研究生；2. 取得社会工作初级、中级、高级证书；3. 长期从事社会工作并接受过系统专业培训。
② 高级62人、中级7093人、初级28446人为考试实际通过人数，暂无条件识别持双证或三证、去世、考试通过但未通过审核等情形的人数。
③ 采用《河北统计年鉴2023》中河北省2022年末总人口数：7420万人。

（一）教育先行，奠定社会工作人才队伍专业基础

自 2000 年至 2024 年底，全省共有 18 所院校开设过社会工作专业，其中开设专科教育的 4 所，开设本科教育的 14 所，同时开设硕士研究生和本科教育的 3 所，共培养社会工作专业毕业生 5000 余人。学历教育之外，2012 年以来，河北实施社会工作知识普及工程和社会工作职业能力提升工程，积极开展社会工作专业人才培养模式改革，探索创新社会工作课堂教学与实务教育相结合的机制。截至 2024 年底，社会工作人才继续教育累计培养社工人才 13 万余人次。

（二）政策推动，保障社会工作专业人才队伍发展环境

河北重视社会工作专业人才队伍建设的政策发展，出台了《河北省关于加强社会工作专业人才队伍建设的实施意见》《河北省社会工作专业人才队伍建设中长期规划（2012—2020 年）》，明确全省社会工作专业人才队伍发展的指导思想、内容方法、战略目标，并专门印发了《〈河北省关于加强社会工作专业人才队伍建设的实施意见〉任务分工方案》，将人才队伍建设落实到全省各个单位部门，协同开展工作。此外，关于社会工作专业人才队伍建设评估考核、继续教育、培训和实训基地设立、岗位开发与人才激励、人才登记管理等的政策文件相继出台；其他各领域、各地市出台社会工作专业人才队伍建设有关政策文件 10 余份，为全省社会工作专业人才队伍建设提供了政策保障，为推进多领域社会工作专业人才队伍建设奠定了一定基础。

（三）专项培育，提升社会工作人才队伍能力素质

在河北省委人才工作领导小组指导下，自 2018 年起全省高标准实施"人才强冀"工程——太行计划社会工作专业人才队伍建设项目。一是由省社会工作促进会及各地市社工协会具体承接项目，面向全省开展社

会工作师考前培训，采用"线下带动线上、线上促进线下、线上线下共进"模式，开展多期、多层次、多形式的考前培训活动。通过各类理论与实务培训课程，一方面提高全省职业水平考试通过率和持证人数，2018~2024年累计通过考试人数30556人，是2008~2017年10年累计通过人数的6倍；另一方面推动"以考促学、以学促干"，对全省社工人才的专业化、职业化水平提升做出了积极贡献。二是开发社会工作网络教育平台，开设社工理论、社工实务等课程，解决线下培训资金不足、脱产学习工学矛盾等问题，扩大了培训覆盖面。三是加大宣传力度，利用社工周等契机，在全省高校举办"优秀社工进校园宣讲培训"活动，展示河北省社会工作人才风采，鼓励社会工作专业毕业生留在河北做社工。四是设立全国首家省级社会工作孵化培育基地，累计培养出政策精、专业强、有理论、重实践的社会工作督导、管理、实务等人才1040名，对推动全省社会工作服务组织发展、加强社会工作专业人才队伍建设发挥了重要作用。

（四）服务承载，发挥社会工作人才队伍优势作用

2020年以来，河北省积极培育社工机构，通过降低注册门槛、政府购买服务、公益创投、孵化培育等服务方式，吸纳更多社会工作专业人才到社工机构工作，以社工项目为载体，为社会提供精准、有效的服务，助力群众解决困难和烦心事。截至2024年底，全省登记注册社工机构556个[1]，3000多名社工人才在其中就业。同时，围绕基层治理、乡村振兴、灾后重建等重点服务领域，河北省实施了"暖心续航"关爱困难老人社工服务项目、"星火"社会工作专业岗位服务项目等，为社会工作人才在各领域发挥专业优势作用搭建了重要平台，服务人次超过52万。

---

[1] 资料来源：全国社会组织信用信息公示平台（https://xxgs.chinanpo.mca.gov.cn/gsxt/newList）。在该平台上输入"社会工作"或"社工"，选登记区域为"河北省"、组织状态为"正常"，以此来统计社会工作组织的数量。

二　河北省社会工作人才队伍建设主要问题

（一）社会工作专业人才总量不足，高端人才缺乏

河北省现有人才存量与《河北省社会工作专业人才队伍建设中长期规划（2012—2020年）》提出的"到2020年，社会工作专业人才总量增加到5万人"的目标仍有相当大的差距。2024年，河北社会工作人才占总人口比例低于全国，远低于发达国家。

此外，河北省社会工作高端人才依然缺乏。截至2024年底，全省仅有高级社会工作师13名，不及广东省2024年一年通过评审人数（29人）的一半；具有正高级职称且具有10年以上社会工作教学、科研或实务经历人才不足10人。由于社会工作高端人才缺乏，河北省尚无力组建高级社会工作师评审委员会，连续5届委托全国高级社会工作师评审委员会代为评审。

（二）初级和中级人才胜任力不够，细分领域专业人才匮乏

部分社会工作专业人才队伍面临学校教育与实践要求脱节的困境。教育体系的结构性缺陷是主要诱因：高校社会工作专业课程中，社会工作理论基本上来自西方社会，面对本土经验往往水土不服；教师的专业背景绝大部分不是社会工作，自身缺乏社会工作实务经验，本土化实务教学能力普遍不足。这种"先天不足"必然导致初任社工出现"能力赤字"。继续教育中存在"重证书轻实效"的形式化倾向，难以弥补这一缺陷。这导致，整体上初级和中级人才的能力结构呈现基础不牢、纵深不足的特征，直接影响其服务胜任力。调查显示，部分初级和中级人才不仅文书工作能力普遍不佳，而且能独立完成个案工作并且取得较好成效的比例仍然偏低，遇到复杂个案时，工作策略与效能可能远比不上未经过专业训练但有经验的社区工作人员。

实务能力的不足进一步导致覆盖领域不全。从领域分布看，河北省社会

工作服务呈现"传统领域扎堆、新兴领域真空"的失衡格局。当前,全省社会工作实务主要集中在社区、儿童与青少年、老年、司法等几个领域,在家庭、医务、精神康复、残障、社会救助、学校、企业等众多需要特定专业技能支撑的领域,社会工作专业人才极为匮乏。究其原因,高校社会工作专业课程中,细分领域选修课严重不足,甚至缺乏,且普遍不具备实训设施,导致毕业生难以满足细分岗位的准入要求,继续教育资源也鲜少能做弥补。这种专业人才供给的结构性缺陷,既限制了社会工作服务领域的拓展,也造成初级和中级人才在非传统领域出现"入职即转岗"的异化现象。

(三)现有人才能力结构难以满足社工部主导下的"大社会工作"体系要求

基于社会工作部的职能,其主导下的"大社会工作"体系要求社会工作人才具备跨领域系统性治理能力,其核心能力维度包括:党建引领下的政策转化能力,需深度理解信访协调、基层政权建设等政治任务,将宏观政策转化为可操作的社区实践;跨域整合能力,要求统筹行业协会转型、新兴群体服务、志愿服务管理等多元领域,构建"党政—社会—市场"协同机制;复杂问题应对能力,需掌握矛盾调解、危机干预等专业技术,并融合社会治理创新工具(如数字化平台应用、公益金融工具);专业化纵深能力,既要满足传统民政服务的规范化要求,掌握专业工作方法,又要在医务、精神康复等细分领域形成技术专精。这一能力框架强调"政治性—专业性—创新性"三重属性的有机统一,对社会工作人才提出既能嵌入党政体系参与制度设计与传达,又能以专业技术回应社会痛点,形成"顶层设计—中层转化—基层落地"的全链条服务的能力要求。

当前,河北社会工作人才能力结构同全国一样,与"大社会工作"体系要求呈现结构性错位:教育系统一定程度上存在"重(外来)理论轻(本土)实践""重弱势轻多元"倾向,导致人才能力呈现"基础不牢且领域狭窄"的失衡特征。河北高校社会工作专业培养方案中的专业课程设置,整体上保持专业开设之初从西方引入的样貌,目前依然缺乏信访调解、社会组织党建等新兴内容，更缺乏对前述四项能力的专门培养和训练；行业平台提供的培训则开始有所涉及，但内容和深度依然非常有限。这致使社会工作人才难以进入信访调解、"两企三新"党建等"大社会工作"新领域开展服务，或者即使进入也面临"知识—技能双匮乏"的困境。

（四）人才评价机制不健全，性别与年龄结构有待优化

当前，全国的社会工作人才评价体系一定程度上存在单一性与滞后性，难以适应新时代社会工作发展的多元化需求。社会工作覆盖的领域广泛，但国家开展的社会工作者职业水平评价仅助理、中级、高级三个通用等级，缺乏针对医务、司法、精神康复等有独特专业要求的细分领域的能力认证体系。这种"一刀切"的评价模式导致专业人才难以通过制度化路径实现纵深发展，客观上增加了行业对细分领域社会工作者的认可障碍。例如，医疗机构在聘用医务社工时，因缺乏权威的专项能力认证标准，更倾向于选择有临床心理或医学背景的人员，削弱了专业社工在跨学科团队中的竞争力。同时，评价体系对教育、研究、督导等非实务岗位的支持不足，忽视教学能力、学术水平、督导技术的培养与认证，长此以往，行业内可能出现"战略型人才短缺"的困境。

社会工作人才队伍在性别与年龄维度呈现显著的失衡，影响专业服务的可持续性与社会适应性。男性从业者比例长期偏低，在司法矫正、退役军人服务等需要特定性别介入的领域，服务供给与需求匹配度不足，常常面临人力资源调配困难。年龄结构上，行业呈现"年轻化聚集"与"经验断层"并存的矛盾。青年从业者占比超过80%，兼具实践智慧与社会资本的中年骨干以及具备经验传承价值的老年从业者严重缺乏，这使得基层服务中容易呈现资源整合能力较弱、本土化实践创新持续性不足等问题。尤其在社区治理、社会组织培育等需长期深耕的领域，人才队伍年龄断层易造成服务模式碎片化，难以形成稳定的专业经验积累与代际传承机制，进而影响人才队伍整体的社会认可度。

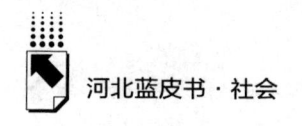

（五）社会工作人才社会认知度和接纳度较低

我国社会工作人才队伍面临社会认知模糊问题，河北省社会工作发展较其他东部沿海地区滞后，这一问题较为突出。公众认知停留在"志愿者""社区工作者"等模糊范畴，或将其混同于行政辅助人员，难以对其建立专业化身份认同。究其原因，一是社会工作在国内发展时间尚短；二是社会工作专业服务能见度不足，与民众接触最广泛的基层社工站尚未实现对居民社区的全面覆盖，已设立的常被整合进社区服务中心的综合性空间，缺乏独立服务场景，使得个案咨询、小组治疗等核心服务难以对民众形成独立记忆点。

社会认知度不足进一步导致一系列阻碍社会工作发展的挑战：民众在面对问题时往往不知道寻求社会工作者的帮助，优秀学生和人才对社会工作专业的选择意愿不足，公众对社会工作者的职业价值和地位缺乏认同。这种认知偏差不仅影响社会工作人才的招募和培养，制约社会工作服务的覆盖率和质量，还限制社会工作在解决社会问题、促进社会和谐中的潜力。

三 加强社会工作人才队伍建设的对策建议

党的二十届三中全会指出"健全社会工作体制机制，加强党建引领基层治理，加强社会工作者队伍建设"，为社会工作人才队伍建设提出了要求、指明了方向。为加快推动完成河北社会工作人才助力中国特色社会主义社会治理创新的目标任务，推动人才引领驱动全省社会工作高质量发展，本报告提出如下对策建议。

（一）强化顶层设计，统筹好全省社会工作人才队伍建设

省级社会工作部门要积极贯彻落实机构改革工作总体要求，理顺社会工作管理体制，明确责任部门及分工，全面推进协调工作机制及考评体系建设。一是完善社会工作人才队伍建设协调工作机制，建立组织部门统筹协

调,社会工作部牵头抓总,宣传、政法、机构编制、统战、教育、公安、司法、财政、人力资源和社会保障等部门以及工会、共青团、妇联、残联等组织密切配合的工作机制。二是将社会工作人才队伍建设作为人才队伍建设的重要内容,纳入地方和有关部门领导班子考核。加强社会工作行业性组织建设。三是根据社会工作人才不同服务领域、服务对象的特点和规律,制定行业服务和管理标准,建立科学合理、协调配套的标准体系,推动全省社会工作服务标准化建设。

(二)健全保障机制,推进社会工作经费保障和人才使用

健全经费保障和人才使用机制是为社会工作人才队伍提供稳定发展环境的关键所在,对于吸引和留住优秀人才、为社会工作事业的高质量发展奠定坚实基础至关重要。一是各级政府要将应由政府负担的社会工作人才队伍建设经费纳入财政预算,有计划、有规模地加大财政投入,确保社会工作服务项目的稳定开展。符合条件的社会工作服务机构按国家税收法律法规的规定享受相关税收优惠政策。二是切实贯彻落实政府购买社会工作服务有关政策,引入竞争机制,规范购买程序,加大购买力度。明确社会工作经费使用标准,提升资源配置效率,确保资金用于刀刃上。三是拓宽社会融资渠道,探索多渠道筹措经费模式,如鼓励社会捐赠等,引导社会资金投向社会工作服务领域,形成多元化经费来源。四是引导城乡社区、基层公共服务平台、各行业服务组织开发和设置社会工作岗位,为社会工作专业人才提供更多服务和就业机会。五是加强社会工作人才待遇保障,建立与职业特点和社会价值相匹配的薪酬待遇机制,提升职业吸引力。

(三)注重培训培养,提升社会工作人才队伍专业素质

根据河北当前存在的人才总量不足与高端人才缺乏、胜任力不够、能力结构与"大社会工作"任务脱节等问题,建议采取多层次、多维度的培训策略,构建阶梯式培训体系,强化人才能力纵深发展。一是针对高端人才缺乏的问题,建议设立省级社会工作领军人才工作室。每年遴选 20 名中级及

以上骨干进行为期3年的"理论研修（清华大学等高校）+重大项目攻关"系统培养。建立高端人才"旋转门"机制，允许其在高校、政府部门、社会组织间跨机构兼职，推动服务能力更适合中国特色社会主义社会治理的需求，促进治理经验转化。二是打造AI赋能的继续教育体系。建设省级社会工作数字学习平台，运用AI技术实现"能力诊断—课程匹配—效果追踪"闭环监测服务。由省级社会工作部门统筹高校、行业协会资源，针对各细分领域（如医务、司法社工）开发模块化培训课程和虚拟仿真实验室，如精神康复VR干预模拟系统，实现倾向实务能力发展的课时配比，例如基础理论（40%）+领域实务与模拟（60%），规定各级各类人才沉浸式实训的学时，并纳入继续教育考核标准，逐步提升各细分领域的人才培养和队伍建设水平。建立"云端督导库"，遴选百名资深督导录制微课视频，持续提供在线案例指导。三是探索构建政—校—社协同育人平台，更新本土服务知识体系。在雄安新区、石家庄等地建立社会工作人才培养基地，推行"2+1+1"订单式培养：前两年高校理论教学，第三年政府定制课程（含信访调解、社会组织党建等），第四年社工机构顶岗实训。开发本土化案例库，每年遴选50个典型服务项目转化为教学案例，实现"实践—理论—再实践"的知识生产闭环。四是推动高校专业培养方案升级。探索支持3~5所省内高校设立基层治理、志愿服务等特色方向硕士点，推动课程体系与"大社会工作"任务对接。强制要求专业必修课中细分领域课程占比必须达到一定的比例，并纳入医务沟通技术、党建实务等实务性内容。建立"双师"培养制度，充分发挥实务型导师的优势作用。

（四）完善评价机制，优化社会工作人才队伍在性别和年龄上的结构

在评价机制方面，建议参考美国、中国台湾地区的相关成熟经验，推动建立"通用+专项"双轨认证体系：在国家职业水平评价框架下，在省级层面增设医务、司法、精神康复等多类细分领域专业认证，制定差异化考核标准（如医务社工需通过医疗伦理决策模拟、哀伤辅导技术实操等场景化测试),并将认证结果与医疗机构、司法系统等用人单位的岗位聘任、职称晋升直接挂钩,提升专业认可度。在优化人才队伍人口结构方面,要加强社会宣传和政策撬动。针对男性比例偏低的问题,建议联合媒体广泛宣传社工职业形象,突出男性从业者在司法、危机干预、社区治理等场景的良好前景和专业价值;设立司法矫正、退役军人服务等领域的男性社工定向培养项目,给予一定的学费减免、岗位津贴等激励。针对年龄断层问题,通过公共媒体、就业平台,扩大对社会工作的宣传,提升其在公众中的知晓度和认可度,吸引具有社区治理、企业管理等跨领域经验的中年转岗人员加入。同时推行"新乡贤计划",返聘退休教师、医生、公务人员等群体担任督导顾问,鼓励其以弹性工作制参与本土化服务和人才队伍建设。

（五）加强形象宣传,构建"可见、可感、可及"的新型社会认同体系

为系统性摆脱社会工作社会认知度低、职业吸引力弱的困境,建议制定"立体传播—深度体验—生态重塑"的全链条提升策略。运用多种媒体方式、整合地区资源,向社工关注群体、潜在合作伙伴以及社会公众展示社工日常工作与服务效能,扩大社会工作的影响力。通过打造全媒体叙事体系重塑职业形象,联合主流媒体开设纪实栏目,真实记录社会工作典型人物、典型事件和在工作中取得的实际成就,例如医务社工化解医患矛盾、学校社工干预校园欺凌等专业场景,在地铁、公交等城市空间进行形象展示。联合网络文学平台发布社工题材互动小说,设置危机干预、社区治理等剧情分支吸引青年群体。深化沉浸式体验传播,在社区搭建"问题解决剧场",邀请居民匿名提交家庭矛盾等真实案例,由社工团队现场展演专业介入过程,让居民切实受益。充分利用社会工作宣传周,深入社区、机关、学校、医院和企业等,举办有针对性的社会工作主题的活动或展览,组织座谈会、公益讲座、互动剧场等活动,通过近距离面对面的方式让社会工作宣传产生实际的影响,逐渐提升全社会对于社会工作的关注度和认知度,提高社会工作人才的职业认同感和归属感。

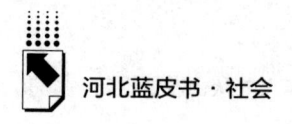

参考文献

《习近平对社会工作作出重要指示强调 坚定不移走中国特色社会主义社会治理之路 推动新时代社会工作高质量发展》，新华网，2024年11月6日，http：//www1.xinhuanet.com/politics/20241106/c9bf54c4c2ea4062a02287fe1ad68d0e/c.html。

《中共第十六届中央委员会第六次全体会议公报全文》，中国新闻网，2006年10月11日，https：//www.chinanews.com.cn/gn/news/2006/10-11/802883.shtml。

《国家中长期人才发展规划纲要（2010—2020年）》，中国政府网，2010年6月6日，https：//www.gov.cn/jrzg/2010-06/06/content_1621777.htm。

《关于加强社会工作专业人才队伍建设的意见》，《中国民政》2011年第12期。

B.16
河北省家庭教育发展报告*

李素庆**

摘　要： 家庭教育是学校家庭社会协同育人机制中的重要组成部分。本研究通过对河北省各级各类学生开展问卷调查，呈现河北省家庭教育的开展方式、内容、父母的履职情况和教育理念与状态、家内互动与氛围等方面的特征。调查对象普遍对家庭教育效果给予积极的评价，但进步的空间依然存在：当前河北省家庭教育中存在社会资源的参与程度较低、家长对家庭教育的重视程度有所下降、家庭教育指导需求有待满足等问题。本报告从四个方面提出促进河北省家庭教育向好发展的对策建议：理念上，强化中华优秀传统文化在家庭教育中的融入，引导家长树立宏观育人观；渠道上，提升社会资源在家庭教育中的有效参与程度，发挥学校家长会和视频渠道在传递家庭教育知识上的优势；内容上，补齐短板，强化在心理健康、亲情关系、社会交往、人生志向与规划上的引导与建设；主体上，强化父职教育，减少教育分歧。

关键词： 家庭教育　亲子关系　教育理念

　　家庭教育是塑造国民品德、培养社会责任感和创造力的基础，对国家的长远发展和社会进步至关重要。2021年3月出版的《习近平关于注重家庭家教家风建设论述摘编》，体现了国家领导人对家庭教育的重视和深邃思考。2022年1月1日起正式施行的《中华人民共和国家庭教育促进法》明确规定，

---

* 本报告系李素庆主持的2024年度河北省社会科学院智库项目"河北家庭教育现状及对策研究"（项目编号：RC2024071）的成果。
** 李素庆，河北省社会科学院社会发展研究所助理研究员，研究方向为社会工作、家庭教育。

未成年人的父母或者其他监护人负责实施家庭教育，国家和社会为家庭教育提供指导、支持和服务，并将家庭教育界定为："父母或者其他监护人为促进未成年人全面健康成长，对其实施的道德品质、身体素质、生活技能、文化修养、行为习惯等方面的培育、引导和影响。"

当前，河北省家庭教育同全国一样处于刚刚起步的阶段。为深入了解全省家庭教育的现状，为进一步发展提供有针对性和行之有效的对策建议，本研究以家庭教育的受众为对象，面向全省11个设区市的小学四至六年级（以下用"小学"代称）学生①、初中学生、普通高中学生和职业高中学生开展问卷调查。

一 问卷调查的基本情况

此次调查依据《河北统计年鉴2023》中分市普通各级各类学校在校学生数（2022年）及其比例设定向各市分层抽样的比例，经过小范围试调查修正问卷后正式发放，回收有效问卷2186份。

（一）性别与年级

如表1所示，调查对象中男性1045人，占比47.8%；女性1141人，占比52.2%。其中，小学学生825人，初中学生664人，普高学生527人，职高学生170人。

（二）排行

调查对象中，有351人（16%）为独生子女，840人（38%）为非独生子女中的老大，821人（38%）为非独生子女中的老二，127人（6%）为非独生子女中的老三（见图1）。

---

① 前期试调查发现，小学低年级（一至三年级）学生在阅读问卷和理解问卷上可能存在困难，不太适合列为调查对象。

表1 调查对象的性别与年级分布

单位：人

性别	小学	初中	普高	职高	合计
男	408	314	211	112	1045
女	417	350	316	58	1141
小计	825	664	527	170	2186

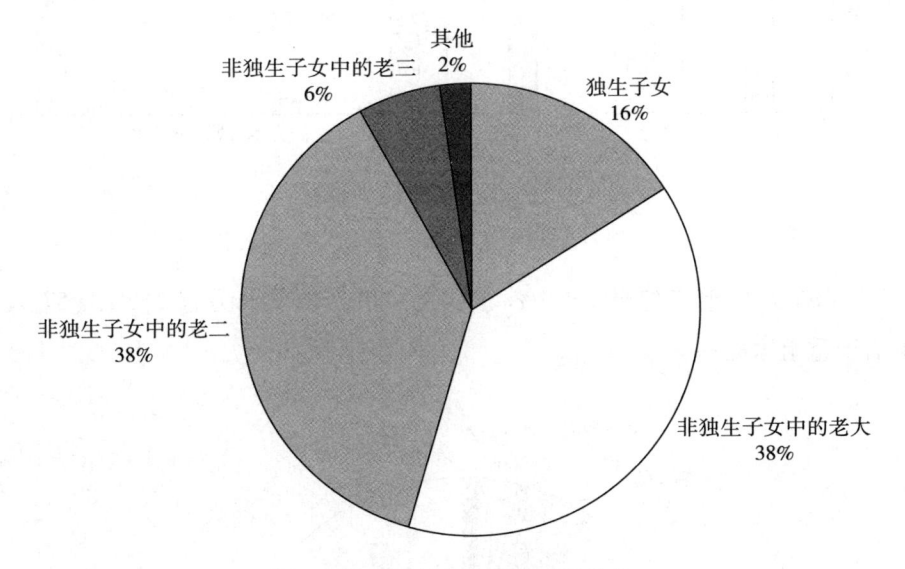

图1 调查对象在家中的排行分布

（三）父母学历

如图2所示，调查对象的父母学历有超过一半为高中/技校/中专及以下，父亲占比65.2%，母亲占比62.0%；学历为本科及以上的累计比例，父亲为12.3%，母亲为14.0%。

（四）家庭结构

如图3所示，调查对象中，90.6%（1980人）生活于双亲家庭中，

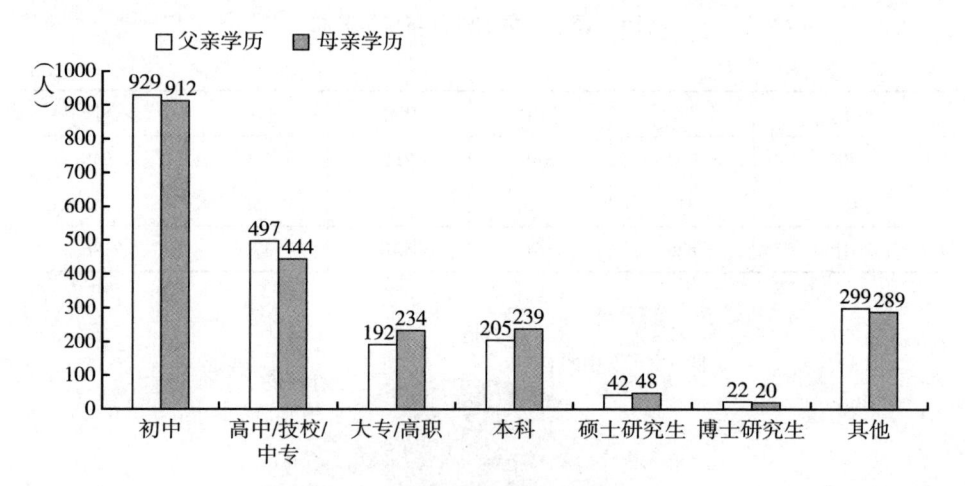

图 2 调查对象父母的学历分布

3.0%（66人）单亲随母，2.7%（60人）单亲随父，另有2.6%（57人）生活于重组家庭中。

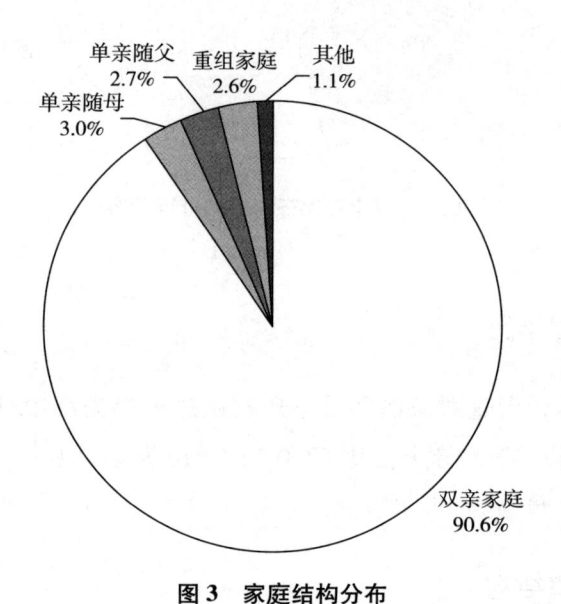

图 3 家庭结构分布

二 河北省家庭教育发展现状

（一）家庭教育的开展方式

1. 大部分家长主动与老师保持沟通

如表2所示，关于家长每学期主动与老师沟通的频率，调查对象认为有1~4次的占比最高，达61.2%；21.1%认为是0次；17.1%的人则认为达到5次及以上。可见，大部分家长主动与老师保持沟通。

表2 家长每学期主动与老师沟通的频率

单位：%

频率	百分比
0次	21.1
1~4次	61.2
5次及以上	17.1
其他	0.6

2. 家长开展家庭教育的频率最为普遍的是每周1~3次，高中阶段频率呈下降趋势

关于家庭教育的频率，如图4所示，各级各类学生的反馈占比最高的均为"每周1~3次"；小学学生中有较高比例（四至六年级分别占比31.4%、29.3%、21.0%）认为是"几乎每天"。普高学生和职高学生认为"几乎不"的比例显著高于"几乎每天"或"每周4次及以上"，可见到了高中阶段（含普高和职高，下同），家长开展家庭教育的频率呈下降趋势。

3. 家长每学期参加家庭教育培训的次数多在4次及以下，随着学生的成长家长参与度呈降低趋势

关于家长每学期参加家庭教育培训的次数，如图5所示，各级各类学生回答占比为前二的均为"0次""1~4次"。整体上，随着年级的增加，调查对象认为家长每学期参加家庭教育培训的次数为"1~4次"的呈现下降

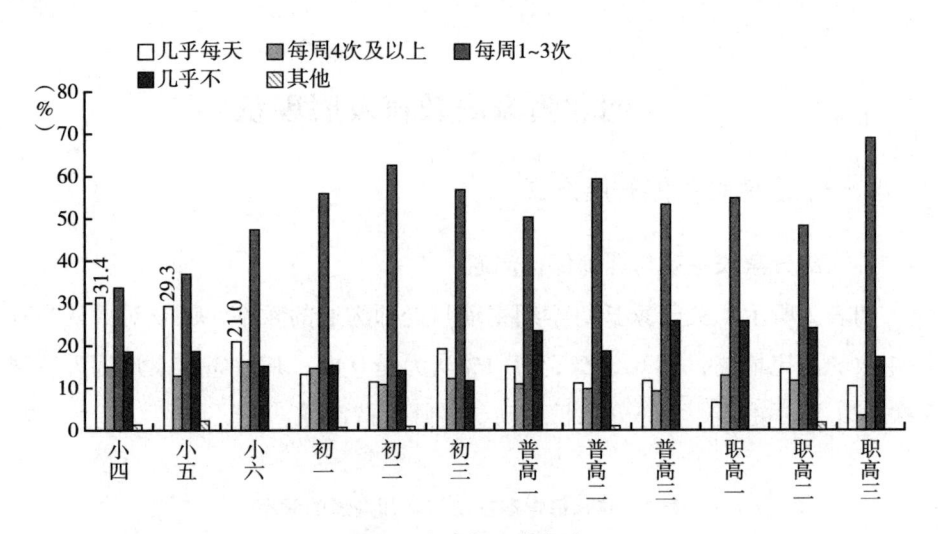

图 4　家庭教育的频率

趋势，认为"0 次"的呈现上升趋势，体现调查对象感知家长随着学生的成长，对家庭教育培训的参与度降低。

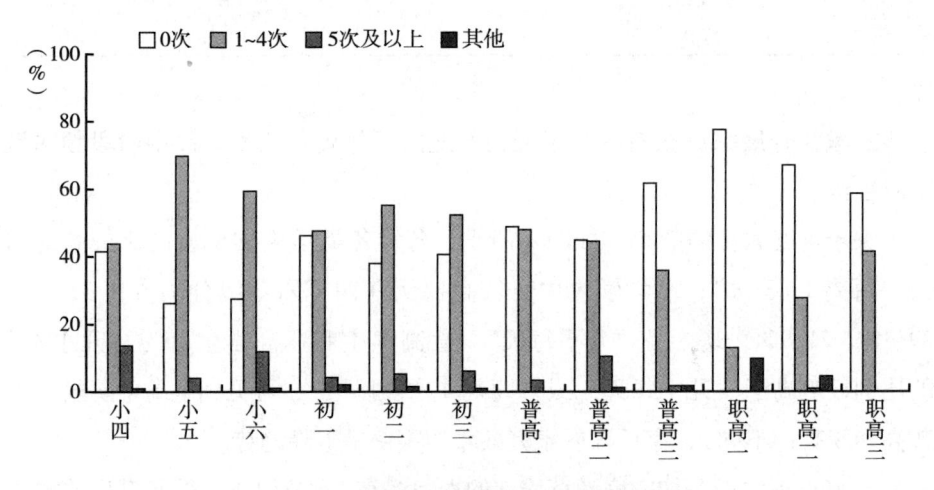

图 5　家长每学期参加家庭教育培训的次数

4. 学校家长会和视频是最为广泛的家长获取家庭教育知识的渠道，家长群、亲友和书籍的使用也较为普遍

如图 6 所示，关于家长获取家庭教育知识的渠道（多选），排名第一的为学校家长会,78.9%的调查对象认为家长通过学校家长会获取相关知识;其次为视频,占比达69.9%;有较多调查对象认为家长群(42.1%)、亲友(42.0%)和书籍(41.0%)也为家长提供了家庭教育知识;认为通过社会培训机构和政府社区讲堂获取相关知识的比例较低。

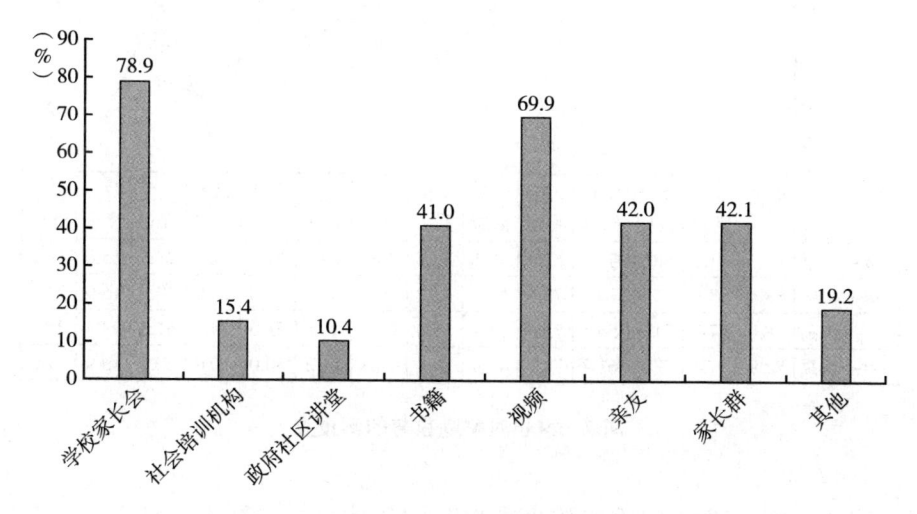

图6 家长获取家庭教育知识的渠道

(二)家庭教育的内容

1. 家庭教育普遍侧重道德品质、行为习惯和生活技能

如图7所示,整体而言,家长对各级各类学生开展的家庭教育侧重点排名前三的分别为道德品质、行为习惯和生活技能;排名最末的三项分别为思维策略、财务管理和权益维护;此外,对心理健康、亲情关系、社会交往、人生志向和人生规划等方面的侧重比例仍然偏低。

2. 大部分家长在开展道德品德教育时言传与身教并重,但小学阶段后对于"身教"的重视程度有所下降

关于家长开展道德品德教育的方式,如图8所示,不同年龄段和类别的学生中,认为"言传与身教并重"的占比最高,除小学学生认为"重身教

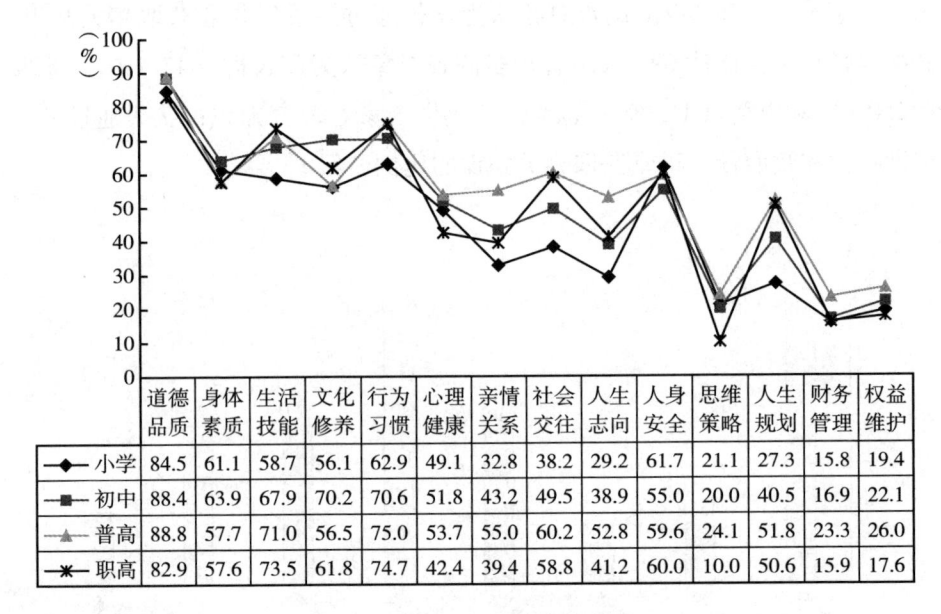

	道德品质	身体素质	生活技能	文化修养	行为习惯	心理健康	亲情关系	社会交往	人生志向	人身安全	思维策略	人生规划	财务管理	权益维护
小学	84.5	61.1	58.7	56.1	62.9	49.1	32.8	38.2	29.2	61.7	21.1	27.3	15.8	19.4
初中	88.4	63.9	67.9	70.2	70.6	51.8	43.2	49.5	38.9	55.0	20.0	40.5	16.9	22.1
普高	88.8	57.7	71.0	56.5	75.0	53.7	55.0	60.2	52.8	59.6	24.1	51.8	23.3	26.0
职高	82.9	57.6	73.5	61.8	74.7	42.4	39.4	58.8	41.2	60.0	10.0	50.6	15.9	17.6

图 7 家长对家庭教育的侧重点

少言传"的比例高于"重言传少身教"的比例之外，初中、普高、职高学生中排名第二的均为"重言传少身教"，显示小学阶段后的家长对于"身教"的重视程度有所下降。

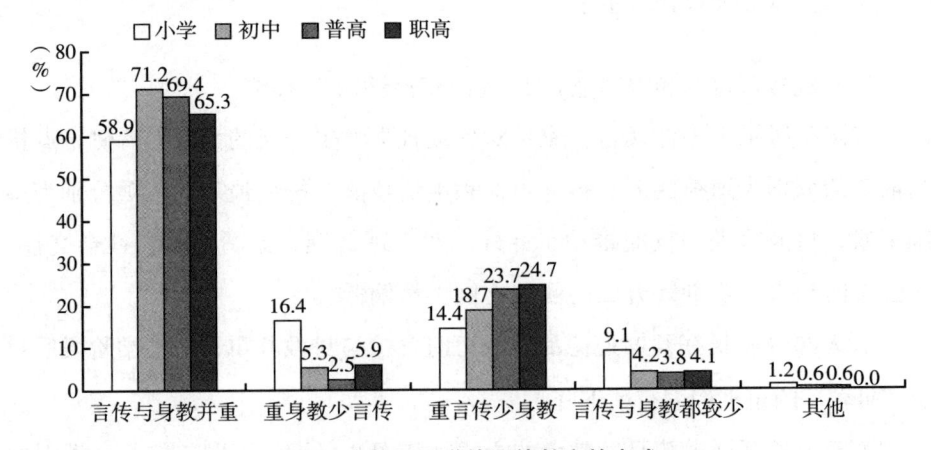

图 8 家长开展道德品德教育的方式

3. 部分调查对象的身体健康情况仍需加强重视

如图9所示，小学、初中、普高和职高学生报告身体存在长期困扰自己但家长并不知道的小病痛的比例分别为10.5%、8.7%、17.3%和11.2%，这表明，未成年人（尤其高中生）的身体健康情况仍需加强重视，未令家长知道的原因也值得探究。

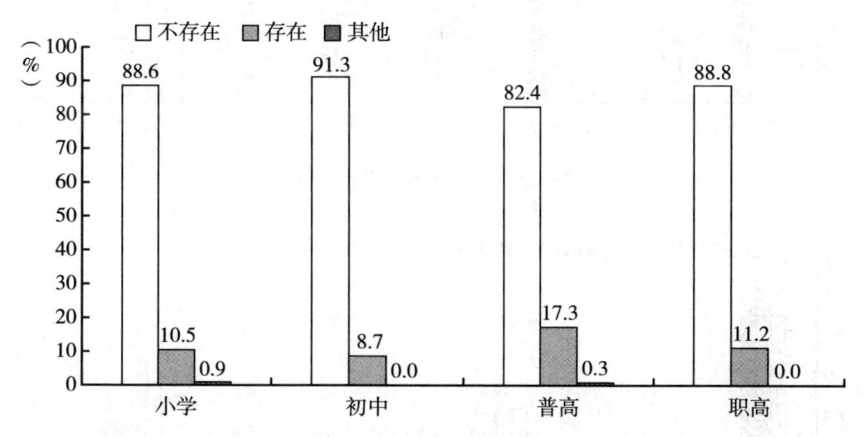

图9　身体存在长期困扰自己但家长并不知道的小病痛的比例

4. 大部分家庭重视对孩子生活技能的锻炼，但仍有小比例调查对象不承担任何生活任务

如图10所示，整体而言，在家庭生活中大部分调查对象承担一定的生活任务，排名前五的依次为清洗餐具、整理内务、清洗衣物、洒扫庭除和帮厨助餐。但仍有一定比例的调查对象报告"不承担"，小学、初中、普高、职高学生依次占比4.1%、5.7%、4.6%、6.5%，这意味着，这些群体在生活技能的锻炼上存在相应的欠缺。

5. 文化修养方面较为重视言谈举止、文学常识和才艺技能

如图11所示，在文化修养方面，整体上各级各类调查对象报告家长的重视程度排名前三的依次为言谈举止、文学常识和才艺技能，探索精神、创新意识、人文历史、艺术审美和国学思想均有一定比例的涉及，但仍有小比例调查对象报告"都不注重"，小学、初中、普高和职高学生依次占比

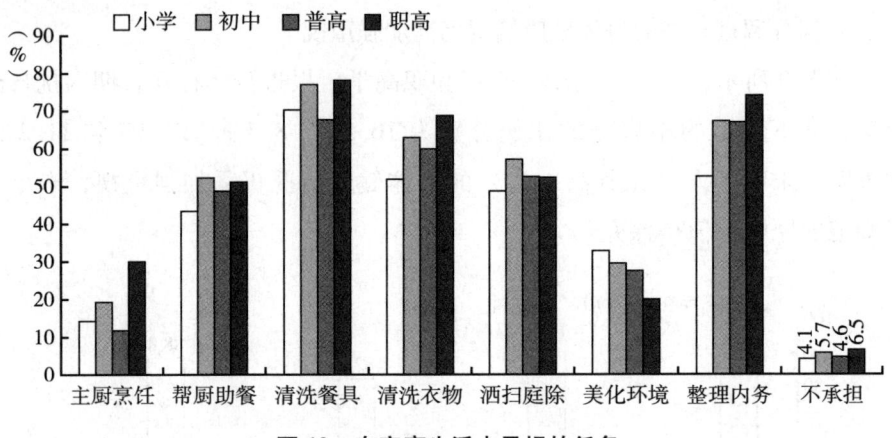

图10 在家庭生活中承担的任务

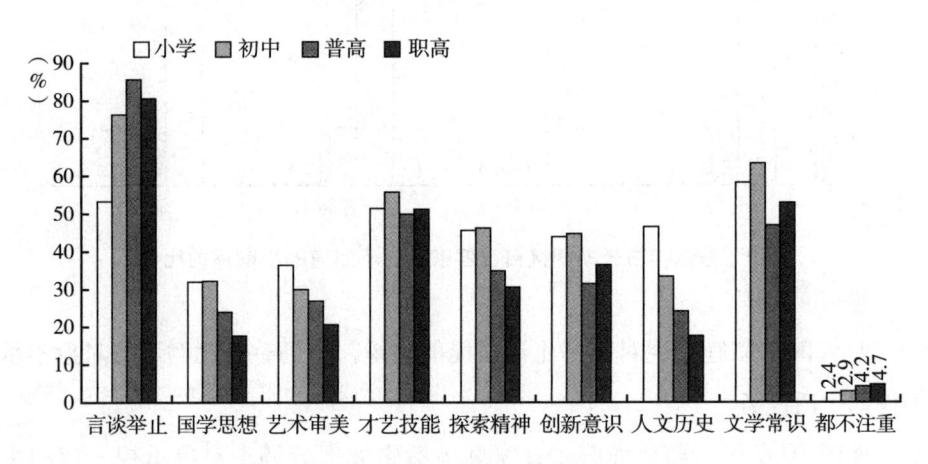

图11 文化修养方面家长注重的培养面向

2.4%、2.9%、4.2%和4.7%。

6. 部分调查对象在情绪管理、学历规划方面需要引导

表3显示,小学、初中、普高和职高学生认为自己情绪管理能力"较弱"或"非常弱"的累计比例分别为11.9%、11.2%、15.5%和10.6%,表明相当比例的调查对象情绪管理能力有待增强。

如表4所示,各级各类学生中,均有一定的比例"没考虑过"对自己的学历规划。小学、初中、普高和职高学生规划自己的学历为本科及以上的累计比例分别为65.5%、70.7%、87.9%和36.5%。

表3 对自己情绪管理能力的评价

单位：%

年级	非常强	较强	一般	较弱	非常弱	其他
小学	14.1	34.2	39.8	8.4	3.5	0.0
初中	16.0	34.2	38.4	8.0	3.2	0.2
普高	15.2	29.8	39.5	10.8	4.7	0.0
职高	8.2	28.2	52.9	8.8	1.8	0.1

表4 对自己的学历规划

单位：%

年级	初中	高中/技校/中专	大专/高职	本科	硕士研究生	博士研究生	没考虑过	其他
小学	2.3	6.4	8.4	23.8	19.3	22.4	16.7	0.7
初中	2.3	7.7	6.8	39.0	17.5	14.2	12.5	0.0
普高	0.8	0.6	3.0	45.7	28.3	13.9	7.6	0.1
职高	0.6	11.8	43.5	25.3	4.1	7.1	7.6	0.0

7. 在家庭教育中对生命教育的重视较为不足

如表5所示，各级各类学生均认为，关于生命价值与意义话题，家长和自己"经常"谈起的比例在40%左右，大部分（约60%）调查对象认为"较少"谈起或"从不"谈起。关于死亡话题的谈论则更少，频率为"经常"的占比仅为5.3%~11.2%，绝大部分调查对象认为"较少"谈起或"从不"谈起。可见，当前阶段，家长在家庭教育中开展生命教育的意识较为淡薄，尤其讳言"死亡"。

表5 家庭教育中谈及生命价值与意义、死亡话题的频率

单位：%

年级	关于生命价值与意义话题,家长和你谈起的频率				关于死亡话题,家长和你谈起的频率			
	经常	较少	从不	其他	经常	较少	从不	其他
小学	39.3	48.4	11.8	0.5	5.3	43.2	51.3	0.2
初中	41.0	49.8	9.2	0.0	10.5	56.5	32.8	0.2
普高	39.7	48.2	11.0	1.1	8.3	62.6	27.9	1.2
职高	37.1	48.2	14.7	0.0	11.2	51.8	36.5	0.5

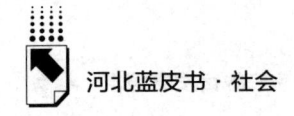

（三）父母的履职情况

1. 家庭教育职责主要由父母（尤其妈妈）承担，各级各类学生认为家中最强势的人是妈妈的占比均排名第一

如图12所示，父母承担了对各级各类学生开展家庭教育的主要职责，其中妈妈作为主要履职人的情况在各群体中的比例都达到或者超过70%。

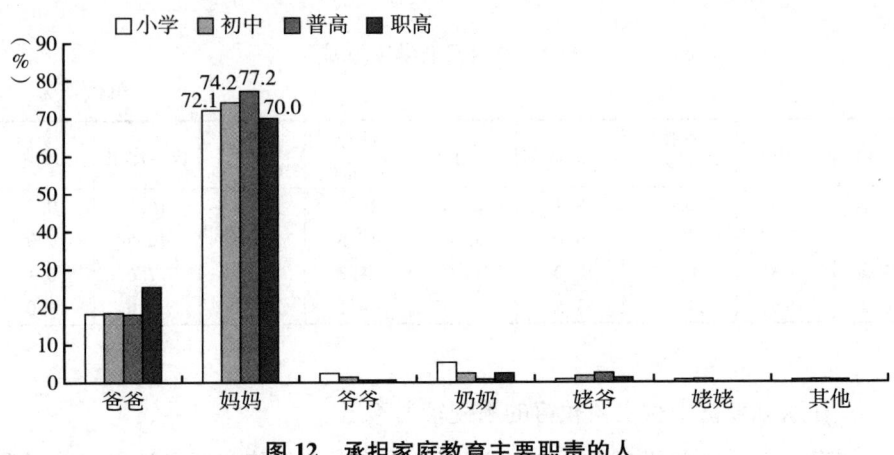

图12　承担家庭教育主要职责的人

图13显示，面对家中最强势的人的相关题目，大部分调查对象的回答是爸爸或妈妈，其中，认为妈妈最强势的比例在各级各类学生中都排名第

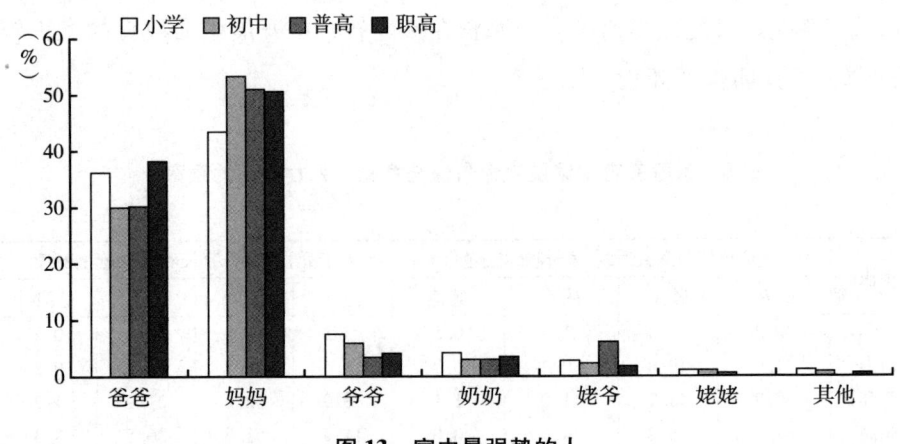

图13　家中最强势的人

一，认为爸爸最强势的其次。

图 14 显示，各级各类调查对象中，绝大部分人反馈与主要职责家长之间是"平和"、"友好"和"亲密"的积极关系，尤其关系"亲密"的在各级各类调查对象中均排名第一。但值得特别注意的是，仍存在小比例的调查对象报告"紧张""冷漠"的消极关系。

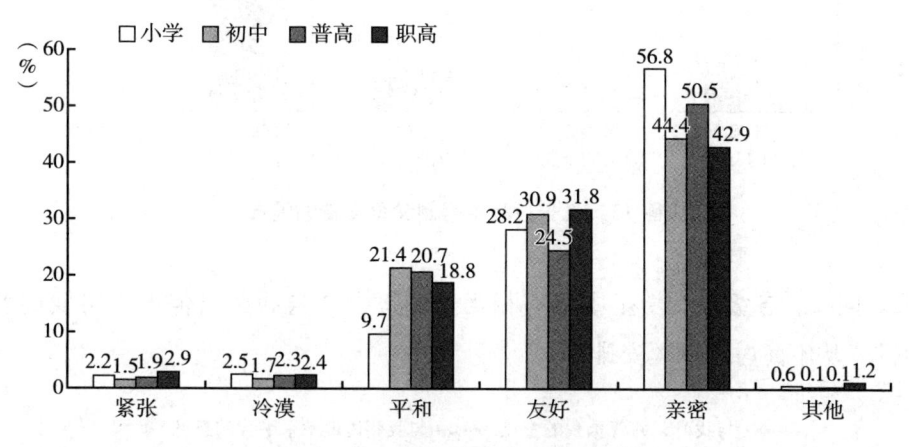

图 14 与主要职责家长之间的关系

2. 大部分调查对象认为成长过程中得到了父母的支持

成长过程中，各级各类学生中认为同时"得到了父母的支持"的比例（78.6%~82.1%）都远高于其他情况（见图 15）。同时，各级各类学生中，均有不可忽视的比例显示存在得不到父母一方或者双方支持的情况，其中，"得不到父亲的支持"的情况整体上显著高于"得不到母亲的支持"的情况。

（四）家内互动与氛围

1. 大部分家长能尊重孩子的意见与隐私，但改善的空间仍然较大

如图 16 所示，关于在与调查对象有关的事情上父母的决策方式，小学、初中、普高和职高学生回答最多的均为"与我商讨并尊重我的意见"，比例分别为 81.1%、84.2%、82.7% 和 79.4%，表明大部分家长能尊重孩子的意

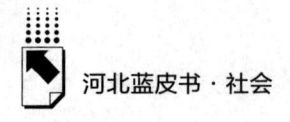

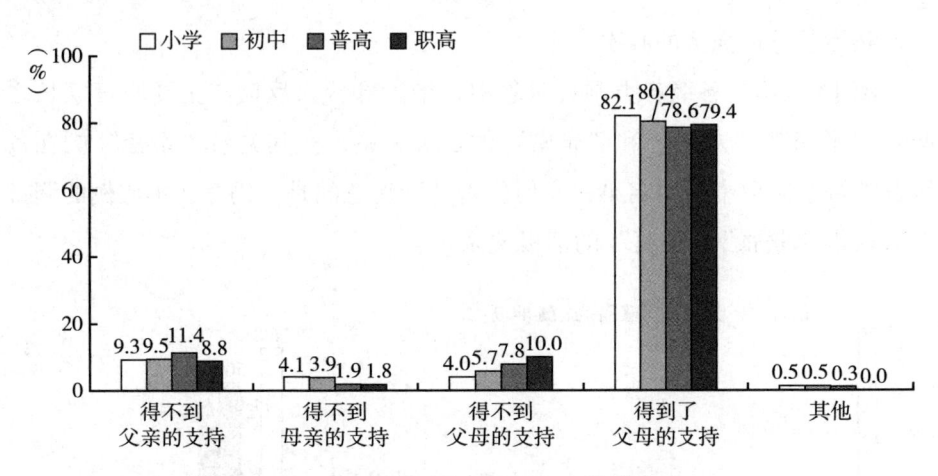

图15 成长过程中得到父母支持的情况

见。同时，各级各类学生中均有相当比例报告"与我商讨但不采纳我的意见""从不商讨且全程安排"。

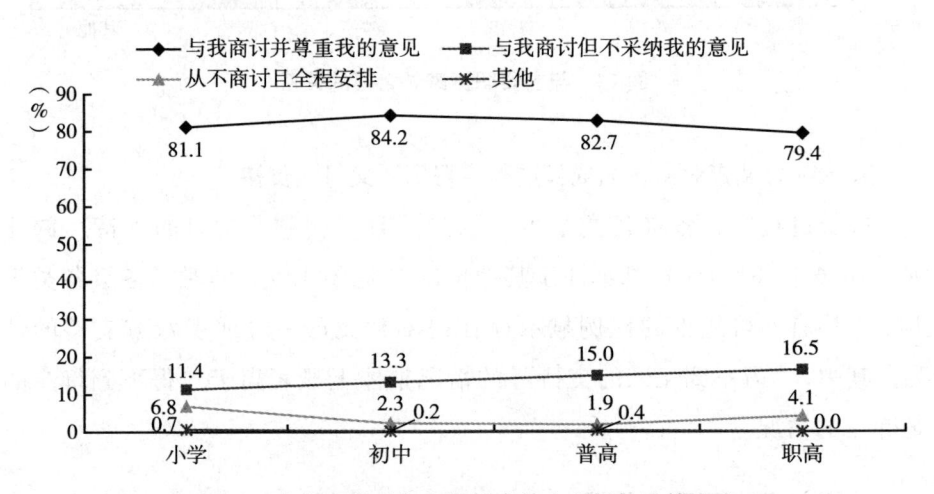

图16 在与调查对象有关的事情上父母的决策方式

图17显示，大部分调查对象认为家长"从不"私自翻看自己的物品或闯入自己的房间，但各级各类学生中仍有相当比例报告"经常"或"偶尔"，小学、初中、普高和职高关于这两项的累计比例分别为17.1%、10.6%、18.8%和15.3%。

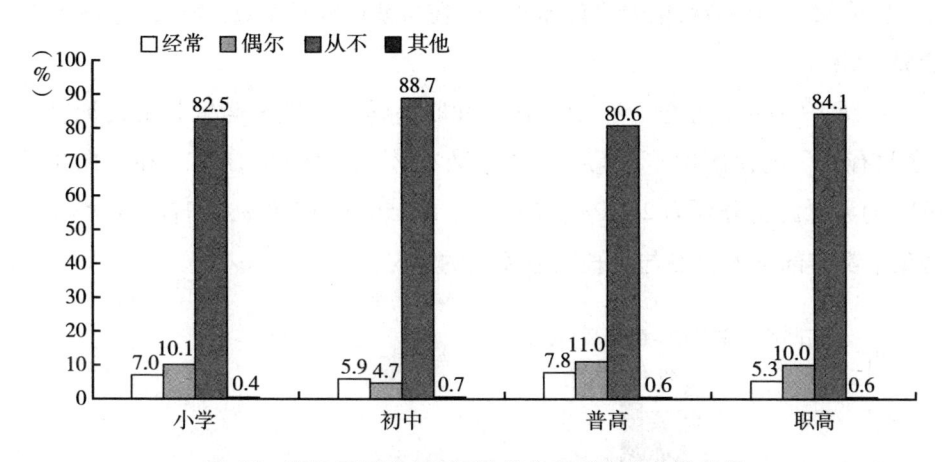

图 17　家长是否私自翻看你的物品或闯入你的房间

2. 整体上超过50%的家长"经常"或"偶尔"当着孩子的面争吵或动手

小学、初中、普高和职高学生报告家长"从不"当着孩子的面争吵或动手的比例分别为46.2%、49.7%、37.4%和38.8%（见图18），表明家长"经常"或"偶尔"当着孩子的面争吵或动手的比例在各级各类调查对象中整体超过了50%（除初中）。

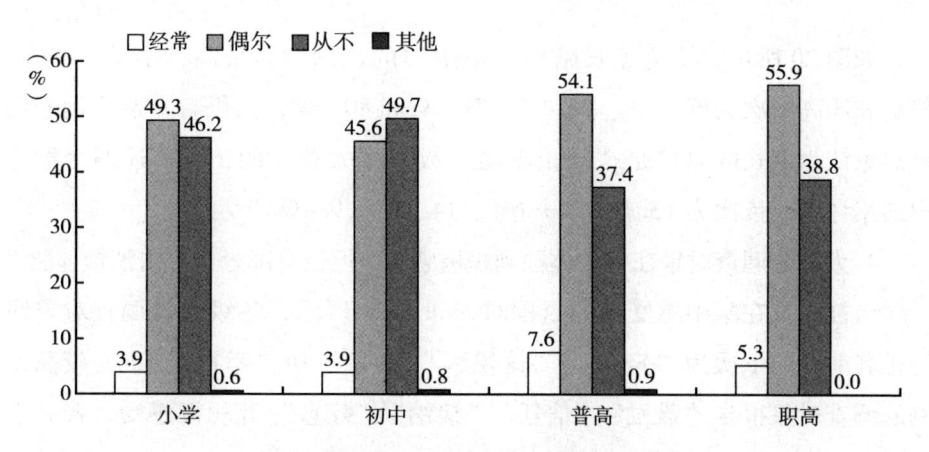

图 18　家长是否当着孩子的面争吵或动手

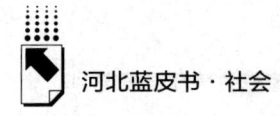

3. 各级各类调查对象中都有部分人存在与家长沟通无效、家长陪伴不足的情况

如图19所示，小学、初中、普高和职高学生反馈，与家长的沟通情况"多数有效"的比例均排名第一，"半数有效"、"较少有效"和"向来无效"的累计比例分别为26.4%、29.5%、35.5%和37.0%，即各级各类调查对象中都有部分人存在与家长沟通无效的情况。

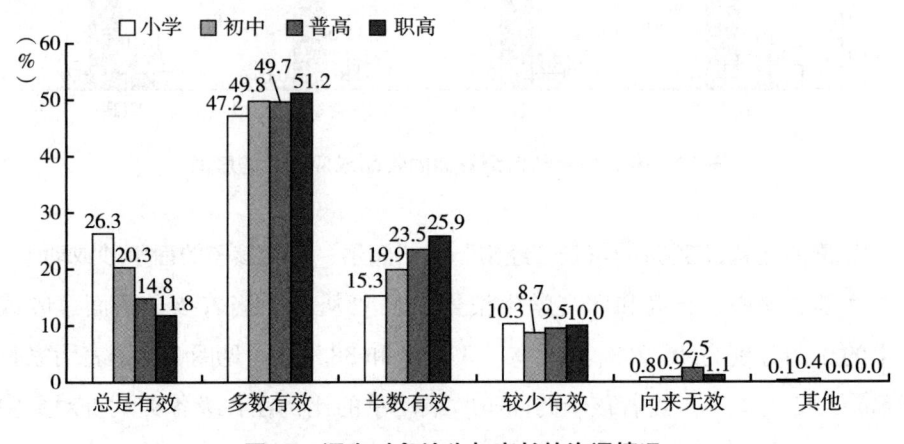

图19 调查对象认为与家长的沟通情况

如图20所示，认为家长陪伴"适中"的比例均为最高，小学、初中、普高和职高依次为67.0%、76.4%、79.1%和80.0%，但仍有一定比例的调查对象认为家长的陪伴是"严重不足"或"不太够"的，在前述四个群体中的累计占比依次为13.1%、11.6%、14.4%和9.4%。

4. 大部分调查对象在家中体验到积极感受，但也有部分人报告消极体验

当被问及在家中感受到的氛围时，如图21所示，各级各类调查对象回答排名前四的依次为"轻松"、"愉悦"、"温馨"和"幸福"；也有较高比例的调查对象报告"鼓励""信任""接纳""疗愈"等积极感受，普高学生对这四种感受的报告均高于其他三个群体，且感受到"接纳"和"疗愈"的比例远远高出其他三个群体。此外，各级各类调查对象中均有一定比例报告"压抑""指责""争执""挑剔""无助""恐慌""审视""紧张"等负

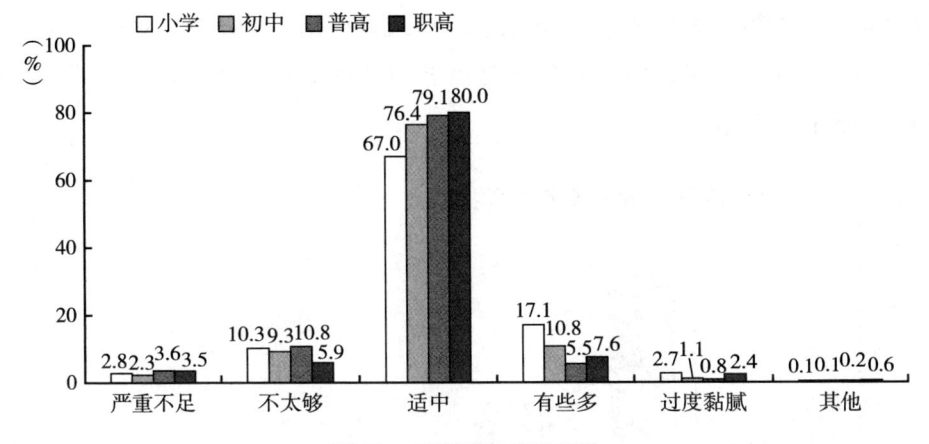

图 20　对家长陪伴的评价

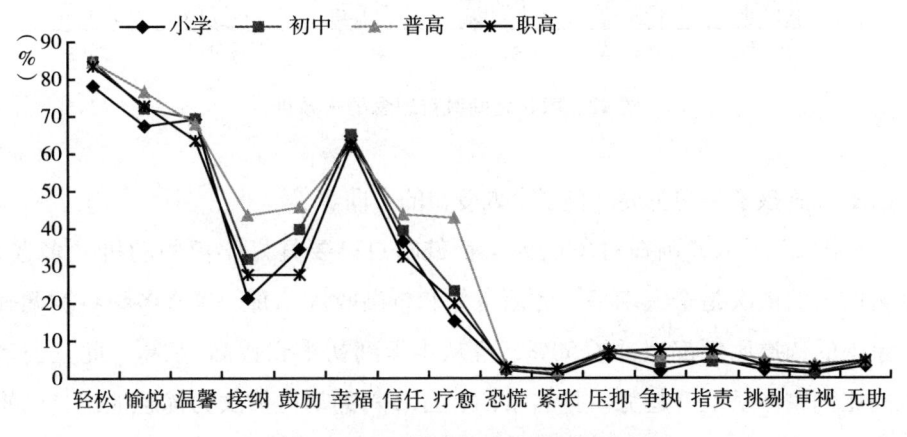

图 21　调查对象在家中感受到的氛围

面感受。这表明，大部分调查对象在家中体验到比较积极正面的氛围，但仍有部分家庭给人带来消极负面的感受。

（五）家长的教育理念与状态

1. 家长之间教育理念一致的比例较高，但存在分歧的情况也不可忽视

如图 22 所示，小学、初中、普高和职高学生报告家长之间教育理念"完全一致"和"多数一致"的累计比例分别为 76.6%、72.1%、74.4% 和

68.8%,"少数一致"和"严重分歧"的累计比例分别为7.0%、6.3%、6.2%和4.7%,表明大部分家长在对孩子的教育上在多数情况下能保持一致,但也存在分歧。

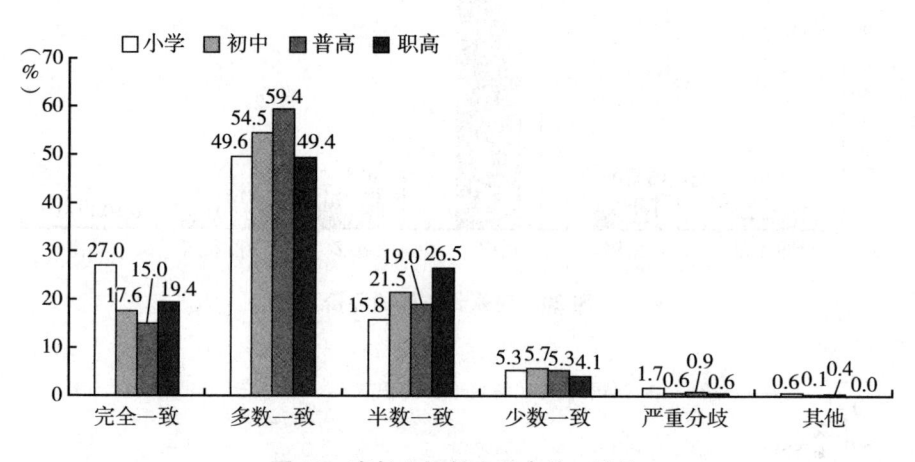

图22 家长之间教育理念的一致性

2. 鼓励孩子学习主要从孩子个人受益的方向着手

如图23所示,调查对象认为家长鼓励自己要好好学习的动机(多选)排名前三的依次是个人幸福、体面工作和较高收入,每一项在各级各类调查对象中的选择比例都超过了50%,且从小学到初中到普高/职高,此三类动机的比例整体呈上升趋势。排名第四、五、六的动机依次为优越地位、民族复兴和人类福祉,占比均低于40%,且从小学到初中到普高/职高,此三类动机的比例整体呈下降趋势。这表明,大部分家长鼓励孩子学习主要从孩子个人受益的方向着手,对民族与人类等宏观面向的关注引导较为不足,越到高年级,这一特征越突出。

3. 家长普遍为孩子学业感到焦虑,相当比例的家长以成绩衡量好坏

如图24所示,关于家长是否为孩子的学业感到焦虑,各级各类调查对象中排名第一的回答均为"偶尔",且比例都超过了50%。其次为"经常",小学、初中、普高和职高分别占比23.2%、32.4%、37.2%和32.9%。报告"从不"的比例较低。这呈现当前各级各类家长普遍为孩子学业感到

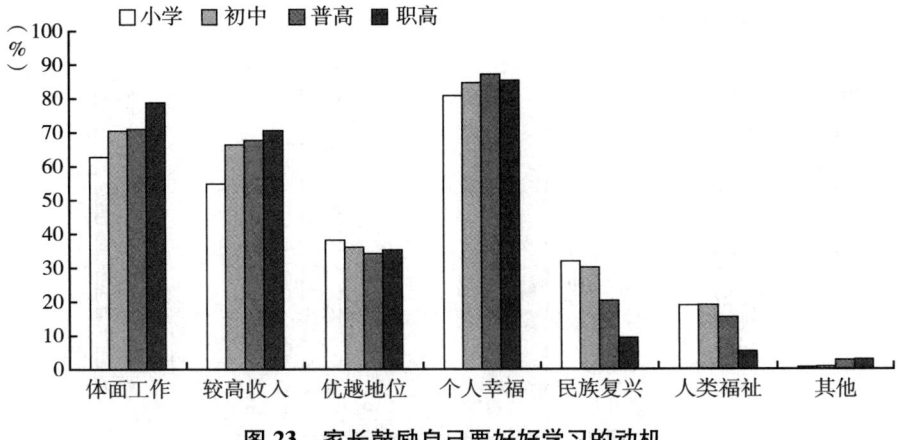

图23 家长鼓励自己要好好学习的动机

焦虑。图25显示，各级各类调查对象均有相当比例反馈家长以成绩衡量好坏。

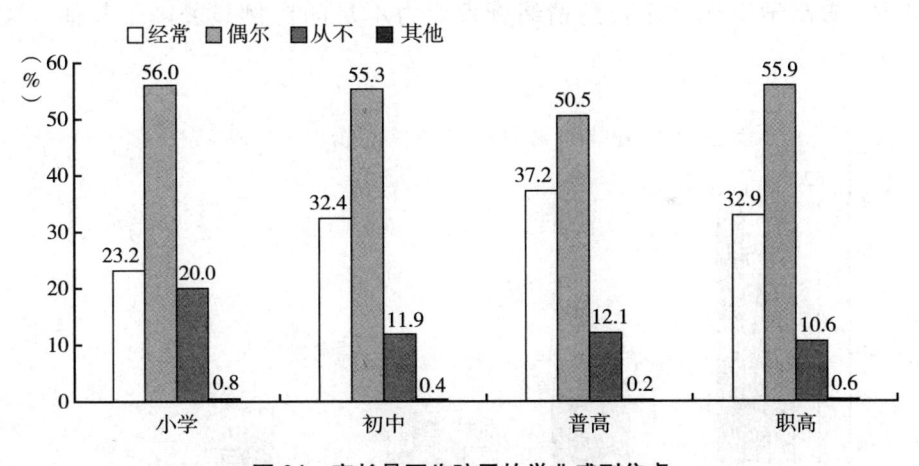

图24 家长是否为孩子的学业感到焦虑

4. 大部分家长有较好的情绪管理能力，普高学生认为家长的情绪管理能力不足的比例显著较高

如图26所示，关于家长的情绪管理能力，占比最高的回答均为"都很强"，远高于其他选项；其次为"主管我的人较强"。这表明大部分家长有较好的情绪管理能力。但要注意的是，仍有相当比例的调查对象认为家长的

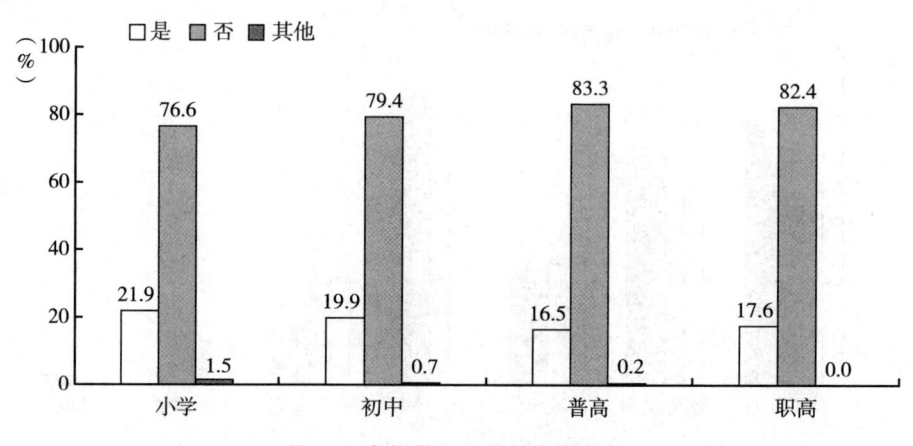

图25 家长是否以成绩衡量好坏

情绪管理能力是不足的，小学、初中、普高和职高学生回答"主管我的人较弱"和"都很弱"的累计比例分别为13.7%、16.5%、29.1%和18.8%。其中，普高学生认为家长的情绪管理能力不足的比例显著高于其他三类群体。

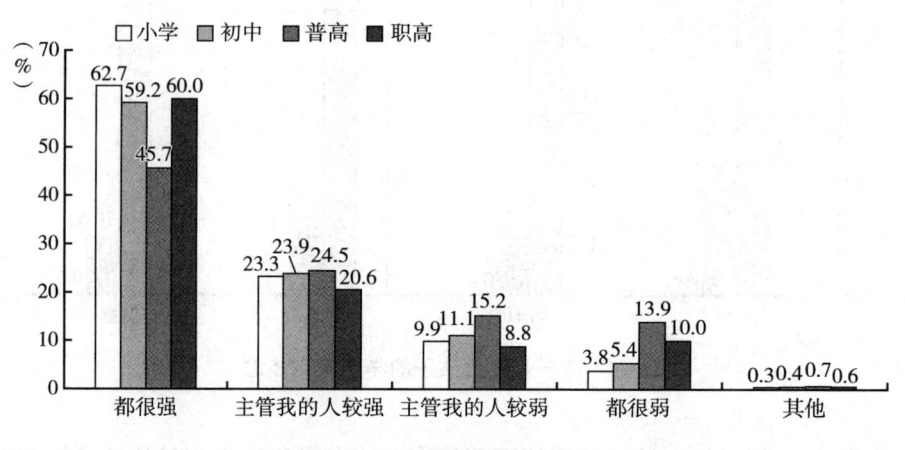

图26 家长的情绪管理能力

5. 唠叨是家庭教育中普遍存在的不良现象，公认最不能容忍的前五名中均包含攀比、不守信、道德绑架

如图27所示，关于家长在家庭教育中存在的不良现象（多选），调查

对象反馈排名第一的为唠叨,在各级各类调查对象中的占比均超过了70%,显示唠叨是家长中普遍存在的现象;排名第二至五的依次为攀比、抱怨、翻旧账和不守信。其中,小学学生最不能容忍的前五名依次为攀比、打骂、不守信、道德绑架、唠叨,占比均超过了21%;初中学生最不能容忍的前五名依次为攀比、不守信、道德绑架、打骂、情感绑架,占比均超过了21%;普高学生最不能容忍的前五名依次为道德绑架、情感绑架、攀比、讥讽、不守信,占比均超过了23%;职高学生最不能容忍的前五名依次为攀比、道德绑架、打骂、不守信、唠叨,占比均超过了23%。各级各类调查对象认为最不能容忍的前五名中均包含攀比、不守信、道德绑架(见图28)。

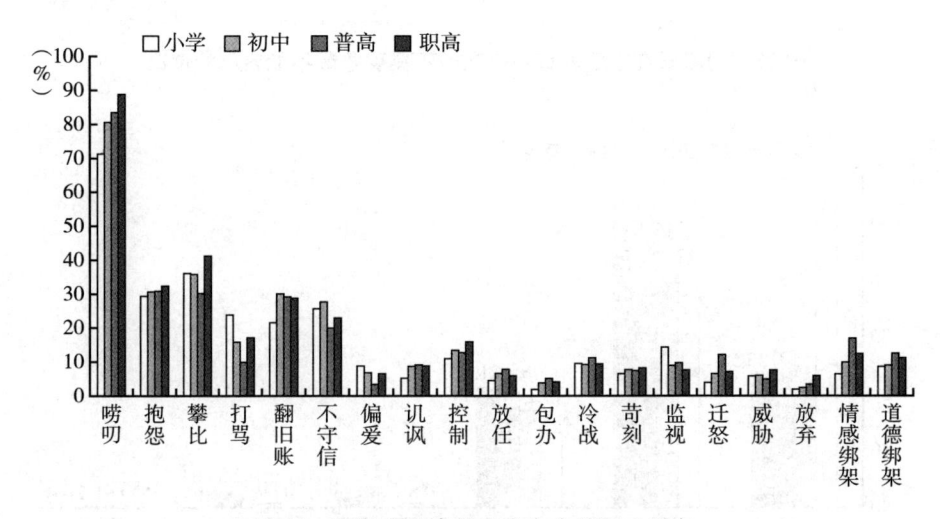

图27　家长在家庭教育中存在的不良现象

6. 调查对象普遍对家庭教育效果给予积极的评价,但仍有进步的空间

如图29所示,整体上,大部分调查对象认为家长所提供的家庭教育效果"非常好"或者"较好",小学、初中、普高和职高学生在这两项上的累计比例分别为84.3%、80.0%、76.1%和74.1%,表达"不理想"和"很不理想"的累计比例较低,依次为1.6%、2.4%、5.9%和4.7%。这表明,调查对象普遍对家庭教育效果给予积极的评价,但仍有进步的空间。

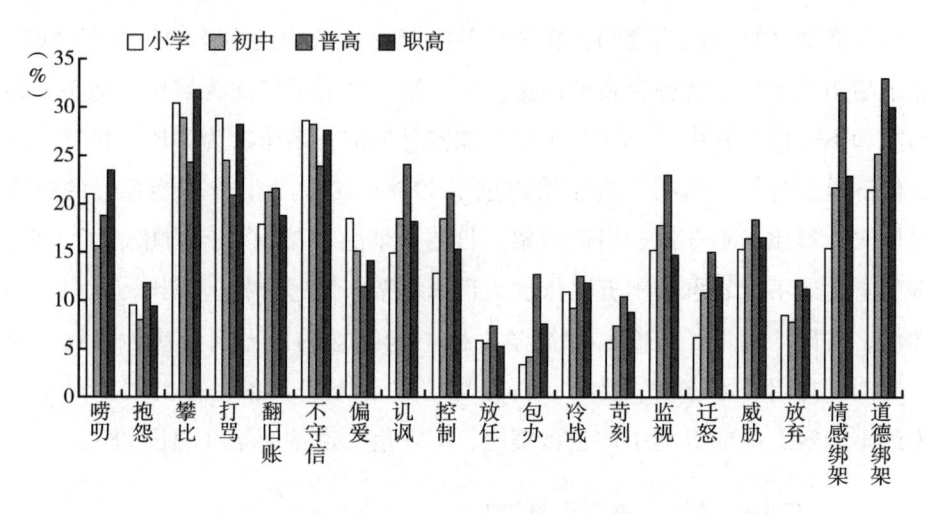

图 28 对家长在家庭教育中存在的不良现象最不能容忍的情况

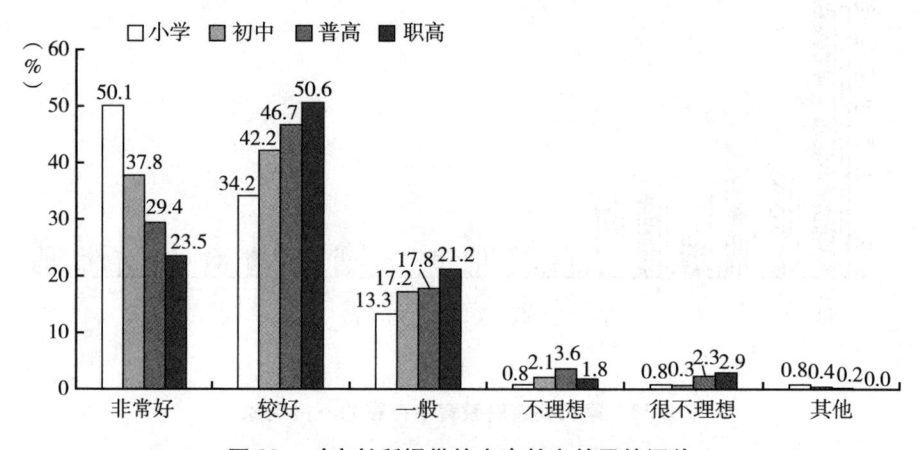

图 29 对家长所提供的家庭教育效果的评价

三 存在的主要问题

（一）社会资源的参与程度较低

2023年2月，河北省教育厅等部门印发《关于健全学校家庭社会协同育人机制的若干措施》，进一步强调引导社会有效支持服务全面育人、加强学校家庭社会协同育人组织领导、夯实学校家庭社会协同育人支撑保障。省领导多次在重要场合就家庭教育问题发表重要讲话或做出重要指示，呼吁社会各界共同努力，营造尊重家庭教育、支持家庭教育的社会氛围。如前文所示，本研究发现家长获取家庭教育知识的渠道主要为学校家长会和视频，社会培训机构和政府社区讲堂等正式社会资源的比例较低，这表明，河北省家庭教育社会资源的参与程度有待提升。

（二）随着年级的增加，家长对家庭教育的重视程度有所下降

从开展家庭教育的频率和参加家庭教育培训的次数都随年级增加而下降，以及从初中开始家长对身教的注重比例下降可以看出，随着年级的增加，家长对家庭教育的重视程度有所下降。这一现象可能反映，家庭教育在子女成长过程中提供的支持力度逐渐减弱，家长参与度的下降可能导致子女在面临学业压力、人际矛盾、心理困惑等挑战时缺乏足够的家庭支持而影响其心理韧性与适应性发展；而身教的缺位则可能削弱家长在引导子女良好的道德品质、身体素质、生活技能、文化修养和行为习惯养成方面可能发挥的示范作用。此种趋势不仅不利于未成年个体的成长，也不利于"家—校—社"协同育人生态的形成。

（三）情绪问题和亲子关系问题给家庭教育带来困扰

家长的情绪管理能力直接影响家庭氛围和子女的情绪发展。研究表明，家长的情绪管理能力与子女的情绪稳定性呈显著正相关[1]，当家长较好地管理自身情绪时，能够减少家庭冲突，为子女提供良好的示范，并促进子女的心理健康发展。此外，良好的亲子关系有助于家长更有效地传递价值观和行为规范，是家庭教育得以有效开展的基础。高质量的亲子互动能够增强子女

---

[1] Morris, A. S., Silk, J. S., Steinberg, L., Myers, S. S., & Robinson, L. R., "The Role of the Family Context in the Development of Emotion Regulation," *Social Development* 16, 2 (2007): 361-388.

的安全感和信任感，进而增强其学习动机和社会适应能力[①]。可见，家长良好的情绪管理能力和较高的亲子关系质量对家庭教育的有效开展至关重要。本研究发现，有相当比例（13.7%~29.1%）的调查对象认为家长的情绪管理能力是不足的；家长普遍为孩子学业感到焦虑，可见家长普遍面临情绪问题。此外，各级各类调查对象都有一定比例报告显示亲子关系不佳的信息，例如：身体存在长期困扰自己但家长并不知道的小病痛；与主要职责家长之间是"紧张""冷漠"的消极关系；得不到父母一方或者双方支持；与家长沟通无效；家长的陪伴"严重不足"或"不太够"；在家中获得"压抑""指责""争执""挑剔""无助""恐慌""审视""紧张"等消极体验……家长面临的这些情绪问题和亲子关系问题必将给家庭教育的开展带来困扰。

此外，部分的调查对象（10.6%~15.5%）认为自己情绪管理能力"较弱"或"非常弱"，若不改善，也将对家庭教育成效产生消极影响。

（四）部分家长的教育理念有待修正

父母的教育理念是决定家庭教育品质的关键。研究表明，家长的教育理念直接影响其教育行为和教育环境的营造[②]。当家长的教育理念与社会发展需求和儿童成长规律相契合时，能够更有效地提升家庭教育的整体质量[③]。反之，理念的偏误将带来家庭教育品质的偏差。本研究发现，各级各类调查对象都有一定比例报告了家长教育理念存在不足，例如：在家庭生活中不承担任何生活任务；在中华民族伟大复兴的时代背景下，对人文历史、艺术审

[①] Darling, N., & Steinberg, L., "Parenting Style as Context: An Integrative Model," *Psychological Bulletin* 113, 3 (1993): 487-496.

[②] Bornstein, M. H., & Cheah, C. S. L., "The Place of 'Culture and Parenting' in the Ecological Contextual Perspective on Developmental Science," *Parenting: Science and Practice* 6, 2-3 (2006): 343-364.

[③] Parke, R. D., & Buriel, R., "Socialization in the Family: Ethnic and Ecological Perspectives," in Damon, W. & Lerner, R. M. (eds.), *Handbook of Child Psychology* (John Wiley & Sons, 2006), pp. 429-504.

美和国学思想方面的修养重视不够，甚至完全不注重文化修养；在学历规划上没有考虑；家长对生命教育的意识较为淡薄；家长对子女的意见或隐私不尊重；家长的陪伴不足；从孩子个人受益的方向鼓励孩子学习而对民族与人类等宏观面向的关注引导不足；为孩子学业感到焦虑、以成绩论好坏；家长存在攀比、不守信、道德绑架、讥讽等做法……这些现象背后蕴含着家长教育理念的偏歧，有待修正。

（五）父亲履职不足给家庭教育带来不利影响

高品质的家庭教育应当有父母角色的共同参与。研究表明，父亲在家庭教育中的积极参与对子女的认知、社会情感能力、学业成就[1]和社会适应性[2]有显著的积极作用。相反，父亲缺席的家庭中，子女更容易出现行为问题、学业困难以及情绪调节障碍[3]，对子女的长期发展产生负面影响。本研究发现，妈妈承担家庭教育主要职责的比例远远高于爸爸，且子女"得不到父亲的支持"的情况整体上显著多于"得不到母亲的支持"的情况，这表明，当前存在的父亲履职不足的情况将给家庭教育带来不利影响。

（六）家庭教育指导需求有待满足

河北省妇联《河北省家庭教育促进条例》立法前期工作专项课题组于2022年发布的《河北省家庭教育现状、问题及立法对策》一文指出："77.7%的家长认为自身家庭教育方法欠缺，不知道如何教育好孩子，37.3%的家长意识到自身缺少家庭教育的相关知识，不知道怎么做是对的，

---

[1] Cabrera, N. J., Volling, B. L., & Barr, R., "Fathers Are Parents, Too! Widening the Lens on Parenting for Children's Development," *Child Development Perspectives* 12, 3 (2018): 152-157.

[2] Lamb, M. E., "How Do Fathers Influence Children's Development? Let Me Count the Ways," in Lamb, M. E. (ed.), *The Role of the Father in Child Development* (Wiley, 2010), pp. 1-26.

[3] Amato, P. R., & Rivera, F., "Paternal Involvement and Children's Behavior Problems," *Journal of Marriage and the Family* 61, 2 (1999): 375-384.

因此亟须加强对家长的教育指导。"[①] 本研究也发现，家长之间"经常"或"偶尔"当着孩子的面争吵或动手、家长在对孩子的教育上存在分歧、对孩子陪伴不足等情况在各级各类调查对象中都有一定的比例，这些情况都表明家长存在接受家庭教育指导的需求，亟须满足。

四 对策建议

（一）理念上：强化中华优秀传统文化在家庭教育中的融入，引导家长树立宏观育人观，加强家庭教育指导从而纠正实践偏差

第一，强化中华优秀传统文化在家庭教育中的融入。通过多种渠道向家长传播中华优秀传统文化的核心价值。例如，教育部门可开发以传统文化为主题的家庭教育课程，涵盖国学思想、人文历史、艺术审美等内容，并通过学校家长会、政府社区讲堂、视频等途径推广。学校可组织传统文化主题活动，如经典诵读、传统节日庆祝等，鼓励家长与孩子共同参与，增强文化认同感。同时，媒体可制作高质量的传统文化教育节目，帮助家长在潜移默化中提升文化修养，并将其融入日常家庭教育中。

第二，引导家长树立宏观育人观，注重民族与人类关怀。引导家长的教育理念从单纯关注个人利益转向兼顾民族复兴与人类发展的宏观视野。通过家长会、家校互动平台等渠道，向家长传递"为党育人、为国育才"的教育理念，强调培育孩子的社会责任感、家国情怀和全球视野，帮助家长认识到教育不仅是一人一家发展的需要，更是民族复兴与人类进步的基石。鼓励家长带领孩子参与社会实践和公益活动，增强孩子的社会责任感。

第三，倡导科学育儿观，纠正家庭教育中的实践偏差。针对家长在养育过程中存在的各种理念问题及由其引起的实践偏差，应增强家庭教育指导的

[①] 河北省妇联《河北省家庭教育促进条例》立法前期工作专项课题组：《河北省家庭教育现状、问题及立法对策》，康振海主编《河北法治发展报告（2022）》，社会科学文献出版社，2022。

科学性与针对性。首先，倡导家长培育孩子的独立性与责任感，让孩子承担适当的家庭生活任务，提高其生活技能与家庭归属感。其次，引导家长重视孩子的文化素养培育，尊重孩子的意见与隐私，提升陪伴与沟通品质，避免以成绩论优劣或过度焦虑。最后，推动家长以身作则，摒弃攀比、讥讽等不良行为，树立诚信、尊重、包容的家庭教育理念。

（二）渠道上：提升社会资源在家庭教育中的有效参与程度，发挥学校家长会和视频渠道在传递家庭教育知识上的优势，推动学校家庭社会协同育人机制的落实

第一，加强政府引导与政策支持。政府应进一步细化《关于健全学校家庭社会协同育人机制的若干措施》的实施细则，明确社会资源在家庭教育中的角色与责任。通过政策激励，鼓励社会培训机构、社区组织、非营利机构等积极参与家庭教育服务；通过购买服务、提供补贴或税收优惠等方式，支持社会机构开展家庭教育讲座、咨询服务，扩大正式社会资源在家庭教育支持和指导上的影响力和覆盖面，切实推动协同育人机制的落地。

第二，构建多元化的家庭教育资源平台。政府应牵头整合学校、社区、社会机构等多方资源，建立协同工作的家庭教育资源平台，提供线上课程、线下讲座、专家咨询等多种形式的服务，方便家长根据自身需求选择合适的学习渠道。同时，政府应加强对社会机构的监管，确保其提供的家庭教育服务科学、规范、有效，既立足于中华民族伟大复兴的时代背景，又能回应当前家庭教育中存在的现实问题和需求，提升家长对社会资源的信任度和使用意愿。此外，要充分发挥社区在家庭教育中的作用，通过社区讲堂、家庭教育服务站等形式，持续组织家庭教育主题活动，邀请专家或经验丰富的家长分享育儿经验；通过建立家长互助小组，促进家长之间的交流与支持，在社区内形成良好的家庭教育氛围并逐步扩散至全社会。

第三，发挥学校家长会和视频渠道在传递家庭教育知识上的优势。突破家长会的传统功能，发掘其在家庭教育指导中能发挥的积极作用。针对不同学段、不同家庭背景的家长，通过邀请家庭教育专家、心理咨询师、社会工

作师或优秀家长代表，围绕家庭教育理念、亲子沟通、学习习惯培养、心理健康等家庭教育中容易遇到的问题开展专题讲座，帮助家长系统性地掌握科学的教育理念和方法。推动教育部门与高校、科研机构或专业媒体合作，开发系列家庭教育视频课程，涵盖不同未成年阶段的心理发展、亲子沟通技巧、学习策略等主题；注重理论与实践相结合，通过案例分析、情景模拟等形式提升家长的转化与应用能力。同时，建立内容审核机制，确保知识传播的准确性与系统性。通过家长常用渠道推荐优质视频资源，帮助家长利用碎片化时间随时随地学习。此外，视频课程建议设置评论、问答或在线咨询功能，提供家长学习反馈机制，及时解答家长疑问，形成良性互动学习生态。

（三）内容上：补齐短板，强化在心理健康、亲情关系、社会交往、人生志向与规划上的引导与建设

第一，引导家长在继续重视对孩子道德品质、行为习惯和生活技能的培养的基础上，加强对心理健康、亲情关系、社会交往、人生志向与规划等面向的关注，补足在思维策略、财务管理和权益维护方面的教育缺失。建议学校通过家长会、专题讲座等形式，向家长普及心理健康和生命教育知识，帮助其识别孩子的心理需求，掌握亲子沟通技巧，带领孩子正确认识生命的意义与价值。此外，学校和家庭教育资源平台均可引入生涯规划课程，协助家长与孩子共同制定人生目标与规划，增强孩子的自我认知能力。社区和社会机构则可以通过开设亲子关系工作坊、开展社会交往技能培训等提供支持，帮助家长提升相关教育能力。家长可通过日常生活中的零花钱管理、储蓄计划等实践活动，培养孩子的理财意识与能力。

第二，提升家长情绪管理能力，缓解心理焦虑。建议社区和社会机构开设情绪管理、亲子关系、婚姻家庭等方面的辅导课程，帮助家长掌握情绪调节技巧，改善亲子沟通方式和亲子关系。学校可通过家校合作，为家长提供心理咨询服务，缓解其教育焦虑。同时，通过社会宣传倡导家长注重自身心理健康的维护，借助阅读、运动、社交等方式调节情绪，为孩子树立积极健康的榜样。

（四）主体上：强化父职教育，减少教育分歧，以身作则营造积极的家庭氛围

第一，提升父亲在家庭教育中的参与程度，增强家长教育的一致性。一方面，通过宣传与教育增强父亲的家庭教育责任感。学校可通过"父亲参与计划"，如父亲专场家长会、父子共同参与的活动等，鼓励父亲更多地参与孩子的成长过程。社区和社会机构可开设父职教育课程，帮助父亲理解父职在孩子人格塑造中的重要作用，掌握科学的育儿方法。媒体应宣传积极的父职榜样，营造鼓励父亲参与家庭教育的良好社会氛围。另一方面，学校和社会机构可通过家长学校或家庭教育讲座，帮助家长理解教育理念一致的重要性，并掌握达成一致的方法技能。

第二，减少家长不良行为，树立正面榜样。针对家长中普遍存在的攀比、不守信等不良行为，通过宣传与教育引导家长认识到这些行为对孩子的负面影响。社区可开设情绪管理、夫妻关系辅导等课程，帮助家长改善家庭关系。同时，学校可通过家校互动平台，宣传正面家庭教育案例，引导家长以身作则。

第三，营造积极家庭氛围，改善亲子关系。针对家庭氛围消极、亲子关系紧张等问题，通过购买服务的方式推动学校、社区和社会机构为家长和孩子提供心理与社工服务。例如，开设亲子关系辅导课程，帮助家长改善与孩子的沟通方式；为存在紧张关系的家庭提供心理咨询服务。同时，建议学校通过家校合作，引导家长加强自我检视，营造温暖的家庭环境。

B.17
河北省养老服务工作调研报告

河北省人民代表大会社会建设委员会

摘　要： 发展养老服务事关百姓福祉、事关社会和谐稳定，是落实积极应对人口老龄化国家战略的重要任务。本报告通过对河北省养老服务工作总体情况的调研，深入分析养老服务工作中的问题，为进一步做好养老服务工作提出对策建议：推进养老服务均衡发展；提升养老服务保障水平；加强养老服务人才队伍建设；深入推进京津冀养老服务协同发展；积极推动国家层面养老服务立法。

关键词： 养老服务　京津冀　立法建议

发展养老服务事关百姓福祉、事关社会和谐稳定，是落实积极应对人口老龄化国家战略的重要任务。习近平总书记高度重视养老服务工作，多次做出重要指示批示，为新时代养老服务发展提供了根本遵循。河北坚决贯彻党中央、国务院决策部署，坚持将养老服务发展作为重要民生工作深入推进。河北是全国老龄化程度较高的省份之一，近年来老年人口规模不断扩大、占比逐年攀升，呈现快速、深度发展趋势。截至2024年底，全省60岁及以上人口达到1686万人，占全省常住总人口的比重为22.85%，高于全国0.85个百分点；65岁及以上人口达到1210万人，占全省常住总人口的比重为16.40%，高于全国0.80个百分点。调研组针对河北实际，深入贯彻以人民为中心的发展思想和积极应对人口老龄化国家战略，赴廊坊、保定、石家庄、衡水等地，综合运用听取汇报、座谈了解、随机走访等多种形式深入开展养老服务调研。

一 河北省养老服务主要工作及其成效

各级有关部门密切配合、协同发力，全面加强政策保障和服务供给，养老服务工作取得突出成效。

（一）加强系统谋划和组织实施

养老服务工作是一项社会性很强的系统工程，河北始终坚持统筹协调，不断完善政策体系，确保各项政策措施落地见效。一是加强政策创设。印发《关于加快推进养老服务体系建设的实施意见》《河北省基本养老服务体系建设实施方案》《加快建设京畿福地、老有颐养的乐享河北行动方案（2023—2027年）》《关于建立健全养老服务综合监管制度促进养老服务高质量发展的若干措施》《河北省支持康养产业发展若干措施》等，分别从加强体系建设、增加服务供给、提升服务质量等方面做出明确安排。二是注重规划引领。编制印发《河北省养老服务体系建设"十四五"规划》，明确以健全基本养老服务保障体系、优化普惠型养老服务供给、打造多元化养老产业发展体系为主要内容的全省养老服务建设发展工作思路、目标任务和具体措施。三是健全标准体系。成立河北省养老服务标准化技术委员会，制定关于贯彻落实《养老和家政服务标准化专项行动方案》的11条措施，发布《居家养老服务中心建设规范》《社区养老服务中心服务规范》《养老服务需求评估规范》等20项地方标准。省民政厅指导廊坊燕达金色年华健康养护中心等养老机构做好国家养老服务标准化试点建设，为提升全省养老服务标准化、专业化水平探索经验。四是着力抓重点任务推进。将"加快建设京畿福地、老有颐养的乐享河北"作为中国式现代化建设河北篇章的8个重点篇章之一全力实施。省委将乐享河北相关重点工作纳入省管领导班子和领导干部综合考核指标，充分发挥干部考核"指挥棒"作用。省政府成立由分管副省长任组长、21个省直部门为成员的工作专班，制定具体推进措施，督促指导各地做好任务分解、抓好工作落实，乐享河北建设进展顺利，各项工作均取得阶段性成果。

（二）持续增强养老服务供给能力

着眼满足广大老年人养老服务需求，逐步完善覆盖城乡、惠及全民、优质高效的养老服务供给体系。一是强化居家养老支持。将失能老年人家庭成员照护培训纳入政府购买养老服务目录，符合条件的失能老年人家庭成员参加照护培训等相关职业技能培训的，按规定给予培训补贴。探索推进家庭养老床位建设，石家庄、唐山、邯郸、衡水、保定、沧州6市被列入国家居家和社区基本养老服务提升行动项目地区，共争取建设资金2.19亿元，建成家庭养老床位1.7万张。二是提升社区服务能力。按照"一街道一中心，一社区一站（点）"标准，分区分级规划建设社区养老服务设施，截至2024年底，建设社区养老服务设施5657个，基本实现城镇社区全覆盖。推动市县按照"有偿服务、因地制宜、可持续发展"原则，积极稳妥推进老年助餐工作。2024年省级财政统筹相关养老服务体系建设资金支持老年助餐工作，目前建成各类老年助餐服务设施1.3万个，形成沧州青县孝老食堂、邢台宁晋县智慧助餐等典型做法，并在全省推广。2024年4月，国务委员谌贻琴来河北省考察调研，对河北省老年助餐工作给予"五个有"（有力度、有创新、有突破、有实效，也有不少的经验）的高度评价。三是推进机构养老发展。出台民办养老机构建设补贴、运营补贴等支持政策，鼓励引导社会资本参与养老服务。河北省加快推进养老服务发展，2023年以来争取中央预算内投资8.7亿元用于养老项目建设，每年省级财政安排3.5亿元养老服务体系建设经费，有效吸引社会力量参与养老服务。截至2024年底，全省建成养老机构2044家，床位26.3万张。四是医养服务向社区居家延伸。组织开展社区医养结合能力提升行动，积极培树挂牌达标的社区医养结合服务中心，将安全、方便、实惠的医养结合服务送到老年人"身边"；认真实施基本公卫老年健康与医养结合项目，为在社区和居家养老的65岁及以上老年人提供健康评估服务，对高龄、失能、行动不便的老年人上门进行服务；积极推进中医药健康养老，在全省乡镇卫生院和社区卫生服务中心大力推进国医堂建设。

（三）稳步提升养老服务质量

始终把提升养老服务质量摆在重要位置，努力满足多样化服务需求。一是推进人才队伍建设。连续两年实施养老服务人才队伍素质能力提升民生工程，省级每年培训不少于600名养老机构负责人，养老护理员每年参训时间不少于48小时。组织开展全省养老护理职业技能大赛，做好典型选树推广，激发养老服务人才队伍建设发展内在活力。二是严抓机构安全管理。常态化组织开展养老机构安全生产和消防安全排查整治、自建房排查整治、燃气安全专项整治、养老机构"明厨亮灶"建设等系列行动，全面排查安全隐患，提升安全管理水平，全省养老机构安全形势持续稳定向好。三是提升整体服务效能。连续4年推进县乡村三级养老服务网络建设，整合区域养老服务资源，充分提升设施服务效能，全省118个县（市、区）初步建成三级养老服务网络。四是有序推进老年人家庭适老化改造。连续3年将其列入民生工程，采取政府补贴等方式，对特殊困难老年人家庭进行居家适老化改造，截至2024年，已改造完成11.6万户，占"十四五"国家分配河北任务的95.9%。

（四）深入推进京津冀养老服务协同发展

2023年5月12日，习近平总书记在石家庄市主持召开深入推进京津冀协同发展座谈会上做出了"推动京津养老项目向河北具备条件的地区延伸布局"的指示①，河北省采取有力措施，深入贯彻落实。一是健全三地养老协同政策体系。成立三地民政部门主要领导参加的京津冀养老协同专题工作组，出台《京津冀养老协同专题工作组工作机制运行规则》。京津冀三地制

---

① 《京津冀蒙四地联合举办2023年养老服务协同发展项目推介会 加强养老资源对接互补 深化京津冀养老服务协同》，民政部网站，2023年9月21日，https://www.mca.gov.cn/n1288/n1290/n1316/c1662004999979994992/content.html。

定《关于进一步深化京津冀养老服务协同发展行动方案》《关于推进京津冀养老政策协同的若干措施》，实现养老机构等级评定和老年人能力评估结果互认，引导更多京津优质养老资源向河北延伸布局。二是推进环京津养老示范项目建设。构建"一区（环京4市14县养老核心区）、一圈（秦唐石高铁1小时养老服务圈）、三带（燕山、太行山、沿海康养休闲产业带）"环京津康养产业发展格局，打造京津冀养老福地。2024年省级下达1.5亿元专项资金，支持24个环京养老服务高质量发展示范项目建设，新增4841张环京高质量养老床位和17家高品质居家社区养老机构。印发《河北省支持康养产业发展若干措施》，为推进康养产业高质量发展提供政策支持。三是推动养老人才协同走深走实。河北联合京津举办京津冀养老服务人才校企合作培养对接活动，组织河北15家养老机构与全国25所职业院校签署对接合作协议，推进校企在人才定向培养、就业实训、创业教育等方面加强交流合作。四是深化养老服务资源供需对接。采取"请进来、走出去"等方式持续打造"这么近，那么美，养老到河北"品牌，先后邀请40余家京津优质养老服务企业来河北实地对接，组织河北300余家优质养老机构赴北京市宣传推介20余场次。截至2024年底，河北养老机构收住京津户籍老年人10363人。

二 河北省养老服务工作中存在的主要问题

调研过程中，各方普遍反映，养老服务工作还存在一些共性问题和不足，需要对症施策。

（一）养老服务有效供给不平衡

城乡养老服务差距较大，农村失能老年人照护短板突出。优质养老机构"一床难求"，服务质量偏低的养老机构床位闲置，养老机构服务能力还有较大提升空间。部分区域养老服务中心服务模式单一、网络不健全、运营活力不足。医养结合还不够紧密，医疗卫生服务与养老服务政策、资源的深层次衔接较少。

（二）养老政策统筹仍需加强

乐享河北建设涉及范围广、协调事项多，工作合力有待进一步提升。长期护理保险、福利补贴、救助供养等制度之间的衔接刚刚开始，部门之间需要进一步加强协调配合。老年人能力评估互认协调机制尚不健全，失能老年人底数不够精准。

（三）养老保障水平有待提高

长期护理保险制度按照国家部署落实，在河北省尚未全面铺开。农村地区大部分老年人养老金的额度偏低，老年人养老支付能力总体偏弱，"钱从哪里来"的问题比较突出。受家庭观念、支付能力、照护水平等因素限制，经济困难和普通家庭失能老年人的照护需求未得到有效满足。

（四）养老服务人才队伍建设仍需加强

养老护理员普遍文化素质不高、数量不足、结构层次不合理、职业认同感较差、工资待遇偏低，大多数从事养老护理的人员年龄在40岁以上或50岁以上，有的甚至已经60多岁。受用人成本等因素限制，一些养老机构配备养老护理员数量较少，人员劳动强度大，照护服务质量不高。养老服务业就业吸引力不足，年轻人不愿意干，报考大中专院校养老服务相关专业的学生数量少，毕业后从事养老服务工作的更少。

（五）产业发展仍不充分

依赖财政投入的倾向非常明显，市场化的居家照护盈利模式尚不成熟，民办养老机构普遍反映"不赚钱"，如果没有政府无偿或低价提供场地设施、提供各类补贴，很多市场主体运营将难以为继。专业化水平不高，市场细分不够，无法很好满足不同年龄层次、不同身体状况老年人的多样化需求，特别是高龄、失能、失智老年人的床前照护、就医等刚需，缺乏充足有效供给。

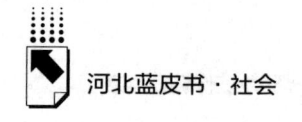

三 提升河北省养老服务工作水平的对策建议

要深入学习贯彻习近平总书记关于养老服务工作的重要指示批示精神，认真贯彻落实《中共中央 国务院关于深化养老服务改革发展的意见》，紧紧抓住河北省进入深度老龄化阶段前的重要窗口期，推动养老服务工作高质量发展。

（一）推进养老服务均衡发展

积极探索县域范围内农村失能老年人照护解决方案，加快补齐农村养老服务短板。持续优化养老机构床位结构，推动护理型床位建设，提升失能老年人照护服务能力。培育标准化乡镇（街道）区域养老服务中心，引导各类社区居家养老服务设施创新服务模式，增强持续运营能力。加强养老机构与医疗卫生服务机构协同配合，搭建稳定顺畅的双向转接绿色通道。

（二）提升养老服务保障水平

完善多层次的养老保险制度，巩固提升参保率，逐步提高养老保障水平。加强长期护理保险制度与养老服务体系的有机衔接，积极发挥社会救助、社会福利、慈善事业、商业保险等各自优势，满足不同层次失能老年人照护需要。持续争取中央财政支持，适时扩大保障对象范围，推进解决经济困难失能老年人照护问题。

（三）加强养老服务人才队伍建设

加大政策支持力度，引导更多有能力、有意愿的高素质人才加入养老服务行业。完善养老服务相关专业教育，加大养老护理员等专业人员培训力度。引导和鼓励养老机构健全收入分配、绩效考核等激励机制，综合考虑从业年限、劳动强度等因素，合理提高养老护理员工资水平。积极举办京津冀养老服务人才供需专场招聘对接会，拓展养老服务企业引进护理人员渠道，促进京津冀地区养老服务人才资源共享、有序流动。

（四）深入推进京津冀养老服务协同发展

河北要在对接京津、服务京津中提升养老公共服务水平，加快自身发展。积极推进养老服务政策区域内延伸，通过养老机构等级评定和老年人能力评估结果互认政策，确保评定结果在京津冀地区全域内互认。推动京津冀三地各自的养老服务发展扶持和补贴政策从本地延伸到京津冀全域，实现老年人异地养老享受平等的福利待遇。支持京津冀地区养老机构或企业通过新建、合作共建等多种方式建设养老机构、康养社区，鼓励京津冀老年人选择在区域内旅居康养。

（五）积极推动国家层面养老服务立法

养老服务领域出现的新情况、新问题，迫切需要加快养老服务国家层面立法步伐，解决地方养老服务领域的现实问题。建议国家立法明确养老服务的基本内涵，厘清与家庭赡养、社会保障的界限，规范家庭、政府、社会各方责任。从设施、投入、队伍等方面明确各方主体责任、细化相关规定，保障养老服务工作健康有序开展。重视区域养老服务协同发展，鼓励做好区域性养老服务政策衔接，统一设施建设、服务质量、等级评定、失能评估等方面的标准，破除跨区域老年福利和养老服务方面的障碍。

B.18 少子老龄化背景下河北省养老护理员人才队伍建设困境研究

高子晰 樊雅丽*

摘 要： 随着生育率的持续下降和老年人口比例的不断攀升，河北省的少子老龄化形势日益严峻。在全省养老事业高质量发展的进程中，养老护理员的紧缺成为一大难题。当前养老护理员人才队伍面临着人员紧缺、人员结构不合理、城乡发展不平衡、服务质量低等问题，主要原因有行业福利待遇差、工作强度高、社会认可度低。对此，政府和养老机构应共同发力，多元主体协同破解养老护理员人才队伍发展难题。

关键词： 少子老龄化 养老事业 养老护理员

一 河北省养老事业发展现状

（一）老龄化形势依旧严峻

河北省自1999年进入老龄化社会以来，老龄化程度还在不断加深。截至2021年末，全省60岁及以上的老年人数量为1507万人，占总人口的20.20%，其中65岁及以上老年人口为1111万人，占总人口的14.92%。截至2023年末，全省60岁及以上的人口占比已达22.24%。此外，全省的人

---

* 高子晰，河北大学哲学与社会学学院硕士研究生，研究方向为老年社会学；樊雅丽，河北省社会科学院社会发展研究所所长、研究员，研究方向为人口社会学。

口出生率持续下降（见表1），2021年河北省开启了人口负增长状态，人口呈现出明显的少子老龄化趋势，并且仍在不断加剧。

表1 2020~2023年河北省人口出生率

单位：‰

年份	河北省人口出生率	年份	河北省人口出生率
2020	8.16	2022	6.09
2021	7.15	2023	5.50

资料来源：历年《河北统计年鉴》。

（二）全省养老事业快速发展

河北省未来将逐步迈入深度老龄化社会，老年人口比例将进一步扩大，短期内生育率难以回暖，高龄老人和失能失智老人数量不断增加，全省老年抚养比持续上升，家庭的养老负担持续加重，这对全省的养老服务体系形成了极大的挑战。对此，河北省在制定出台综合性政策文件的基础上，又出台了《加快建设京畿福地、老有颐养的乐享河北行动方案（2023—2027年）》及有关支持康养产业发展、推进城乡养老助餐服务体系建设、加强养老服务人才队伍建设等政策文件，从多方面构建起了较为完善的养老服务发展政策体系，为养老事业发展提供了日益完善的政策保障，彰显了党和政府的"民生力度""民生温度"。

（三）养老护理员人才紧缺

人才是养老事业发展的第一资源。在养老事业的人才队伍中，医生、护士、护理员是维持养老服务运转的主要力量。其中，在社会养老服务机构中，存在的一大难题是专业养老护理员的紧缺。

2021年12月颁布的《养老机构岗位设置及人员配备规范》，对养老机构岗位设置及人员配备做出了明确的要求，其中养老机构应按照实际入住老

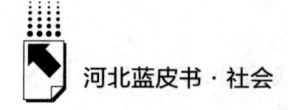

年人数量配备提供直接护理服务的专职养老护理员,配备比例应不低于表2中下限值的要求,且养老护理员应经培训合格后上岗。

表2 养老护理员配备比例

老年人类型	配备比例	老年人类型	配备比例
自理老人	1∶20~1∶15	完全不能自理老人	1∶50~1∶30
半自理老人	1∶80~1∶12		

资料来源:民政部发布的《养老机构岗位设置及人员配备规范》。

2023年末,河北省65岁及以上的老年人口已超过1200万人。而根据民政厅最新数据,全省取得职业技能等级的养老护理员仅有1.6万人,远远无法达到国家规定的配备标准,存在巨大的缺口。《2023养老护理员职业现状调查研究报告》中也提到,我国能够胜任新时代要求的专业护理员已经成为最紧缺的人才类型之一,供需关系极不平衡,养老护理员人才的培养日显迫切。

二 养老护理员人才队伍存在的主要问题

(一)人员紧缺,流失率高

经过测算,河北省对养老护理员的需求量达到10万人以上,当前存在巨大的缺口。

在现有的护理员中,根据以往的调查,有70%以上的工作人员工作年限在1~3年,工作年限在10年以上的仅占不到15%。养老护理员流动率高,工作年限普遍较短,尤其是较为年轻的护理员,大多数人把当前的职业作为过渡性的工作,积攒一定的经验后,转向收入待遇更好的护工、保姆等职业。这一点在其他省份也得到了印证,陕西省养老护理员平均离职率为23.3%,在1390名养老护理员中,有离职意愿的720人,占比51.8%。

（二）人员结构不合理

河北省养老事业的快速发展，对养老行业的从业人员提出了新的要求，年轻化、专业化、结构合理化是未来发展的总趋势。然而，人员结构不合理是当前河北省养老护理员人才队伍的普遍情况。

年龄方面，全省70%的养老护理员年龄在40~59岁，年龄结构偏大，绝大部分从业者是退休人员再就业，身体机能下降，无法再长期从事体力劳动，整个行业亟待年轻从业者的补充，注入新鲜活力；学历方面，养老护理员多数由临时聘用的进城务工人员或下岗职工担任，学历以初中、小学为主，缺乏专业的护理知识和相关康养技术；性别方面，女性养老护理员占比远高于男性，一些省份的女性从业者占比甚至超过了90%，养老护理员需要从业人员具备老年护理的专业技术，需要具有耐心细致的人文关怀能力，女性的性别特点具有明显优势，但工作中还有大量的体力劳动，例如帮助卧床老人翻身、洗澡，此时男性就更加能胜任该项工作。

（三）城乡发展不平衡

一是人才数量与结构的失衡。从全省来看，农村地区的老龄化程度高于城市，对于养老服务的需求也更高。但农村地区专业养老护理员数量严重不足，主要依赖留守妇女、低龄老年人、下岗人员及志愿者支撑服务，持证护理员占比低，文化水平普遍较低，缺乏专业培训；而城市护理员队伍中年轻化、专业化趋势相对明显。二是服务能力与资源分配的不均。农村养老机构医疗配套不足，护理员培训多依赖岗前短期指导，缺乏系统性培训，导致农村养老护理员仅能提供基础生活照料，难以满足失能失智老年人的康复护理需求；城市养老机构在医养结合、智慧养老方面更具优势，可通过校企合作、政府补贴培训等形式提升护理员的护理技能。三是政策与激励机制的差异。尽管省内出台了多项人才补贴政策，但农村地区因财政限制和政策执行滞后，实际受益比例较低，农村护理员缺乏职称评审体系，职业发展路径十分模糊。

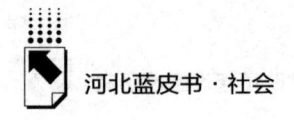

（四）服务质量低

养老护理员核心能力是指从事养老护理实践所需的最基本能力，是养老护理员必备的理论知识、操作技能、判断能力及态度。有学者对石家庄市养老机构养老护理员的核心能力做过调查研究，涵盖了评判性思维和科研能力、照护服务能力、团队合作能力、人际沟通能力、职业道德素养、专业发展能力、健康教育与带教能力7个维度，结果显示石家庄的养老护理员核心能力处于中下水平，综合服务能力仍有很大的提升空间。国家对养老护理员职业资格认定分为5个等级，从初级、中级、高级到技师与高级技师，目前全省养老护理员持证比例为76.2%。对于文化水平较低、年龄较大的从业人员来说，取得资格证书的难度较大，在持证人员中，初级养老护理员的占比最大。从业人员大多缺少专业的护理学、老年学知识及专业技术，因此很难提供高质量的养老服务，这不符合未来河北省智慧化、专业化养老服务的发展趋势。

三 当前养老护理员面临的困境

人员紧缺给养老护理员人才队伍的发展带来了诸多的问题，也阻碍了养老事业的高质量发展。但究其根本，造成养老护理员紧缺的原因还要溯源到养老护理员这个职业本身的社会化、结构化问题。

（一）福利待遇差

薪资过低是养老护理员人才队伍人员不稳定、流失率高的最直接原因。根据人社部官网发布的全国各地区最低工资标准情况（截至2024年10月1日），河北省一档地区的最低工资标准为2200元/月，二档地区的最低工资标准为2000元/月，三档地区的最低工资标准为1800元/月。在河北公共招聘网查阅养老护理员职位信息，最低工资均在2500~3000元/月。2024年8月23日，上海市民政局公布了2023年度本市养老护理员工资收入监测数据，全市的养老护理员平均工资达到了5343元/月。经过走访和调研，发现河北省养老护理员的平均工资为3000元/月，而在扣除保险、公积金等项目后，到手的实际工资会更低。

五险一金是国家规定的保障性福利，也是人民改善自身生活、降低生活风险的重要手段。然而在实际走访中，发现养老护理员存在福利少、编制难的问题，一些养老机构与护理员之间签订的都是临时合同，甚至口头约定，护理员的福利保障难以落实，工作稳定性难以得到保障。

薪资福利低、保障待遇差，不仅加快了养老护理员的流失，还使想要进入行业的工作者望而生畏。具有一定工作经验、专业技术的从业人员更多地转向了发展更好、待遇更高的医疗、家政行业。

（二）工作强度高

养老护理员的工作强度高、工作环境特殊，这对本就因年龄偏大而造成身体机能下降的养老护理员造成了更大的工作压力。这首先体现在其工作内容的广泛性和复杂性。他们不仅要负责老人的日常起居，包括饮食、清洁、穿衣等基本生活照料，还要掌握专业的医疗护理技能，如给药、更换导管、监测生命体征等。同时，护理员还需提供心理支持和情感陪伴，帮助老人应对孤独、抑郁等情绪问题。这种全方位、多层次的护理要求，使得养老护理员在工作中需要不断切换角色，应对各种突发状况，造成了巨大的工作压力。而护理员自身随着年龄的增长，往往都会面临视力下降、听力减弱、体力不支等问题，这些生理变化使得他们在工作时更加吃力。长时间的站立、弯腰、搬运等动作，容易导致肌肉骨骼疾病，如腰椎间盘突出、关节炎等，这些疾病不仅影响了护理员的生活质量，也进一步加大了他们的工作难度。

养老护理员通常在相对封闭的环境中工作，与外界交流有限，这种环境容易造成情绪积压。同时，他们经常面对老人的病痛和离世，这些经历会对心理造成较大的冲击。这些因素共同作用，导致护理员的心理压力增大，更容易产生退却的想法。甚至有的养老护理员认为比起现在的职业，月嫂的收入更高，且照顾的对象是婴儿，可以给心理带来更好的疏解作用。

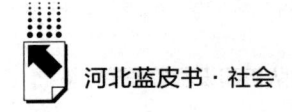

（三）社会认可度低

受制于地区经济发展，省内的养老机构管理多呈扁平化，养老护理员的工作单一，且没有职业上升空间。护理员自身对职业认可度、归属感低，社会也缺乏对养老护理员这一职业的关注和认可。当提到养老护理员时，受传统观念的影响，多数人会认为这是一个低端服务行业，主要的工作内容就是"伺候人"。养老护理员这一职业已有数十年的发展，行业规范、技术要求日益完善，然而对职业形象的塑造却十分匮乏，社会媒体和公共宣传较少关注养老护理员的工作内容和职业贡献，导致职业形象在公众心目中模糊不清。

四 应对策略及发展建议

（一）完善顶层设计，健全人才发展体系

目前，我国养老护理员平均工作年限仅有4.71年，职业发展体系建设任重而道远。2023年，民政部印发了《关于加强养老服务人才队伍建设的意见》，修订完善了养老护理员国家职业技能标准，通过一系列举措，加快推进以养老护理员为重点的养老服务人才队伍建设。省内出台的多份有关养老事业发展文件，虽然都提到要加快养老护理员人才培养，强调养老护理员人才培养的重要性，但并未出台具体的养老护理员人才发展规划。因此，各级政府部门应加强顶层设计，从实际出发，充分调研河北省内养老事业发展及养老护理员人才队伍建设现状，因地制宜地出台符合当地实际情况的指导性文件。

准入标准方面，相关部门应出台明确的准入标准，规范企业的用人制度，加强企业合规性。对养老护理员上岗时应具备的专业能力进行明确规定，设计对应的培训课程及考核准入标准。同时，要完善养老护理员持证上岗制度，新入职的养老护理员应通过岗位培训与资格考核后才可以持证上

岗。这一制度一方面可以保证、兜底养老护理员人才队伍的专业水平，另一方面可以营造专业能力与资格认证挂钩的良好从业氛围，从而调动养老护理员持续学习、提升专业等级的积极性，同时保证养老护理员的专业素质与其岗位的匹配性，优化养老护理员人才队伍的专业结构。

职业晋升方面，首先要结合机构的实际发展需要，明确用人要求、数量，对求职者从工作能力、职业道德、专业证书三个方面进行考量，按照标准对养老护理员进行分级并匹配与能力相对应的岗位，按照岗位要求的高低，设置不同的薪酬标准。同时为了鼓励员工主动提升自身的工作能力，获取更好的薪酬待遇，定期开展养老护理员培训并鼓励其参与专业等级考试，从而进一步打通机构内养老护理员职业晋升通道，降低人员流失率。

人才培育方面，养老机构应加强产教融合，积极参与校企合作，建立"人才孵化基地"和"高校实习基地"。企业开展订单式培养，为高校学生提供实习机会，丰富在校学生的经验，吸引更多高学历、年轻化的人才。高校丰富课程形式，增设更多的实训课程，提升在校学生的专业知识技能和实际操作水平，同时为企业提供专业课程培养服务，提升在职养老护理员的专业技能和专业理论水平，贯通院校教育和在职教育，实现院校、机构、学生三方合作共赢。

（二）开展专业培训，提升专业服务水平

现有的养老护理员存在年龄偏大、文化程度低、持证上岗人数少的问题，大多只能从事基本服务，这限制了养老机构服务质量的提高，也不符合未来河北省养老事业高质量发展的要求。提升养老护理员的专业服务水平是一项刻不容缓的事情。

由河北省民政厅、省人社厅、省总工会、团省委和省妇联共同主办的2024年河北省养老护理职业技能大赛决赛在石家庄市圆满落幕。比赛内容主要包括理论知识考试和操作技能比赛两部分，分别设置了居家、社区、机构三个不同场景，通过不同情景下的案例处置，考察了养老护理员在生活照护、基础照护、康复服务、心理支持等各方面的实操能力[①]。技能大赛的举办，一方面吸引了各地高水平的护理员的广泛参与；另一方面以赛促学，提升了从业者的学习积极性。

在提升养老护理员专业服务水平的过程中，除了举办技能大赛外，政府及相关机构仍需采取更为系统化的措施来提升养老护理服务质量，以此对养老护理员的服务内容进行标准化和规范化调整，进而形成一套行业准则。

为了提升养老护理员的护理能力，政府和养老机构应开展有针对性的实操培训。由经验丰富、专业技术过硬的资深员工主持，通过实地操作演示，传授护理过程中的关键技巧和注意事项。同时可以录制一系列公开课程，组织省内养老护理员进行定期的在线学习，拓宽其知识视野和技能范畴。

为了持续提升养老护理服务质量，养老机构应定期开展"自检"活动，邀请机构中的老人对护理员的服务质量进行评价。对于评价结果优秀的护理员，应予以表彰和宣传，树立榜样典范。对于评价结果较差的护理员则应采取督促和教育措施，协助其改进工作方法，提高服务质量，从而在整体上推动养老护理事业朝更专业化和规范化的方向发展。

（三）增加福利待遇，保障人才生活水平

养老护理员工作量大、技术含量高，因此应保证行业工资不低于省内一档地区的最低工资标准。国内一些城市以发放津贴的形式提高养老护理员的薪资待遇。杭州市按照养老护理员证书等级每月发放300~1200元不等的岗位津贴；无锡市根据护理员连续工作的年限增加津贴的金额，连续工作达11年的每月可领取800元津贴；宁波市除了按照证书等级分档发放津贴外，还规定了养老护理员每年接受线上线下继续教育的最少总学时，否则津贴不予发放，在保障了养老护理员福利待遇的同时，通过继续教育的形式提升了养老护理

[①] 《不断增进老年人福祉 构建老年友好型社会 河北省积极推进老龄事业高质量发展》，《河北日报》2024年10月11日。

员的专业技能。对此，河北省可以丰富对养老护理员的补贴形式，例如丰富工资构成，除基本工资外，增设等级证书津贴、工龄补贴、绩效奖金等。

此外，要提升养老护理员的保障性待遇，企业应积极履行社会责任，为员工依法缴纳足额社保；严格遵守《劳动法》，实际每周工作时长不得超过44小时，对节假日加班的员工，依法发放加班费；夏季冬季发放高温补贴、取暖费；定期组织护理员进行体检。提高职业收入，保障养老人才生活水平，可以有效扩大职业影响力，吸引更多的专业化、年轻化人才进入行业，同时人才流失率也将得到有效降低。

（四）加强社会宣传，提高职业社会地位

由于缺乏相关的宣传报道，目前群众对于养老护理员的关注和了解比较匮乏，职业形象难以树立。媒体应加大宣传力度，弘扬爱老、敬老的社会风气，展示养老护理员专业化的职业形象，引导全社会尊重、支持养老护理人才发展，提升养老护理员的社会地位，使其走进公众视野。应加强对养老护理员专业服务水平的宣传，通过对优秀养老护理人才授予市级、省级荣誉称号并对先进事迹进行宣传与报道的方式，赢得社会的广泛赞誉，进一步增强养老护理行业的职业影响力。

此外，各地可以组织成立养老护理员协会，吸纳养老护理人才加入，定期开展培训课程、技能竞赛以及其他社会活动，选拔并推送优秀人才参加全国职业大赛。协会的成立，一方面进一步规范了整个行业的从业标准；另一方面为养老护理员维护自身合法权益提供了有效路径，进一步提升了职业社会地位，也增强了养老护理员的职业归属感。

（五）支持薄弱地区，协同发展养老事业

目前，河北省内养老护理员人才队伍城乡发展不平衡，乡村地区养老护理员的人员结构合理程度、服务能力、激励机制等均与城市地区存在明显差距，这些问题亟待破解。

第一要强化政策倾斜与财政支持。对农村养老机构，政府应给予更高比例的建设和运营补贴，建立适宜的财政支持体系，通过转移支付强化农村地区养老护理员培训基地建设；依托县级职业院校设立区域性养老护理培训中心，构建覆盖乡镇的标准化实训站点网络；开创适合农村留守妇女、下岗职工等群体的阶梯式培训课程体系，依托乡村振兴项目嵌入养老护理技能培训板块。除此之外，可以将城市养老护理员参与农村养老服务项目纳入职称评审加分项，建立城市医院、养老机构与农村养老机构结对帮扶机制。

第二要推动智慧养老与资源下沉。随着互联网、云计算技术的不断发展，智慧养老技术正在逐步实现智能化、低成本、易操作。应在农村地区推广智能穿戴、一键呼叫、远程医疗等低成本技术，降低农村护理员的体力劳动强度；建立资源共享数据库，通过互联网数据平台的形式促进城乡资源调度联动和资源下沉，增设线上培训、共享学习资料库等板块，将省级示范性培训和市级骨干培训覆盖至农村，提高农村地区养老护理员的专业服务水平。

第三要推动京津冀养老护理员人才队伍建设协同发展。目前，京津冀三地在医疗、养老领域的多项协同合作已经初显成效，异地就医等服务日渐完善，下一步要着力推进京津冀三地的资源互通与人才队伍共建，利用区域协同政策，推动京津优质养老资源向河北省延伸。首先要建立京津冀养老护理员职业资格互认制度，联合制定养老护理员执业能力标准，统一培训大纲与考核评价体系，并推动社保缴费年限累计计算和异地结算，建立三地护理员工伤保险互助共济机制，完善基本的保障措施。其次要推动京津优质教育资源向河北辐射，设立京津冀养老护理员联合培训基金，重点支持环京津康养产业带实训基地建设；创新打造"京津周末专家"的柔性引才模式，建立三地养老机构护理员轮岗交流制度。未来要持续借鉴京津地区的养老经验，结合河北实际探索差异化路径，逐步缩小城乡服务差距，构建可持续的养老服务生态体系。

参考文献

张颖等：《医养结合背景下老年护理队伍的培养策略》，《中国医学伦理学》2025 年第 3 期。

周欢欢等：《养老机构管理者对护理员流失体验的质性研究》，《全科护理》2023 年第 1 期。

李英等：《陕西省养老护理员流失情况、离职意愿及影响因素分析》，《护理研究》2021 年第 8 期。

王慧等：《石家庄市养老机构养老护理员核心能力现状调查研究》，《现代医药卫生》2020 年第 19 期。

应宇辰、孔凡倩、朱利杰：《养老机构养老护理员应具备的核心能力模型构建研究》，《护士进修杂志》2018 年第 11 期。

王艳霞、王艳淼：《河北省养老服务人才队伍建设问题与对策》，《劳动保障世界》2016 年第 36 期。

B.19 河北省儿童友好城市建设研究

张齐超*

摘　要： 建设儿童友好城市是破除"快速城市化与儿童健康成长的倒三角悖论"的现实路径，是推动城市高质量发展的创新实践。近年来，河北省全面推进儿童友好城市建设，保定市等四地先后成为国家儿童友好城市建设试点，通过调查和系统梳理，总结出石家庄市、保定市、衡水市在构建政策体系、搭建体制机制、创新建设路径等方面取得的经验，三市形成的一些可复制可推广的经验为全国和全省儿童友好城市建设提供重要参照，三市的儿童友好城市建设也存在体制机制不完善、社会和儿童参与不足、儿童友好空间内容单一等问题。在此基础上，本报告提出将儿童友好理念融入城市发展的各领域各角落、健全多方协同机制、学习先进经验等建议。

关键词： 儿童友好城市　儿童参与　儿童发展

一　儿童友好的理念与探索

根据学者梳理，"儿童友好"经历了从"人类权利"到"儿童权利"又到"儿童友好"的演进过程[①]，并逐渐从理念转化为制度实践，儿童友好城市正是儿童友好理念在城市设计和建设中的具体体现。1996年联合国儿

---

* 张齐超，河北省社会科学院社会发展研究所副研究员，研究方向为城市社会学、老年社会学。
① 李雨姝、鄢超云：《"儿童友好"理念的核心内涵及其教育实践》，《学前教育研究》2023年第3期。

童基金会和联合国人居署首次提出"儿童友好城市"理念，建议城市规划应吸纳儿童的根本需求。2004年联合国儿童基金会提出"建设儿童友好城市：行动框架"，这个框架包括儿童参与、法律框架、保障儿童权利等9项内容，确保城市建设能够为所有年龄段的儿童创造安全的环境和空间条件①。2018年，联合国儿基会推出《儿童友好城市规划手册：为孩子营造美好城市》，提出10项规划原则，为建设儿童友好城市提供了规划指导。随着很多国家的城市逐渐开展儿童友好城市建设，全球性的儿童友好城市合作研究和行动体系加速形成②。

国内关于儿童友好城市建设的探索与实践大致分为三个时期③。2015年前，我国儿童事业发展主要以国家发布的儿童发展纲要为指引，城市通过完善各类公共服务资源和设施来保障儿童福祉。2015~2020年，以深圳、长沙等为代表的城市开展儿童友好城市建设的探索实践，取得了一系列成果，也提高了整个社会对儿童友好的认知度。2021年以来，儿童友好城市从地方城市的探索上升为国家行动。2021年3月，《中华人民共和国国民经济和社会发展第十四个五年规划和2035年远景目标纲要》将儿童友好城市建设列入重大工程。2021年9月，国家发展改革委等出台了《关于推进儿童友好城市建设的指导意见》，启动国家儿童友好城市试点工作，前三批已有93个城市成为试点，按该指导意见提出的目标，到2035年，预计全国百万以上人口城市开展儿童友好城市建设的超过50%，100个左右城市被命名为国家儿童友好城市。

按照《关于推进儿童友好城市建设的指导意见》，儿童友好就是"为儿童成长发展提供适宜的条件、环境和服务，切实保障儿童的生存权、发展权、受保护权和参与权"，儿童友好城市建设涵盖社会政策友好、公共服务友好、权利保障友好、成长空间友好、发展环境友好五个方面。

---

① 刘磊等编著《儿童友好城市的中国实践》，中国建筑工业出版社，2022，第6页。
② 长沙市"儿童友好型城市"创建工作领导小组办公室编《相约未来——创建儿童友好型城市理念与实践》，中国建筑工业出版社，2021，第5页。
③ 刘磊等编著《儿童友好城市的中国实践》，中国建筑工业出版社，2022，第7~9页。

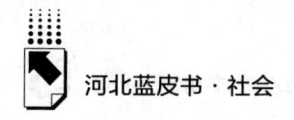

这五个方面密切相关、紧密相连，明确了儿童友好城市建设的目标、任务和路径。

二 儿童友好城市建设的背景

（一）必要性：快速城市化与儿童健康成长的倒三角悖论

我国城市化的一个特征是发展速度快，我国城市化率从1990年的26.44%快速增长到2020年的63.89%，与快速城市化伴随而来的是城市儿童数量的快速攀升，同期城市儿童人口占儿童总人口的比例从21.30%增加到62.94%。可以说，城市已成为大多数儿童从出生到成年的成长环境。城市中相对完善和丰富的教育、医疗、文化、科技等公共服务资源有利于儿童的健康成长，但随城市化而来的一些环境巨变也给儿童身心健康带来损害，有研究者称之为"快速城市化与儿童健康成长的倒三角悖论"，也就是说，快速城市化中儿童的生活环境出现出行机动化、居住高层密度化等变化，同时也出现了近视、游戏宅化、运动不足、肥胖、抑郁与社交障碍等儿童发展问题[①]。城市居住空间的高层化、紧凑化减少了可供儿童玩耍的公园等公共空间，日益增多的汽车和密集的路网给儿童安全独立出行带来巨大挑战，城市儿童的游戏空间被限制在家庭和社区，个人的电子游戏取代群体游戏的地位，这些被动形成的生活方式正危害着儿童的身心健康，因此，将儿童友好理念融入城市发展之中，建设儿童友好城市具有紧迫性和必要性。

当前我国人口结构和趋势特征呈现"少子老龄化"，这一特征给育儿环境带来挑战，为育儿提供环境和服务支撑，扭转低生育率趋势，建设儿童友好城市是一个可行的举措。根据人口调查数据，我国人口出生率已经连续十几年维持在低水平，出生人口数量自2022年起连续3年低于1000万。要维持人口长期均衡发展，需要提升生育水平，需要良好的生育支撑环境作为保

---

① 沈瑶、刘佳燕、吴楠：《儿童友好社区规划与设计》，中国建筑工业出版社，2023，第1页。

障,但目前城市各类公共资源和设施的供给与分配尚存在诸多不足。与此同时,人口老龄化加速,并对家庭育儿支持环境产生重要影响,家庭不仅面临养老育儿的沉重负担,因子女晚婚晚育,老年人能够为子女提供的育儿支援能力也在下降。因此,一个对生育和养育友好的城市环境显得尤为重要。

(二)建设儿童友好城市的重要意义

党的二十大报告提出要建设宜居宜业城市,提高城市治理现代化水平;党的二十届三中全会提出应"坚持人民城市人民建、人民城市为人民"。建设儿童友好城市是体现党的二十大、二十届三中全会精神,建设以人民为中心的现代化城市,推动城市高质量发展的可行途径。儿童健康成长是亿万个家庭的期盼,建设儿童友好城市和社会反映了亿万个家庭对美好生活的需要,"城市要让人民生活更美好,首先要对儿童更友好"。首先,建设儿童友好城市,可以为儿童群体提供更丰富更完善的托育、教育、卫生健康、文化科技、体育娱乐等公共服务,为儿童创造更多安全开阔的公共空间,打破前述倒三角悖论,让城市成为儿童安全健康成长的有利环境。其次,建设儿童友好城市有助于提升城市的治理现代化水平。儿童友好理念融入城市治理的诸环节之中,推进儿童友好理念成为全社会的共识,必然能够提升城市治理的精细度、包容度,提升城市治理的温度,从而提升城市的共建共享水平。最后,建设儿童友好城市有利于提升城市的宜居宜业水平。对儿童友好的城市必然是公共服务完善、治理能力优越的城市,也是幸福指数更高的城市,同时也是对各类人才充满吸引力的城市,因此建设儿童友好城市,将大大提升城市的宜居宜业性、城市居民的幸福感和获得感。

三 河北省儿童友好城市建设的实践与探索

河北省在2021年印发《河北省关于推进儿童友好城市建设的实施方案》,随后各设区市相应制定市级实施方案,儿童友好城市建设全面启动。河北省积极推动各市申报国家儿童友好城市建设试点,保定市、雄安新区、石家庄市、衡水市相继入选。河北省还在省级层面推动试点创建，2025年遴选出15个城乡社区作为省级儿童友好社区（村）试点，以试点示范形式全面推进儿童友好空间建设。以下主要介绍石家庄市、保定市和衡水市三地的儿童友好城市建设的做法，以此反映河北省儿童友好城市建设的总体特征。

（一）石家庄市

石家庄市于2024年入选第三批国家儿童友好城市建设试点，但在这之前，石家庄市在城市建设中十分注重儿童事业发展，从教育、医疗、体育、文化、儿童救助等各个层面保障全市儿童的生活和权利。入选建设试点是一个重要的发展契机，石家庄市得以从更加体系化、更为自觉主动的层面推进儿童友好城市建设。

1. 政策层面，建设完备的儿童友好政策体系

石家庄市历来对儿童事业非常重视，2023年成立儿童友好城市建设工作领导小组，小组由党政负责人任双组长，由33个成员单位组成，领导小组下设办公室（设在市妇联），建立形成党委领导、政府主导、多部门协同、全社会参与的工作协调机制。入选建设试点前，已出台多份儿童友好的政策文件——《石家庄市儿童发展规划（2021—2030年）》《石家庄市推进儿童友好城市建设实施方案》《关于促进3岁以下婴幼儿照护服务发展的实施意见》《石家庄市促进婴幼儿照护服务发展实施方案》《石家庄市"一老一小"整体解决方案》等，这些政策文件推动儿童友好理念融入教育抚育、医疗、体育、文化、福利救助等各个层面，为儿童成长发展提供了坚实的政策保障。需要指出的是，石家庄市在积极申报国家儿童友好城市建设试点过程中，结合自身实际和优势，扩展了儿童友好的维度，不仅包括五大友好，更进一步提出体育运动友好和科技创新友好的建设任务，这也丰富和充实了石家庄市儿童友好政策体系。入选建设试点后，积极编制建设导则，陆续出台多个领域的建设标准指引，为营造儿童友好空间提供规范标准，推动儿童友好理念融入城市建设各层面各领域。

2. 空间层面，儿童友好空间建设融入城市更新

当前石家庄市正处于大范围城市更新、老旧小区改造、城中村改造等重大城市建设时期，石家庄市儿童友好空间建设的重要路径就是将自身融入城市更新等城市建设之中，扩展了儿童友好空间。在高铁片区、太平河片区、龙泉湖片区、留营片区、和平东路片区、东南三环片区等六大城市更新片区建设中，强力推进优质教育资源在城市新发展区域的合理布局，推动义务教育优质均衡发展。在城市公园建设中，突出儿童体育友好理念，城市公园中增设沙坑、滑梯、攀爬等各类适宜儿童活动的场景；在城市拆违腾退中，利用新增空间建设401个球类场地，建成"15分钟运动圈"，破解儿童体育运动场地紧张的难题，打造出更多可以奔跑的儿童友好空间。在环城绿道建设中，布局综合驿站，建设运动器械体验中心、青少年文体培训中心、全民健身中心、环城步道规划管理中心、青年极限拓展中心等五大中心。创建儿童友好安全出行路线，在市五区开设"小学生免费公交专线"，实行小学生、幼儿及护送家长上下学免费乘坐公交车。

统筹儿童友好街区建设。街区、街道是儿童利用频率较高的空间，石家庄市统筹推进儿童友好街区建设，其中正定县的创建取得尤为突出的成效，并成功入选国家儿童友好城市建设可复制可推广经验。正定县在全县域开启儿童友好街区和游园建设，从城市、街区、社区三个层面推进儿童友好空间建设，围绕学校周边街道、社区周边公共空间开展适儿化改造，布置正定历史文化、传统美德、运动游乐设施等内容，将儿童友好街区打造成"正定文化课堂"，使之成为儿童亲近自然、了解历史文化的开放空间。

3. 权利福利层面，推动公共服务提质扩面并惠及更多儿童

石家庄市积极将儿童友好项目纳入民生工程建设，通过补齐公共服务短板，提升城市对儿童的关爱水平。2022年以来，连续3年将托育服务列入民生工程之中，着力打造多种类型婴幼儿照护服务试点，成立市级婴幼儿照护服务指导中心和实训基地，并于2023年建成全国第一批婴幼儿照护服务示范城市；连续9年将普惠性民办幼儿园创建列入民生工程，扩大普惠性民办幼儿园数量和学位数，有效解决学前教育入学问题；还将青少年儿童脊柱

侧弯筛查、14周岁女孩免费接种HPV疫苗列入民生工程，为青少年健康护航。在重点项目建设方面，石家庄着力建成石家庄市儿童医院、首都儿科研究所附属儿童医院石家庄医院、石家庄市图书馆新馆、石家庄市青少年足球训练基地、石家庄市青少年宫科普和体育活动中心等项目，带动儿童医疗、文化、体育、教育等公共服务水平提升。

4. 成长环境方面，着力打造儿童友好品牌工程

石家庄市着力在社区和家庭层面打造儿童友好的成长空间。一是着力打造儿童友好家园品牌工程，儿童友好家园是建在社区层面的儿童友好空间，石家庄市按照统一的场地、建设、装修标准持续推动儿童友好家园建设，推动儿童友好家园在社区实现全覆盖，市级的儿童友好家园交由专业社会组织运行，保障服务的活力和专业性。同时，在一些儿童友好家园组建"儿童议事会"，引导儿童参与社区治理，提高儿童参与的能力。二是打造"知子花开·乐享'石'光"家庭教育服务工作品牌，通过搭建线上线下家教指导平台和家教指导服务站，开展公益讲座、家庭教育进社区公开课、家庭教育微课堂等各类活动，推动科学家教理念入家庭，为儿童提供健康成长的家庭环境。

（二）保定市

2022年，保定市成功入选首批国家儿童友好城市建设试点，是河北省第一个入选的城市。2021年保定市全面启动儿童友好城市建设，其建设思路归结为"3+3+6+10"，即"三全思路（全市统筹规划、全程多元参与、全域系统推进），三注重（注重家庭、注重家教、注重家风），六要素（政策、机制、服务、规划、空间、参与），十大试点指引（社区、公园、医院、学校、图书馆及博物馆、育婴室及爱心妈妈小屋、安全出行、托育服务、城区和棚户区改造、项目库）"[1]，积极探索儿童友好城市建设的保定路径。

---

[1] 《保定"3+3+6+10"全面启动儿童友好城市建设》，"网信保定"微信公众号，2021年8月13日，https://mp.weixin.qq.com/s/EAPI7HqGxZDU7kc679ZCIQ。

1. 政策层面，注重总体规划定位和导则标准引领

保定市将儿童友好城市建设纳入保定市"十四五"总体规划中，并列为保定"金名片"之一，可见儿童友好城市建设在政策层面被提到很高的地位。在儿童友好维度方面，保定市的国家儿童友好城市建设试点任务不仅包括五大友好，更进一步拓展边界，提出产业友好和文化友好的建设任务。2023年，编制出台《保定市儿童友好公共空间规划指引》，这是全国首创的儿童友好公共空间规划指引，该规划指引遵循"一米高度看保定"的儿童友好理念，明确了9类适儿建设项目的指引，包括居住社区、公园广场、文化展览设施、教育设施、体育设施、医疗卫生设施、办公场所、商业服务设施、街道项目等，为儿童友好公共空间"在哪建、建什么、怎么建"问题提供技术解决路线。同步编制的《保定市儿童友好公共空间文件调研分析报告》《保定市儿童友好公共空间规划设计手册》《儿童友好成长空间案例推荐》为保定市儿童友好城市建设提供了充分的规划设计支撑。

2. 体制机制方面，坚持高位推进，重视妇联作用

保定市在推进儿童友好城市建设的体制机制方面有独特之处，体现为：成立高规格领导小组，由保定市委、市政府主要领导担任双组长，61个相关部门组成成员单位，高位推进儿童友好城市建设；注重妇联部门与城市规划建设部门的协同工作机制，这一做法入选国家儿童友好城市建设可复制可推广经验。尽管不少城市均成立多部门协同的儿童友好城市建设领导小组和工作专班，并且提到重视妇联部门的作用，但在具体城市项目的规划建设中，妇联的参与度未必能得到保障，但在保定市，通过城市规划建设部门与妇联部门的协同工作机制，妇联部门能够"全过程参与儿童友好空间建设项目方案设计、审查和实施，做到第一时间知晓项目进度，全面参加研讨建议和审查决策，并对项目实施进行实时监督"[①]。这一机制有助于发挥市妇联的作用，能够更有力地推动儿童友好理念被吸收进城市建设中。

---

① 《住房城乡建设部办公厅　国家发展改革委办公厅　国务院妇女儿童工作委员会办公室关于印发城市儿童友好空间建设可复制经验清单（第一批）的通知》。

3. 友好空间层面，城市建设中共建系列儿童友好场景

保定市在城市更新建设中，坚持儿童友好理念，通过实施儿童友好项目、适儿化改造项目等，打造出系列儿童友好场景，扩大了儿童友好空间。在城中村和老旧小区改造过程中，保定市推动在69个城中村和509个老旧小区中为儿童打造活动微空间，解决此类居住区长期缺乏儿童活动空间的问题。在历史文化街区改造中，以"直隶第一街"为依托，设计安全步行空间、景观小品、系列文化活动等，打造保定儿童友好文化传承示范街区，吸引儿童前来了解和体验保定历史传统文化。在城市公园和滨水空间改造建设中，建设极限运动公园、松鼠乐园、戏曲主题公园等儿童户外活动空间。另外，在一些街区、道路进行适儿化改造，建成一批"儿童友好通学路示范项目"和友好街区，丰富和扩展了儿童友好出行系统。

4. 注重全域一体推进，加强与京津等城市联动

保定市建设儿童友好城市的一个路径是先试点培树再全面推开、市县乡全域一体推进、联动京津塑造地方品牌。在儿童友好城市建设经验相对不足的情况下，采取试点先行，探索积累创建经验是有效的方式，保定市确立学校、医院、社区、图书馆、街区等各领域共165个儿童友好试点，通过精准指导和创新探索打造出一批各具特色的儿童友好试点项目，并积累了创建经验，为扩大试点覆盖范围提供基础。保定市还推动儿童友好城市建设从主城区向所辖各县延伸，提出各县应结合自身资源禀赋和区域文化特色，因地制宜谋划和推进儿童友好项目建设，形成一县一场景，将儿童友好理念融入县城建设之中。例如，望都县的儿童友好县城建设注重挖掘尧母文化内涵，安国市则立足中医药特色开展儿童友好县城建设等[①]。另外，保定市利用身处京津都市圈的优势，在国家儿童友好城市创建中注重与京津联动，积极建设北京儿童医院保定医院，着力打造国家儿童区域医疗中心，服务本地和全国儿童。保定市还积极与北京市、天津市举办儿童友好活动，如举办儿童友好

[①] 国家发展和改革委员会社会发展司、国务院妇女儿童工作委员会办公室编著《中国儿童友好城市发展报告（2023）》，中国计划出版社，2023，第114页。

城市建设（京津冀）区域交流会，吸引京津地区的专家参与儿童友好城市建设。

（三）衡水市

2023年衡水市启动国家儿童友好城市建设试点申报，成立了由市委书记、市长任双组长的儿童友好城市建设领导小组，并于2024年成功入选第三批国家儿童友好城市建设试点，之后衡水市召开动员部署会，全面启动建设国家儿童友好城市。尽管建设时间不长，但衡水市仍取得很多进展，逐渐形成衡水特色。

1. 儿童友好政策体系和城市建设标准加快完善

早在2022年，衡水市已出台《衡水市推动儿童友好城市建设实施方案》，将儿童友好城市建设纳入衡水市"十四五"总体规划、儿童发展规划等规划政策体系中，实施一些儿童友好相关的民生项目。在入选国家儿童友好城市建设试点后，衡水市加快完善儿童友好政策体系，制定"1个导则+1个实施方案（《衡水市儿童友好空间建设实施方案》）+9个指引（《衡水市儿童友好学校建设指引》《衡水市儿童友好医院建设指引》《衡水市儿童友好公园建设指引》等）"，形成建设国家儿童友好城市的标准体系，推动儿童友好理念融入衡水市城市规划建设的各个层面。值得一提的是，衡水市在儿童友好的五大友好领域之外，增加文化生态友好，拓展了儿童友好政策范围，相应谋划"政策精准宜童、品质服务惠童、权益保障助童、空间舒适乐童、环境安全护童、多元文化润童"六大政策行动。

2. 注重儿童友好试点打造和服务设施适儿化改造

衡水市另一个突出的做法是打造儿童友好试点、谋划儿童友好重大项目。2024年，衡水市投资5.2亿元，建设8个儿童友好重大项目，分别是衡水市滏东全民健身中心（小型体育综合体）建设项目、衡水市奥体公园儿童主题活动区建设项目、衡水市残疾人康复中心（衡水市康复医院）建设项目、衡水市托育综合服务中心建设项目、衡水市中医医院新院区建设项目、桃城区第四幼儿园项目、邓庄中学项目、衡水市顺兴小学装配式教学辅助用房项目,这些项目为儿童提供了丰富的体育健身设施、娱乐设施、托育照护资源、中小学教育学位等,有力保障了儿童权益和福利,提升了整个城市的儿童友好程度。除了开工建设重大项目,衡水市还注重打造儿童友好试点,分别在一些学校、公园、街道、医院等场所进行适儿化改造,通过试点积累儿童友好城市建设经验,拓展儿童友好空间。

3. 注重融入儿童友好社会力量

衡水市积极将社会力量吸纳进儿童友好城市建设中。一是组建儿童友好智库,吸纳24名国内权威儿童友好领域专家、儿童领域企业家等进入专家顾问团队,涵盖政策研究、服务保障、空间规划、权益保护、文化生态等领域,并为专家颁发聘书,智库专家既能够为儿童友好城市建设提供咨询服务,又能够加强对衡水市儿童友好城市品牌的宣传。二是重视儿童的参与,依托衡报文明小记者团成立的儿童友好观察团,并为其授旗,以此提升儿童群体在儿童友好城市建设中的参与度。三是激发儿童友好领域企业的积极性,例如通过协办儿童友好活动、企业捐助等形式吸引儿童友好相关的企业加大对儿童友好项目的支持和参与力度。

(四)总体特征与存在的不足

儿童友好城市建设与城市总体发展相融合。大范围的城市更新行动为儿童友好城市建设提供了新的空间和资源,以上三个城市通过总体规划、建设方案、空间准则等政策体系,将儿童友好城市建设的具体项目、工程等嵌入到城市建设的各个方面,结合当前城市更新、老旧小区改造、城中村改造等重大城市建设行动,将儿童友好理念以重大项目形式实现,儿童友好城市从理念转变成"建设什么、怎么建设"的具体行动和可落实的任务。儿童友好理念融入城市各个层面和长期发展蓝图中,有力地推动城市高质量发展。

全面统筹推进与特色创建相结合。儿童友好城市建设包括五大内容,从三个城市的建设实践来看,它们均从这五个领域发力,包括创设相关政策、谋划项目、实施具体行动等。这些行动保障儿童友好城市建设能够落到实处,全面提升城市的儿童友好程度。与此同时,三市又都结合自身实际,创新拓展新的儿童友好领域，例如石家庄市在五大友好基础上谋划体育运动友好和科技创新友好。这类创新举措有助于三市塑造各具特色的儿童友好城市形象、提升儿童友好城市的品牌，也能够促进各自城市儿童享有更加丰富美好的生活。

试点建设与可复制经验的总结提升。儿童友好城市建设在河北省开启的时间不长，尽管一些先进城市积累了建设经验，但仍需结合自身城市的具体情况和发展目标进行独立探索，建立试点、总结可复制经验就成为行之有效的方法。石家庄、保定、衡水三市均采取试点先行的方式，围绕儿童友好城市的各个领域，分批分领域建立一系列试点项目，通过加强试点服务、管理和创新，积累可复制的经验，再在市域范围内全面推开。值得一提的是，尽管三市建设儿童友好城市的时间不长，但都形成了一些建设成果和可复制可推广的建设经验，且被住建部等部门向全国推广。

尽管三市的儿童友好建设取得了一系列进展和成果，但仍存在一些不足，主要体现在四个方面。一是在体制机制方面，成立领导小组是儿童友好城市建设的标准动作，但各部门间的协作机制并不因领导小组而自动形成。领导小组下设办公室往往放在妇联，但妇联的群团组织属性，显然在牵头协调方面缺乏足够的能力，这可能造成儿童友好城市建设在理念贯彻、项目规划和建设等方面推进较慢。二是儿童友好空间的内容设计单一，偏重硬件建设和形象营建。部分是由于儿童友好城市建设在国内开展时间不长，营建儿童友好空间的做法仍在探索和积累，三市当前的儿童友好空间建设主要是在空间设计、景观布置等方面下功夫，但空间内有趣味的儿童游戏设计、儿童活动等内容较少。三是社会力量参与性不足。整体来看，当前全社会对儿童友好的认知不足，儿童友好理念的宣传平台建设、方式、覆盖范围等仍相当有限。同时吸引社会力量（如儿童专家、社会组织、相关企业等）的机制和平台均不够完善，往往政府单打独斗的情况偏多。四是儿童主体性不足、参与性弱，儿童友好城市建设应该是儿童优先、尊重儿童主体性的城市建设，目前三市仅在部分领域、部分社区进行了儿童参与创新，多数领域和社区中，儿童参与的机制缺乏或运用有限、儿童参与的形式单

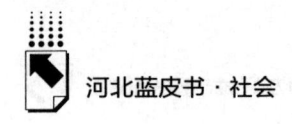

一、儿童参与的程度较浅，这也在一定程度上说明儿童友好城市建设的创新性不足。

四 加快儿童友好城市建设的建议

（一）充分理解和把握儿童友好理念，将儿童友好理念融入城市发展的各领域各角落

建设儿童友好城市需要深刻理解儿童友好理念，推动儿童友好理念融入城市建设的政策体系、空间规划、项目设计等各层面。从内容看，儿童友好城市建设的政策友好、空间、环境、权利等并非孤立的板块，而是相互关联的整体，往往一个建设项目就涵盖了五大友好的理念要求，因此，儿童友好城市建设应从五大方面一体谋划、统筹推进。儿童友好城市建设并非单一的城市建设任务，而是城市高质量发展的重要组成部分。城市发展尤其是当前城市发展模式、力度、范围深刻调整的时期，为儿童友好城市建设提供了难得的机会和资源，应当"结合城市存量禀赋、增量资源和变量机会"，将儿童友好城市建设全面纳入城市长期发展蓝图，建立系统的儿童友好城市规划框架，在城市各类公共服务和基础设施建设中一体化推进儿童友好项目建设。编制科学合理的儿童友好城市建设导则，充分发挥导则的指引性作用，将"1米高度看城市"的儿童友好理念融入具体的建设规划中。

（二）加强社会参与和儿童参与的机制建设

儿童参与是儿童友好城市建设的核心理念之一，广泛有力的儿童参与是对儿童主体性的尊重，也是儿童友好城市建设能够实现创新的地方。儿童参与的形式十分多样，包括儿童议事会、儿童观察团、儿童调查、儿童论坛等。深圳、杭州等城市在儿童参与的制度机制建设方面取得了丰富的实践经验，深圳更是实现了儿童议事会在街道层面的全覆盖，河北省儿童友好城市建设可以借鉴这些先进城市的成功经验，加快构建和完善街道、社区儿童议

事会制度，探索儿童参与城市公共事务的形式，真正将儿童参与做实。

社会力量是儿童友好城市建设的重要力量。儿童友好城市建设仅凭政府投入是难以实现的，广泛的社会参与不仅能够汇集多方力量和资源，也是儿童友好理念融入社会的重要途径，同时广泛的社会参与也有助于儿童友好城市建设方式的创新。社会力量参与就是政府部门在推进儿童友好城市建设时，通过构建参与平台、合理的激励和引导机制，充分调动企业、社会组织、家庭等各方的积极性。儿童友好相关的企业要积极担负和践行社会责任，为儿童提供优质产品和服务，社会组织要发挥承接儿童友好项目、开展公益活动、提供儿童关爱、动员儿童和家庭参与等方面的作用，家庭要做好家风建设和承担好儿童抚育责任，为儿童成长提供良好生活环境。

（三）深刻理解儿童友好的多领域跨部门特征，健全多方协同机制

儿童友好城市建设具有"多领域""多部门""跨年龄段"的特征[1]，具体而言，儿童友好城市在建设内容上涵盖了教育、文化、体育、交通、科技、生态等多个领域，而实施这些建设任务需要教育部门、住建部门、民政部门、体育部门、园林部门等多个政府部门的通力协作，也需要政府、社会组织、企业、家庭和儿童群体等多方行动主体的积极参与。儿童友好城市建设针对的群体包括幼儿、儿童和青少年，不同年龄段的儿童有不同的生理特征和成长需求，儿童友好城市建设也应兼顾各年龄段儿童的需求，精准设计和建设相应的公共服务内容和空间设施等。有鉴于儿童友好城市的"多领域""多部门""跨年龄段"等特征，需要坚持党的统一领导，发挥政府的主导作用，建立和完善跨部门协作的体制机制，激发和调动社会各方力量，形成共建共享的格局。

（四）坚持儿童和家庭需求导向，增强儿童友好城市建设的获得感

儿童友好城市建设的目的就是为儿童健康成长提供健康的环境，要注重

---

[1] 史路引主编《儿童友好中国实践案例》（第1辑），同济大学出版社，2023，第19页。

儿童群体在城市建设过程中的获得感和幸福感，这就需要以儿童和家庭需求为导向，以解决儿童和家庭急难愁盼问题为优先项。政府首先应开展广泛扎实的基本状况调查，摸清儿童和家庭的需求、城市儿童服务和设施的存量特征，同时，在调查中应广泛吸纳儿童和家庭参与，听取儿童研究专家意见和广大市民的呼声，在此基础上，编制儿童友好城市建设的规划和实施具体项目工程等。当前我国社会正处于鼓励三胎生育、放开放宽城乡户籍管理、城市数字化转型的重要时期，托育资源是否充足、优质教育医疗资源是否均衡公平、儿童出行和游戏空间是否有保障等诸多问题是很多家庭面临的急难愁盼问题，儿童友好城市建设需要关注到这些民生所向的问题，在政策体系搭建、公共资源配置和供给中破解，满足儿童各方面的需要，提高城市的儿童友好程度。

（五）学习先进经验，因地制宜谋创新

儿童友好城市是一项相对较新的城市发展理念，但很多地方已经形成不少行之有效的实践经验。要建设好儿童友好城市，需要学习和借鉴先行者的经验，这就需要搭建儿童友好城市建设的传播平台，该平台应具有专业性、动态性、系统性、开放性等特征，也就是说，应提供儿童友好城市建设的专业性信息，应保持信息的动态更新，应涵盖儿童友好的各个层面，系统性传播相关知识，还应具有面向社会公众的交互性和开放性。以此，传播平台能够展示和传播来自不同城市的优秀实践案例，为自身儿童友好城市建设提供灵感和借鉴，提高儿童友好城市建设的科学性和高效性，能够成为听取公众关于儿童友好的建议，以及政府和公众交流的平台，还能够成为儿童友好理念的宣传口，通过灵活多样的形式提升儿童友好理念的社会认知度。最后，在学习和借鉴先进经验的基础上，儿童友好城市要结合自身的历史文脉、地域文化特色、生态环境优势、经济科技基础等，开展有针对性、有特色性的创新实践，以此形成具有自身特色的儿童友好城市形象和品牌。

B.20 "共富工坊"助推河北乡村振兴的路径探索

——浙江经验的跨域借鉴*

杨雨涵 胡妃奕 徐张鋆**

摘 要： 河北省作为京津冀协同发展的重要支点，在乡村振兴实践中通过本土化"共富工坊"模式积极探索产业振兴路径，但仍面临价值链低端锁定、政策协同不足、技能供需错配等瓶颈。本报告引入浙江省"总部+卫星工坊"分工体系与数字化赋能的成熟经验，系统分析河北乡村产业发展的成效与挑战。研究发现，河北可依托京津产业外溢与县域特色集群优势，通过强化党建引领、优化利益联结机制、深化数字赋能等举措，推动城乡要素高效流动与产业升级。建议以党建引领整合资源、区域协作承接京津产业、需求导向培育技能人才、轻量化数字工具提升效率、政策协同防范风险，构建兼具"北方特色"与"共富底色"的乡村振兴方案，为共同富裕提供可复制、可持续的实践范本。

关键词： "共富工坊" 乡村振兴 浙江经验 京津冀协同 共同富裕

一 问题的提出

"共富工坊"是由村（社区）、企业等党组织结对共建，利用农村党群服务阵地、闲置房屋土地等创办工坊的组织形式。通过引导有条件的企业将

---

* 本报告系2024年浙江省新苗人才计划"共富工坊：富余劳动力就业的机制研究——以淳安县、临平区、临安区为例"（项目编号：1150KZN0224025G）的研究成果。
** 杨雨涵、胡妃奕、徐张鋆，浙江工商大学公共管理学院学生，研究方向为乡村振兴与共同富裕。

适合的生产加工环节布局到农村，在有效吸纳农村剩余劳动力、低收入农户"家门口"就业的同时，降低企业生产用工用地成本，拓展乡村产业增值增效空间。河北省产业集群中的白沟箱包"总部工厂+村级加工点"、邯郸魏县"微工厂"等本土化探索已具有"共富工坊"的特征，产业发展仍面临价值链低端锁定、政策协同不足、技能供需错配等瓶颈。与此同时，农村留守妇女、中老年群体占比超40%，就业需求迫切，亟须通过制度创新激活人力资源潜力。

浙江省自2022年印发《关于强化党建引领推进"共富工坊"建设的指导意见》，"共富工坊"运行较为成熟，探索出以"总部经济+卫星工坊"分工体系提升本地产业链价值，以数字化订单池机制提高政企协同效率的运营模式。在此背景下，本报告聚焦以下核心问题。如何通过制度参考实现"河北方案"与"浙江经验"的互补性融合？政策调适中需规避哪些跨区域经验移植的潜在风险？

本报告基于浙江省乡村多地"共富工坊"[①]的实践经验，结合河北省乡村振兴政策框架，探讨跨区域经验吸取的适配性路径，为河北乡村共富机制的迭代升级提供可操作的治理方案。

二 河北省"共富工坊"的发展现状

（一）成效显著，带动乡村就业增收

河北省"共富工坊"在促进乡村就业和增加居民收入方面取得了显著成效。截至2024年，全省共建成"共富工坊"701家，线上线下培训近10万人次，吸纳脱贫群众8700余人，带动就业超18万人。例如，保定市定兴县的京绣非遗工坊在国家级非遗代表性传承人梁淑平的带领下，现有300多名

---

① 实地调研的"共富工坊"位于浙江省杭州市临平区、淳安县、临安区；台州市黄岩区、仙居县；嘉兴市海宁市；舟山市定海区。

绣娘，每年定期举办传习班和残疾人培训班，累计培训上万人次，带动周边20多个村的2000多名农村妇女从事京绣制作。曲阳县通过非遗工坊建设，带动1.6万人就业，帮扶73个村近3000家脱贫户实现稳定增收。这些工坊不仅解决了乡村劳动力的就业问题，还通过技能培训提升了村民的就业能力，拓宽了增收渠道，实现了从乡村"富余劳力"向"富裕动力"的转变。

（二）政策赋能，"共富工坊"提质增效

河北省印发《河北省非遗工坊认定与管理办法》《关于河北省传统工艺振兴的实施意见》等文件，明确了非遗工坊的认定标准、扶持政策和发展方向；《河北省"十四五"乡村产业发展规划》明确提出"一村一品"示范村镇建设目标，推动非遗技艺产业化，为工坊模式提供了制度支撑。《河北省特色产业集群"共享智造"行动方案》明确，支持建设工业互联网平台，鼓励企业从代工生产向ODM（原始设计制造商）、JDM（共同设计制造）、OBM（原始品牌制造商）模式转变。同时，强化5G、算力等新型基础设施建设，为"微工厂""共富工坊"等实体提供数字化支撑，提升生产效率。

（三）因势利导，差异布局培育特色产业

河北省的"共富工坊"在推动乡村经济发展的同时，注重因地制宜，培育特色产业。保定白沟镇依托箱包产业集群，构建"总部工厂+村级加工点"模式，2023年总产值达486.3亿元，吸纳超10万名农村劳动力就业；邯郸魏县通过"合作社+微工厂+村集体+农户"机制，抢抓缝纫机械加工产业转移机遇，承接京津劳动密集型订单，带动62个村级加工点实现年订单额超1.2亿元；保定曲阳县素有中国"雕刻之乡"的美誉，该县拥有石雕、定瓷等非遗工坊207家，帮扶73个村近3000家脱贫户实现稳定增收，带动1.6万人就业，推动了非遗从技艺传承向产业增值跃升。"共富工坊"模式在全省多地结合自身产业基础与资源禀赋，实现了经济效益和社会效益的双赢。

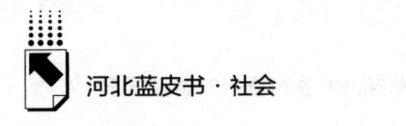

三 河北省"共富工坊"存在的问题

然而,河北"共富工坊"发展仍面临深层挑战:一是产业附加值低,以白沟箱包为例,设计研发环节多集中于南方城市,本地以代工生产为主,毛利率不足15%;二是政策协同碎片化,工坊建设涉及人社、农业等多部门,尚未形成专项资金与考核激励机制;三是技能供需脱节,人社部门主导的培训课程与工坊实际需求匹配度低,如衡水内画、蔚县剪纸等非遗技艺因缺乏市场化平台,仍停留于家庭作坊阶段。如何破解这些瓶颈,成为浙江经验本土化嫁接的关键命题。

(一)产业层次偏低,价值链低端锁定问题突出

河北乡村产业呈现"多点开花、链式薄弱"特征,多数产业处于价值链中低端,新兴产业发展缓慢,县域特色产业集群"集而不群",企业关联度低,产业链关键环节缺失,同质化竞争严重。河北省乡村产业多集中于传统农业和初级加工环节,产品附加值低,缺乏品牌溢价能力。如全国最大的箱包产业集群保定白沟镇2023年总产值达486.3亿元,占全国市场份额29.1%,但设计研发环节多集中于广州、义乌等地,平均毛利率较低,利润空间有限。

(二)政策协同不足,资源整合效率亟待提升

河北省"共富工坊"建设存在政策分散、部门协作不畅的体制性障碍。以邯郸市魏县"微工厂"为例,其运营涉及人社部门(技能培训)、农业部门(土地流转)、妇联部门(妇女就业)等多头管理,导致政策资源碎片化。河北省在土地、人才、资金等要素保障上亦存在短板,以快递物流为例,物流成本过高,冷链物流和云仓设施欠缺,这制约了工坊的产品流通和市场拓展;河北省对工坊的扶持仍以财政补贴为主,股权分配等市场化手段推广不足。

（三）专业人才匮乏，基础设施水平滞后

河北省"共富工坊"普遍缺乏专业管理和技术人才，导致运营效率低下。河北省乡村劳动力中，普通劳动力占96%，技能劳动力仅占4%，乡村人才接受现代化、职业化技能教育的深度不够，技能型人才匮乏，激励不足，"共富工坊"的电商化转型乏力。此外，农村网络基础设施建设仍有待加强，网络信息服务尚未完全深入基层，村级信息服务点不够健全，信息传递在"最后一公里"上遇到阻碍。此外，农村物流配送体系不完善，多数物流公司的物流网络仅覆盖到县一级地区，提高了工厂将加工环节布局到农村的物流成本。

四 浙江经验的适配性与河北实践的迭代升级

河北在承接京津产业转移、发展县域特色产业集群过程中，已涌现出类"共富工坊"的初级形态，推动就业增收成效较好，为经验本土化嫁接提供了现实基础。本部分从资源禀赋、产业基础、文化传统三大维度展开适配性分析，将浙江经验转化为河北实践的升级点与改造面。

（一）资源禀赋的互补性与产业适配

河北省资源禀赋具有显著二元性。一方面，农业基础雄厚，粮食产量常年稳居全国前列，环京津区位优势突出，可承接京津劳动密集型产业外溢，解决企业季节性、周期性用工荒的问题；另一方面，乡村产业以传统种植业为主，附加值低，特色资源亟待进一步开发。例如，传统制造业、轻工业代工等产业集群年产值高，但主要依赖代工生产，品牌溢价能力弱；衡水内画、蔚县剪纸等非遗技艺虽文化价值高，却因缺乏市场化平台，长期停留在家庭作坊阶段。此外，农村留守妇女、中老年群体占比超40%，就业需求迫切，但本地产业难以提供适配岗位。利用"块状经济+社区工坊"模式，将轻工业订单与乡村人力资源深度融合，可形成一地一品特色产业，承接京

津外溢产业,激活闲置劳动力;推动非遗技艺产业化,打造乡村经济发展新引擎。例如通过借鉴浙江"共富工坊"的"来料加工+电商赋能"模式,在蔚县等非遗技艺传承地成立非遗工坊,引入高校设计团队优化产品样式,通过直播电商拓展销路,推动非遗从技艺传承向产业增值跃升。

(二)产业基础的差异与机制调适

河北邯郸魏县的"微工厂"通过合作社承接京津订单,带动62个村级加工点、3200名农户就近就业,2023年订单额超1.2亿元。魏县"合作社+微工厂+村集体+农户"机制,与浙江"共富工坊"的"党建联建+共富工坊+村集体+农户"高度类似,但在利益联结深度与数字赋能水平上仍存在短板:合作社仅提取3%~5%管理费,村集体收益不足,远低于浙江"共富工坊"的股权性分配;订单匹配依赖人工调度,响应周期长。浙江省通过出台省级政策《关于强化党建引领推进"共富工坊"建设的指导意见》,构建了"党建联建+企业兜底+社会支持"的政策闭环,河北相关政策分散在人社、农业、妇联等多部门。河北可在现有框架内进行嵌入式创新。一是设立"共富工坊"发展专项基金,整合乡村振兴专项债、京津支援资金及社会资本,定向支持工坊数字基础设施建设与技能培训,激发市场参与活力。二是强化党建引领下的协同治理,推广浙江组建党建联盟的经验,在村级成立工坊联合党支部,由乡镇干部、企业代表、村民代表共同参与决策,建立基于各方认同的利益联结机制。三是引入数字化产业大脑联通"共富工坊",根据距离与村社特色进行企业派单,压缩订单匹配周期。

(三)乡村文化传统的影响与认同重构

河北乡村长期受集体主义传统影响,村民对政府主导的治理模式接受度高,但个体能动性不足。现有的部分乡村振兴产业项目仍停留在集体分红实现农民增收,但村民作为被动受益者,参与生产积极性低;部分乡村"等靠要"思想仍然存在,对市场化就业存在畏难情绪。利用"共富工坊"的按件计酬与灵活就业机制,可以将农民转化为工厂外、家门口的产业工人,为农民提供自主增收的新途径。乡村熟人社会的差序格局与关系信任机制，为"共富工坊"的参与动员提供了独特的文化资本。例如以红色文化重塑集体认同，结合西柏坡精神，在工坊中设立"红色厂房"，将党史学习教育与技能培训结合，增加村民对工坊的归属感。可引入乡村治理积分制，将工坊参与度、技能等级与村民福利挂钩，对企业派发订单完成度高、工作时间长的村民，额外提供兑换积分奖励，对工坊骨干授予荣誉称号，将物质与精神激励相结合。

（四）潜在挑战与风险规避

浙江经验落地河北尚有风险。一是工坊回报周期长，具有公益性质，初期企业参与动力不足。河北可通过税收减免、用地优惠等政策吸引京津企业下沉，例如对入驻工坊的企业实行减免所得税政策，允许利用村集体闲置土地建设工坊。二是农民技能断层，河北乡村技能培训多由人社、农业等部门分头推进，课程内容与工坊岗位需求脱节。需要以企业需求为导向，政企合作开展订单式技能教学，推进农村富余劳动力向技能人才转型。三是区域协调成本高，建议省级层面建立京津冀工坊联盟，推动订单、物流、技术跨区域共享。通过资源整合激活产业潜力、政策创新破除机制梗阻、文化重构凝聚内生动力，方能走出一条兼具"北方特色"与"共富底色"的乡村振兴之路。

五 河北推进"共富工坊"建设的路径建议

河北省推进"共富工坊"建设，需立足省情特点，以浙江经验为参照，在党建引领、资源整合、数字赋能、政策激励等关键环节精准发力。以下从组织模式、区域协作、技能提升、技术支撑、风险兜底五个维度提出具体路径建议，确保"共富工坊"接得住、用得好、可持续。

（一）党建引领与资源整合并重

以村级党组织为核心，统筹企业、合作社与村民代表成立"共富工坊"

联合体，整合闲置土地、政策资金与社会资本，明确"订单承接—生产组织—收益分配"全流程分工。优先在特色产业村试点"一村一坊"模式，通过党建考核激励基层干部推动工坊落地，形成组织带产业、产业促共富的良性机制。设立党员先锋岗，鼓励党员率先参与工坊技能培训、生产管理，并结对帮扶困难群众，形成党员带群众、先进带后进的互助氛围。

（二）深化京津冀产业协同

搭建省级京津冀"共富工坊"协作平台，承接京津劳动密集型产业外溢需求，推动跨区域订单定向对接，协议优先将基础生产环节布局至河北工坊，并建立技术共享机制。技术上引入京津龙头企业提供订单管理、数字化平台搭建等运营服务。教育上加强教育合作，与京津高校、职业院校共建"共富工坊"产教融合实训基地，将工坊作为学生实践教学与村民技能提升的双向平台。

（三）需求导向与长效激励结合

推行"订单绑定培训"模式，企业发包时须配套提供技能培训资源，重点围绕本地产业需求开展实操教学，实现边干边学、学用一体。建立技能型工坊，引入技能型人才，完善面向工坊从业人员的技能评价体系，推动技能等级与薪酬待遇挂钩，对积极参与、技能进步的村民给予补贴奖励、人才称号等激励，激发内生动力。

（四）轻量化数字工具赋能

加强乡村数字化基础设施建设，依托省级政务云平台，开发轻量化工坊供需对接系统，实现订单发布、技能匹配、物流调度等功能"一网通办"。简化技术应用场景，以微信群、村级广播等辅助信息传递，保障供需精准对接。利用大数据分析汇总订单类型、技能缺口、产能分布等数据，生成一村一策发展建议，避免资源错配。

（五）政策协同与风险防范

省级层面出台"共富工坊"建设与运行指南，规范工坊运营；设立"共富工坊"专项扶持资金，实现税收优惠与金融支持并重，对参与工坊建设的企业给予所得税减免、低息贷款等定向扶持。建立省县两级风险分担机制，通过财政资金引导、保险产品创新等方式，化解订单波动、技能断层等潜在风险，保障村民稳定增收。

参考文献

河北省乡村振兴局：《河北省"十四五"乡村产业发展规划》。
李汉卿：《协同治理理论探析》，《理论月刊》2014年第1期。
刘守英：《城乡中国的治理与转型》，北京大学出版社，2023。
黄宗智：《中国的新型小农经济：实践与理论》，广西师范大学出版社，2020。
孙莹：《协同共治视角下的乡村治理现代化——以四川省J市的乡村振兴实践为例》，《理论学刊》2022年第2期。
单学鹏：《中国语境下的"协同治理"概念有什么不同？——基于概念史的考察》，《公共管理评论》2021年第1期。
岳奎、刘柯均：《村庄治理共同体重塑：对农村传统共同体消散的考量与回应》，《中共天津市委党校学报》2024年第6期。

B.21
河北省殡葬设施均等化发展策略研究[*]

果文学[**]

摘　要： 殡葬设施作为公共服务设施的重要组成部分，其均等化发展是保障民生、促进社会公平的重要内容。本报告聚焦于河北省殡葬设施均等化发展这一重要议题，展开深入的实践探索回顾、全面的调查分析、细致的影响因素剖析以及针对性路径探讨。首先梳理河北省在推动殡葬设施均等化方面所做出的实践努力；其次运用科学调查方法，从多个维度分析殡葬设施均等化的现状；再次进一步探讨影响其发展的诸多因素；最后提出促进河北省殡葬设施均等化发展的切实可行路径。通过上述努力，旨在为提升河北省殡葬服务水平，促进社会公平，推动殡葬事业健康发展提供理论支持与实践参考。

关键词： 殡葬设施均等化　空间重构　生态安葬　数字赋能　移风易俗

殡葬设施作为公共服务设施的重要组成部分，其均等化发展对于保障民众基本殡葬权益、促进社会公平正义具有关键意义。河北省在殡葬设施建设与发展过程中，积极探索均等化发展之路，但在实际推进过程中，也面临着诸多挑战与问题。深入研究河北省殡葬设施均等化发展，不仅有助于完善河北省殡葬服务体系，也能为全国其他地区提供有益借鉴。

---

[*] 本报告系 2024 年度河北省社会科学发展研究课题"殡葬改革视角下我省殡葬设施均等化发展研究"（项目编号：202402019）的研究成果。
[**] 果文学，河北省围场满族蒙古族自治县殡葬服务中心主任、社会工作师，研究方向为社会工作、殡葬管理。

一 河北省推动殡葬设施均等化发展的实践探索

（一）政策引导与规划布局优化

河北省将殡葬设施均等化纳入民生工程重点范畴，2023年出台《河北省殡葬事业高质量发展"十四五"规划》，河北省构建了"1+N"殡葬政策体系。以《河北省殡葬管理办法》为核心，配套出台了《河北省殡葬服务设施建设规划（2021—2035年）》《关于推进节地生态安葬的指导意见》等文件，明确提出"到2025年实现城乡公益性殡葬设施全覆盖"，城市殡仪服务半径不超过3公里、农村地区不超过5公里的目标。明确提出要合理布局殡葬设施，确保城乡居民都能享受到基本殡葬服务。省级层面建立"政府主导、民政牵头、部门协同"工作机制，市县层面推行"一地一策"试点改革。例如，石家庄市制定殡葬设施布局相关专项规划，将公益性公墓（简称"公墓"）纳入国土空间规划，优先保障土地供给；衡水市通过"财政奖补+社会捐赠"模式，设立村级殡葬公益基金，破解农村设施建设资金难题。数据显示，截至2024年底，河北省累计投入财政资金28.7亿元用于殡葬设施建设，较2020年增长112%。全省建成城市公益性公墓89个、农村公益性公墓1247个，覆盖率分别达98%和76%。

（二）加大资金投入与设施建设升级力度

为改善殡葬设施落后状况，河北省各级政府加大资金投入。例如，在衡水市，通过财政专项拨款和社会捐赠等多种渠道筹集资金，对部分老旧殡仪馆进行改造升级，更新火化设备、建设现代化悼念厅等，提升了殡葬服务的质量和水平。石家庄市2021~2024年投入3.2亿元，新建2座现代化殡仪馆，改造升级4座老旧设施，建成8个社区殡仪服务站，实现主城区殡仪服务"15分钟可达"目标。同时，在农村地区，政府支持建设公益性骨灰堂，为村民提供骨灰安葬的场所，解决了农村地区长期存在的乱埋乱葬问题，推动了殡葬设施在城乡间的均衡发展。针对农村地区设施匮乏问题，河北省实

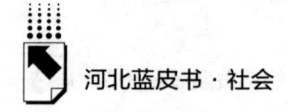

施"农村殡葬设施三年提升行动"，重点推进山区、革命老区公益性公墓建设。典型案例包括：承德市围场县通过"政府投资+对口帮扶"模式，在17个乡镇建设区域性公益性公墓，解决了以往乱埋乱葬和山区群众安葬远的问题，墓穴价格控制在3000元以内，较市场价格低80%；邯郸市魏县创新"县建乡管村用"机制，由县级统筹建设殡仪服务中心，乡镇设立服务站，村级配备协管员，构建"15分钟殡仪服务圈"，农村群众治丧成本降低40%以上。

在区域均衡方面，唐山、廊坊等经济发达地区探索"跨区域联建"模式。例如，唐山市古冶区与滦州市共建区域型殡仪馆，辐射周边5个乡镇，解决了单一地区规模小、成本高的问题，服务效率提升50%。

（三）推动殡葬服务信息化智慧化建设

河北省积极推进殡葬服务信息化，建立了殡葬服务信息平台。通过该平台，居民可以查询到周边殡葬设施的位置、服务项目、收费标准等信息，方便群众选择合适的殡葬服务。例如，唐山的殡葬服务信息平台实现了线上预约、在线缴费等功能，打破了信息不对称，使殡葬服务更加透明、便捷，缩小了城乡在获取殡葬服务信息方面的差距，促进了殡葬设施利用的均等化。另外，河北省推行殡葬服务"三统一"标准（统一服务流程、统一收费标准、统一服务标识），全省90%以上殡仪馆实现标准化改造。同时，推进"互联网+殡葬"信息服务，石家庄、保定等地开发"智慧殡葬"平台，提供在线预约、网上祭扫、政策查询等功能，2024年线上服务覆盖率达65%，群众办事时间缩短70%。秦皇岛市殡仪馆引入"殡葬服务机器人"，提供遗体接运、告别厅引导等服务，降低人工成本30%，服务满意度提升至98%。

二 河北省殡葬设施均等化发展的调查分析

（一）调查目的、方法与样本选取

调查目的：全面了解河北省殡葬设施均等化发展的现状，包括设施的分布、使用情况、民众满意度等，为后续分析提供数据支持。

调查方法：采用问卷调查、实地访谈和数据分析相结合的方法。在全省11个地级市及下辖县（市、区）发放问卷5000份，回收有效问卷4500份；选取不同地区的殡葬设施管理单位、居民代表等进行实地访谈，共访谈200人次；收集民政部门关于殡葬设施建设、运营等方面的数据。实地考察殡葬设施87处。

样本选取：问卷样本覆盖不同年龄、性别、职业、城乡区域的人群；实地访谈对象涵盖殡葬设施管理人员、基层民政工作人员、普通居民等。

（二）调查结果分析

1. 殡葬设施分布情况

通过调查发现，城市地区的殡葬设施相对集中且较为完善，唐山市曹妃甸区通过"政府主导+社会资本合作"模式，建成集殡仪服务、生态安葬于一体的综合性设施，服务辐射周边各县（市、区）。而农村地区虽然公益性骨灰堂建设取得一定进展，但在设施数量、规模和服务水平上仍与城市存在差距。例如，张家口市部分山区农村，由于地理条件限制和人口分散，公益性骨灰堂建设滞后，部分乡镇公益性骨灰堂年久失修，使用率不足30%，村民仍存在传统的散埋现象。

在区域分布上，经济发达地区的殡葬设施建设和均等化程度相对较高，如廊坊市靠近京津地区，经济发展较好，殡葬设施无论是在数量还是在质量上都优于经济欠发达的承德、衡水等部分地区。

河北省不同区域殡葬设施数量对比见表1。

表1 河北省不同区域殡葬设施数量对比

单位：个

类型	城市	农村（含乡镇）	经济发达地区	经济欠发达地区
殡仪馆	5	30	35	25
经营性公墓	40	10	30	10
公益性骨灰堂	200	150	120	80

资料来源：河北省民政厅、河北省统计局。

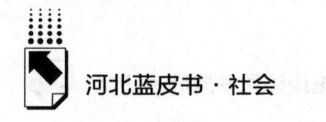

2.殡葬设施使用情况

城市居民对公墓设施的使用率较高,由于城市土地资源有限,规范化的公墓成为居民安葬逝者的主要选择。而农村居民在选择骨灰安葬方式上,除了部分使用公墓、公益性骨灰堂外,仍有一定比例选择传统土葬或在自家承包地安葬(见表2)。这一方面与农村传统丧葬习俗有关,另一方面也反映出农村公益性骨灰堂等在宣传推广和服务吸引力上有待加强。

表2 河北省城乡居民殡葬设施使用方式对比

单位:%

方式	城市居民	农村居民
公墓	70	30
公益性骨灰堂	15	20
传统土葬或在自家承包地安葬	10	45
其他	5	5

资料来源:河北省民政厅、河北省统计局。

从殡葬服务项目的使用来看,城市居民更倾向于选择多样化、个性化的服务,如鲜花祭奠、视频追思等,而农村居民则主要集中在基本的遗体火化、骨灰存放等服务项目上。

3.民众满意度调查

总体民众对殡葬设施的满意度为65%。其中,城市居民满意度为70%,农村居民满意度为60%(见表3)。城市居民不满意的主要方面集中在殡葬服务价格过高、部分公墓距离市区较远等问题上;农村居民则对公益性骨灰堂的环境、管理以及部分殡葬设施服务人员的专业水平提出了较多意见。

表3 河北省民众对殡葬设施满意度调查

单位:%

区域	非常满意	满意	一般	不满意	非常不满意
城市	15	55	20	8	2
农村	10	50	25	12	3

资料来源:河北省民政厅、河北省统计局。

（三）突出问题

一是城乡二元结构矛盾。农村地区财政投入不足（占全省殡葬经费的32%），土地审批难（公益性公墓用地指标仅占建设用地的0.3%），导致设施建设滞后。

二是区域发展失衡。唐山、石家庄等经济强市殡葬设施投入占全省的58%，而张家口、承德等欠发达地区仅占12%，人均设施面积相差2.3倍。

三是服务能力断层。全省殡葬从业人员中，大专及以上学历仅占18%，农村地区专业人才缺口达40%，制约服务专业化发展。

三 河北省殡葬设施均等化发展的影响因素分析

（一）经济发展水平差异

一是区域经济差距。2024年，河北省人均GDP最高的县域为迁安市，最低的县域为康保县，二者财政自给率相差8倍。经济薄弱县殡葬设施建设依赖上级转移支付（占比76%），导致项目周期长、标准低。经济发展水平的区域差异直接影响殡葬设施均等化发展。

二是财政投入能力。石家庄市殡葬事业支出占财政支出的0.35%，邢台市殡葬事业支出仅占财政支出的0.12%。

三是社会资本参与不足。全省殡葬领域PPP项目仅12个，主要集中在城市，农村地区因回报周期长、收益低，社会资本参与率不足5%。

（二）政策执行偏差

一是规划落地难。全省11个地级市中，仅6个完成殡葬设施专项规划编制，部分县（市、区）存在"重建设、轻管理"现象，已建成公墓使用率不足60%。尽管河北省出台了一系列殡葬设施建设的支持政策，但在政策执行过程中存在一定偏差。部分地方政府对殡葬设施均等化发展重视程度不够，在规划审批、资金落实等方面未能严格按照政策要求执行。例如，一些地区在公墓建设审批过程中，存在违规操作，导致公墓建设布局不合理，影响了殡葬设施的均等化布局。

二是土地指标制约。公益性公墓用地需纳入国土空间规划，但农村地区耕地保护压力大，2024年全省公益性公墓用地审批通过率仅53%，较商业用地低37个百分点。

三是政策的配套措施不完善。例如，在农村公益性骨灰堂建设方面，缺乏后续的运营管理资金和人员保障政策，导致部分公益性骨灰堂建成后无法正常运营，使用率低下。

（三）文化习俗等制约

一是老龄化与人口流动。河北省60岁及以上人口占比高于全国平均水平，农村地区"空心化"导致殡葬需求分散，设施利用率低（部分乡镇公墓年使用量不足10穴）。

二是传统习俗影响。河北省地域文化丰富，不同地区有着不同的丧葬习俗。一些传统的丧葬习俗，如土葬、厚葬等观念在部分农村地区仍然根深蒂固，影响了殡葬设施的使用。调研显示，48%的农村居民仍偏好土葬，抵制火葬率达32%，导致公益性公墓推广困难，部分地区出现"二次装棺"现象。例如，在沧州的一些农村地区，村民认为土葬更符合"入土为安"的传统观念，对公墓、公益性骨灰堂等设施存在抵触情绪。

三是管理因素。体制机制与人才队伍管理体制分割：殡葬服务机构中，事业单位占67%，企业化运营不足，缺乏竞争机制，服务创新动力弱。

四是人才结构性短缺。全省殡葬专业毕业生本地就业率仅35%，农村地区从业人员中，初中及以下学历占58%，专业技能培训覆盖率不足40%。

五是殡葬文化宣传力度不足。无论是城市还是农村，对现代殡葬理念和殡葬设施的宣传普及不够，导致居民对殡葬设施的功能、使用方法等了解不足，影响了殡葬设施均等化的推进。

（四）地理环境限制

河北省地形复杂，包括山区、平原、沿海等不同地貌。山区地形复杂，人口分散，殡葬设施建设难度大、成本高，且服务半径有限。例如，保定的部分山区，由于交通不便，殡仪馆难以覆盖到所有村庄，居民办理丧事成本较高。而平原和沿海地区相对地势平坦，人口集中，殡葬设施建设和运营成本相对较低，有利于设施的集中布局和均等化发展。

四 促进河北省殡葬设施均等化发展的路径

（一）强化政策保障与规划引领

1. 优化规划布局

编制"河北省殡葬设施均等化发展专项规划（2025—2030年）"，建立"省级统筹、市县落实、动态调整"机制，划定"城乡设施均衡线"（要求农村设施覆盖率2025年达85%，2030年达95%）。进一步完善殡葬设施均等化发展的政策体系，细化政策条款，明确各级政府在殡葬设施建设、管理、监督等方面的职责。例如，制定"河北省殡葬设施建设与管理实施细则"，对殡葬设施的规划布局、建设标准、运营管理等进行详细规定，确保政策的可操作性。

加强殡葬设施规划的科学性和权威性。结合河北省人口分布、地理环境、经济发展水平等因素，制定全省殡葬设施中长期规划。在规划过程中，充分征求各方意见，尤其是基层政府和居民的建议，确保规划符合实际需求。同时，建立规划动态调整机制，根据人口变化、社会发展等情况及时调整规划。

2. 破除土地瓶颈

将公益性殡葬设施用地纳入年度建设用地计划，实行"点供"政策（按项目需求单独报批），允许农村地区利用闲置集体建设用地建设公墓，鼓励"节地生态安葬"项目用地优先审批。

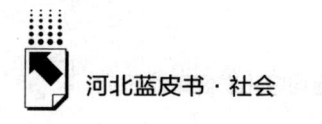

（二）加大资金投入与优化资源配置

1. 创新财政投入机制

设立省级殡葬设施均等化专项基金，实行"因素法"分配（向农村、山区、经济欠发达地区倾斜），2025年起每年新增投入5亿元，重点支持100个薄弱县设施升级。

2. 建立多元化的资金投入机制

一方面，加大财政对殡葬设施均等化发展的投入力度，设立殡葬设施建设专项基金，重点向农村地区和经济欠发达地区倾斜。例如，省级财政每年安排一定比例的资金用于支持农村公益性骨灰堂建设和老旧殡仪馆改造升级。另一方面，鼓励社会资本参与殡葬设施建设，通过PPP模式，吸引企业投资建设经营性公墓、殡仪服务中心等设施，缓解政府资金压力。

3. 优化殡葬资源配置

打破城乡、区域界限，整合现有殡葬设施资源。对于设施重复建设或利用率低下的地区，进行资源整合和优化调整。例如，在相邻的县（市、区）之间，可以联合建设大型殡仪馆，共享设备和服务，提高资源利用效率。同时，加强殡葬设施与周边医院、社区等的合作，构建完整的殡葬服务产业链。

（三）加强殡葬文化建设与宣传

大力弘扬现代殡葬文化，摒弃传统丧葬习俗中的糟粕。通过开展形式多样的宣传活动，如举办殡葬文化展览、公益讲座、社区宣传等，向居民普及现代殡葬理念，如绿色殡葬、节地生态安葬等。例如，在邯郸等地，组织开展"绿色殡葬宣传月"活动，通过媒体宣传、发放宣传资料等方式，引导居民树立正确的殡葬观念。

结合河北省地域文化特色，创新殡葬文化形式。鼓励开发具有河北特色的殡葬服务项目和产品，如将河北的民间艺术融入殡葬仪式中，既满足居民的文化需求，又推动殡葬文化的传承与发展。同时，利用互联网平台，传播现代殡葬文化，强化宣传效果。

（四）提升殡葬设施服务质量与管理水平

加强殡葬设施服务人员队伍建设。制订殡葬服务人员培训计划，定期组织业务培训和技能考核，提高服务人员的专业素质和服务水平。例如，与相关院校合作，开设殡葬专业培训课程，培养一批懂业务、有爱心的殡葬服务人才。同时，建立合理的薪酬待遇和激励机制，吸引和留住优秀人才。与河北医科大学、河北政法职业学院合作开设殡葬专业，给予学生学费减免（每年5000元）和就业补贴（入职基层殡葬机构者，工作满3年补贴3万元）。建立"省级专家库+县级技术骨干+村级协管员"三级人才体系，每年开展技能培训超1万人次。

引入现代化管理理念和技术手段。利用信息化技术，建立全省统一的殡葬设施管理平台，实现对殡葬设施的实时监控、资源调配、服务评价等功能。例如，通过该平台可以实时掌握各殡仪馆的火化设备运行情况、公墓的墓穴使用情况等，便于及时进行管理和调整。同时，加强殡葬设施的标准化建设，制定统一的服务标准和管理规范，提高殡葬服务的规范化程度。制定"河北省殡葬服务规范""公益性公墓建设标准"等地方标准，建立服务质量评估机制，委托第三方机构每年开展满意度测评，结果与财政补贴挂钩。

（五）推进城乡统筹：设施共建与服务共享

1. 实施"城乡结对"工程

建立"1个城市县（市、区）+2个农村县（市、区）"帮扶机制，如石家庄长安区与平山县、灵寿县结对，通过资金支援、技术指导、人才交流，三年内实现结对县（市、区）设施达标。

2. 发展"县域枢纽+乡村节点"模式

在人口超50万的县建设县级殡仪服务中心，人口20万~50万的县建设殡仪服务站，人口不足20万的县依托中心镇建设殡仪服务点，构建"县乡

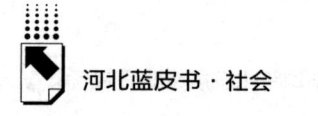

村三级网络"。

案例借鉴：浙江省湖州市推行"县域大殡仪馆"模式，每个县（区）集中建设1个高标准殡仪馆，辐射周边乡镇，成本降低30%，服务效率提升40%。

3. 推广节地生态安葬

制定"河北省节地生态安葬奖补办法"，对选择骨灰撒海、树葬、草坪葬等方式的群众给予每例2000~5000元奖励，2025年目标覆盖率达30%。

（六）激发社会活力：多元参与与数字赋能

1. 鼓励社会资本参与

出台"河北省殡葬领域PPP项目操作指南"，对农村公益性公墓、殡仪服务中心等项目给予税收优惠（免征增值税、所得税地方留存部分）和运营补贴（按服务量给予每例50~100元补贴）。

2. 发展"智慧殡葬"生态

建设全省统一的殡葬服务平台，集成政策查询、预约服务、费用结算、监督评价等功能，2026年实现"一网通办"。推广"区块链+殡葬"技术，实现骨灰追踪、祭扫预约等智能化管理。

3. 培育新型服务主体

支持社会组织、企业参与殡葬服务，如引入专业殡仪服务公司提供"一站式"治丧服务，降低群众办事成本。鼓励成立村级红白理事会，制定村规民约，引导文明治丧。

（七）深化移风易俗：文化引领与示范带动

加强宣传引导。通过电视、广播、新媒体等渠道开展"文明殡葬"宣传，制作"殡葬改革十讲"动漫短片，在农村公益电影放映中普及政策。每年清明节期间开展"绿色祭扫"主题活动，推广鲜花祭扫、网络祭扫等方式。

五　结论

河北省在推动殡葬设施均等化发展方面已经取得了一定的实践成果，但通过调查分析可知，仍面临着经济、政策、文化、地理等多方面因素的制约。为促进殡葬设施均等化发展，需要从强化政策保障、加大资金投入、加强殡葬文化建设等多路径入手，不断完善殡葬服务体系，保障民众基本殡葬权益，推动河北省殡葬事业健康、可持续发展，实现社会公平与和谐。未来，随着各项措施的深入推进和不断完善，河北省殡葬设施均等化发展必将取得更加显著的成效。

参考文献

河北省民政厅：《河北省"十四五"殡葬事业发展规划（2021—2025）》。
河北省统计局：《河北省2024年国民经济和社会发展统计公报》。

社会科学文献出版社

皮 书

智库成果出版与传播平台

❖ 皮书定义 ❖

皮书是对中国与世界发展状况和热点问题进行年度监测，以专业的角度、专家的视野和实证研究方法，针对某一领域或区域现状与发展态势展开分析和预测，具备前沿性、原创性、实证性、连续性、时效性等特点的公开出版物，由一系列权威研究报告组成。

❖ 皮书作者 ❖

皮书系列报告作者以国内外一流研究机构、知名高校等重点智库的研究人员为主，多为相关领域一流专家学者，他们的观点代表了当下学界对中国与世界的现实和未来最高水平的解读与分析。

❖ 皮书荣誉 ❖

皮书作为中国社会科学院基础理论研究与应用对策研究融合发展的代表性成果，不仅是哲学社会科学工作者服务中国特色社会主义现代化建设的重要成果，更是助力中国特色新型智库建设、构建中国特色哲学社会科学"三大体系"的重要平台。皮书系列先后被列入"十二五""十三五""十四五"时期国家重点出版物出版专项规划项目；自2013年起，重点皮书被列入中国社会科学院国家哲学社会科学创新工程项目。

皮书网

（网址：www.pishu.cn）

发布皮书研创资讯，传播皮书精彩内容
引领皮书出版潮流，打造皮书服务平台

栏目设置

◆ **关于皮书**
何谓皮书、皮书分类、皮书大事记、
皮书荣誉、皮书出版第一人、皮书编辑部

◆ **最新资讯**
通知公告、新闻动态、媒体聚焦、
网站专题、视频直播、下载专区

◆ **皮书研创**
皮书规范、皮书出版、
皮书研究、研创团队

◆ **皮书评奖评价**
指标体系、皮书评价、皮书评奖

所获荣誉

◆ 2008年、2011年、2014年，皮书网均在全国新闻出版业网站荣誉评选中获得"最具商业价值网站"称号；

◆ 2012年，获得"出版业网站百强"称号。

网库合一

2014年，皮书网与皮书数据库端口合一，实现资源共享，搭建智库成果融合创新平台。

皮书网　　　"皮书说"微信公众号

权威报告·连续出版·独家资源

皮书数据库

ANNUAL REPORT(YEARBOOK) DATABASE

分析解读当下中国发展变迁的高端智库平台

所获荣誉

- 2022年，入选技术赋能"新闻+"推荐案例
- 2020年，入选全国新闻出版深度融合发展创新案例
- 2019年，入选国家新闻出版署数字出版精品遴选推荐计划
- 2016年，入选"十三五"国家重点电子出版物出版规划骨干工程
- 2013年，荣获"中国出版政府奖·网络出版物奖"提名奖

皮书数据库　"社科数托邦"微信公众号

成为用户

登录网址www.pishu.com.cn访问皮书数据库网站或下载皮书数据库APP，通过手机号码验证或邮箱验证即可成为皮书数据库用户。

用户福利

- 已注册用户购书后可免费获赠100元皮书数据库充值卡。刮开充值卡涂层获取充值密码，登录并进入"会员中心"—"在线充值"—"充值卡充值"，充值成功即可购买和查看数据库内容。
- 用户福利最终解释权归社会科学文献出版社所有。

社会科学文献出版社 皮书系列
卡号：941313673839
密码：

数据库服务热线：010-59367265
数据库服务QQ：2475522410
数据库服务邮箱：database@ssap.cn
图书销售热线：010-59367070/7028
图书服务QQ：1265056568
图书服务邮箱：duzhe@ssap.cn

S 基本子库
SUB DATABASE

中国社会发展数据库（下设12个专题子库）

紧扣人口、政治、外交、法律、教育、医疗卫生、资源环境等12个社会发展领域的前沿和热点，全面整合专业著作、智库报告、学术资讯、调研数据等类型资源，帮助用户追踪中国社会发展动态、研究社会发展战略与政策、了解社会热点问题、分析社会发展趋势。

中国经济发展数据库（下设12专题子库）

内容涵盖宏观经济、产业经济、工业经济、农业经济、财政金融、房地产经济、城市经济、商业贸易等12个重点经济领域，为把握经济运行态势、洞察经济发展规律、研判经济发展趋势、进行经济调控决策提供参考和依据。

中国行业发展数据库（下设17个专题子库）

以中国国民经济行业分类为依据，覆盖金融业、旅游业、交通运输业、能源矿产业、制造业等100多个行业，跟踪分析国民经济相关行业市场运行状况和政策导向，汇集行业发展前沿资讯，为投资、从业及各种经济决策提供理论支撑和实践指导。

中国区域发展数据库（下设4个专题子库）

对中国特定区域内的经济、社会、文化等领域现状与发展情况进行深度分析和预测，涉及省级行政区、城市群、城市、农村等不同维度，研究层级至县及县以下行政区，为学者研究地方经济社会宏观态势、经验模式、发展案例提供支撑，为地方政府决策提供参考。

中国文化传媒数据库（下设18个专题子库）

内容覆盖文化产业、新闻传播、电影娱乐、文学艺术、群众文化、图书情报等18个重点研究领域，聚焦文化传媒领域发展前沿、热点话题、行业实践，服务用户的教学科研、文化投资、企业规划等需要。

世界经济与国际关系数据库（下设6个专题子库）

整合世界经济、国际政治、世界文化与科技、全球性问题、国际组织与国际法、区域研究6大领域研究成果，对世界经济形势、国际形势进行连续性深度分析，对年度热点问题进行专题解读，为研判全球发展趋势提供事实和数据支持。

法律声明

"皮书系列"（含蓝皮书、绿皮书、黄皮书）之品牌由社会科学文献出版社最早使用并持续至今，现已被中国图书行业所熟知。"皮书系列"的相关商标已在国家商标管理部门商标局注册，包括但不限于LOGO（ ）、皮书、Pishu、经济蓝皮书、社会蓝皮书等。"皮书系列"图书的注册商标专用权及封面设计、版式设计的著作权均为社会科学文献出版社所有。未经社会科学文献出版社书面授权许可，任何使用与"皮书系列"图书注册商标、封面设计、版式设计相同或者近似的文字、图形或其组合的行为均系侵权行为。

经作者授权，本书的专有出版权及信息网络传播权等为社会科学文献出版社享有。未经社会科学文献出版社书面授权许可，任何就本书内容的复制、发行或以数字形式进行网络传播的行为均系侵权行为。

社会科学文献出版社将通过法律途径追究上述侵权行为的法律责任，维护自身合法权益。

欢迎社会各界人士对侵犯社会科学文献出版社上述权利的侵权行为进行举报。电话：010-59367121，电子邮箱：fawubu@ssap.cn。

社会科学文献出版社